决战牛熊

股市获利之道

曹明成　谭　文◎著

中国宇航出版社
·北京·

图书在版编目(CIP)数据

决战牛熊:股市获利之道/曹明成,谭文著.--北京:中国宇航出版社,2016.1

ISBN 978-7-5159-1015-4

Ⅰ.①决…　Ⅱ.①曹…②谭…　Ⅲ.①股票交易-基本知识　Ⅳ.①F830.91

中国版本图书馆CIP数据核字(2015)第285870号

策划编辑　卢　珊　责任编辑　卢　珊　装帧设计　宇星文化

出版 发行	中国宇航出版社		
社　址	北京市阜成路8号 (010)60286808	邮　编	100830 (010)68768548
网　址	www.caphbook.com		
经　销	新华书店		
发行部	(010)60286888 (010)60286887		(010)68371900 (010)60286804(传真)
零售店	读者服务部 (010)68371105		
承　印	北京嘉恒彩色印刷有限公司		
版　次	2016年1月第1版		2016年1月第1次印刷
规　格	787×960	开　本	1/16
印　张	14.5	字　数	169千字
书　号	ISBN 978-7-5159-1015-4		
定　价	35.00元		

本书如有印装质量问题，可与发行部联系调换

序

近年来，市场上的股票类书籍渐有泛滥之势，且质量良莠不齐，多有鱼目混珠之作，真正能指导投资者实战应用的作品可谓少之又少。然最近读曹明成先生主笔的实战炒股系列丛书，感觉甚好。细读之下，书中不乏作者多年的实战经验心得与“不传之密”，实为“用心之作”，相信读者阅后当有所裨益。

我与曹明成先生相识已久。初识其人，还是1997年在湘财证券的营业部，当时因本人虚长几岁，故称他为“小曹”。其时的“小曹”，瘦瘦小小，貌不惊人，书生气十足，亦没有什么名气。后常有散户打听“曹明成”，发展到后来，不断有大户托我的关系来约“曹先生”吃饭，这才让人刮目相看。1999年他狙击网络科技股一战成名，早年的“小曹”已经成为了当时湘楚一带赫赫有名的“老曹”。

几年后我们相继开始单干，都有了自己的事业，与曹明成先生的联系渐少，偶闻他的消息也只是在报刊杂志上见到他的有关跟庄理论的文章。这次接到他的电话让我为丛书写序，颇感意外。在我的印象中，他身体并不太好，甚至可以用“体弱多病”来形容，又常沉溺于股票实战中，写书这种耗时耗力之事，以他一人之力怎能办到？

见面后我才知道，原来他这几年收了一个得意门生——谭文。谈论间他的得意之色溢于言表，“已得我九成功力”。小谭属于新时代的复合型人才，精通计算机编程，自行钻研了传统技术分析与计算机海量数据模拟测试相结合的分析方式，丛书的写作过程就曾大量使用计算机模拟测试的论证，纠正了许多人力无法克服和发现的错误，使书中的理论更趋完美。谭文大有青出于蓝更胜于蓝之势，真是后生可畏！

“曹氏八线理论”是曹明成与谭文师徒两人多年实战理论研究的结晶，曾被股民朋友冠以“零风险操作理论”。该理论我个人觉得至少有两点值得推崇：一是最大限度地回避了风险；二是几乎不会错过任何一波有价值的行情。炒股不是纸上谈兵，能在实战中真正做到稳定获利的理论才是好理论。

本次为曹明成先生的书作序，特意参加了他的书友会。有一位读者谈论成功经验时的发言让我印象深刻，他说：“曹老师的书，我都读过！”

是的，曹明成先生不会忽悠人，他主笔的丛书更不会忽悠人！读他的书，您一定会有收获！

鉴于此，我愿为此丛书作序，并向全国的广大股民朋友们推荐。

李华

（原湘财证券高层管理人员，现为广东某私募基金总裁）

2015 年于北京

前　言

股市论道

数千年来，古今中外的无数圣贤都在追求一种最高境界——“得道”。“道”是什么？看不见，摸不着，高深莫测。用一句唯物主义的话简单概况来说，“道”就是宇宙万物生存和发展的途径及规律。万物皆有道，那么股市中的“道”是什么？正如道家讲究顺势而为一样，股市的“道”其实很简单，正是顺应趋势。

要顺应趋势，首先要知道当前身处何“市”。本书正是从如何判断大势入手，着重探讨各种行情下的应对策略，试图以此入“道”。

本书前三章介绍了牛市、熊市和猴市各个阶段的特点以及对应的操作技巧；第四章与第五章阐述的是对行情和时机的判断，并据此精准把握买卖点；第六章至第十四章从仓位管理、选股策略到庄家手法，多角度讲述实战技法；第十五章和十六章从个股操作的角度探讨经典指标的深入运用；最后一章介绍的是依托年线判断大势的方法。

“道可道，非常道”，股市是如此地千变万化和神秘诡异，具有无穷的魅力，也存在着无数的陷阱。历史上没有完全一样的行情，也就没有永恒不变且放之四海皆准的真理。我们每位股民所得的都是独一无二的属于自己的“道”，而我们的“道”也要随时根据当前的市场变化来及时修正和不断完善。

由于时间仓促，书中可能存在一些错误和遗漏的地方。欢迎读者将宝贵的意见和建议反馈给笔者，以便笔者在以后的写作中借鉴使用，笔者的邮箱：caomingcheng@ yeah. net，QQ：150610568。同时我们也接收大资金的理财合作，欢迎来函交流。

最后，感谢“曹明成股票研究室”的实战专家蔡双喜先生、周宏伟先生参与本书部分章节的编写、校稿和制图工作。感谢中国宇航出版社的卢珊老师为本书策划和编写工作付出的辛勤努力！

祝大家都成为股市中的得道高手！

曹明成

2015 年 11 月

目　录

第一章

牛市骑牛：让利润奔跑

华尔街有一句投资格言：截断亏损，让利润奔跑。“让利润奔跑”永远是股市交易的核心价值理念。投资者不仅要吃尽个股的波段利润，在牛市大行情来临之时，更需要牢牢把握住“牛市骑牛”的大好机会。

选股不如选时，在牛市获取浮盈，在熊市到来前变现这些盈利，是投资者获利的基础。但这一切说起来容易，实际操作起来却并不简单。大部分投资者在牛市快结束的时候才蓦然发现，“我原来在牛市中啊”；熊市快结束了才醒悟，“妈呀，我遇上熊市了”。正所谓：只在此山中，云深不知处。

身在股市中，不知牛熊，归根到底，还是缺乏对市场大势的正确把握。如何“看大势”，留待本书后文解决。本章的任务是：认识牛市，把握牛市。

牛市，也称多头市场，是指股价的基本趋势持续上升时形成的投机者不断买进证券，需求大于供给的市场现象。此时市场行情普遍看涨，会出现持续时间较长的大升市。

多头是指对股市看好，预期股价将会上涨，于是趁低价时买进股票，待股票上涨至某一价位时再卖出，以获取投资收益的一方。

一般来说，人们通常把股价长期保持上涨势头的股票市场称为多头市场，此时走出的行情就是人们常说的牛市行情。

形成牛市的因素很多，主要包括以下几个方面。

第一，经济政策因素。是指影响股市波动的国内国外形势、市场氛围及外部环境等，包括金融、经济政策导向等诸多因素，是影响股市运行的大气候条件。比如经济处于繁荣时期、利率下降、温和的通货膨胀等，这些都可能推动股价上涨。

第二，公司基本面情况。包括题材、板块、基本面等内容。比如企业盈利增加、新兴产业崛起等。

第三，是市场的人气指标。包括领导层、庄家、散户对股市的认识态度、统一性和行动的一致性。当市场出现一致性看多，发生抢购风潮，大量投资者进场交易，大资金购进股票，都可能引发牛市行情。

牛市是一个从无到有的过程，是无数力量博弈的最终结果，它的运行演化也就有了客观性。根据经验数据，牛市行情可以分为以下三个阶段。

一、牛市行情第一阶段

牛市行情第一阶段往往发生在市场最悲观的情况下，市场经过前期的大跌，投资者变得心灰意冷。即使股价大幅下跌，价格早已处于其价值之下，但投资者的买进动力仍然不足，对市场出现的利好消息也是无动于衷，人们仍在不计成本地抛出持有的股票。但此时抱有价值投资理念的投资者，通过对各类经济指标和形势的分析，预期市场情况即将发生变化，开始逐步布局绩优股。

此时市场的成交逐渐出现微量回升，经过一段时间后，许多股票逐渐从盲目抛售者手中流到理性投资者手中。在市场回升过程中，即使出现一些回落走势，每一次回落的低点也都比上一次回落的低点高，于是吸引了新的投资者积极入市，整个市场交投开始活跃。与此同时，上市公司的经营状况和业绩开始逐渐好转，盈利的增加引起投资者的注意，进一步刺激了投资者入市的步伐。

牛市行情的第一阶段发生于熊市中，所以与熊市行情的第三阶段会出现部分重合。下面我们结合案例进行说明。

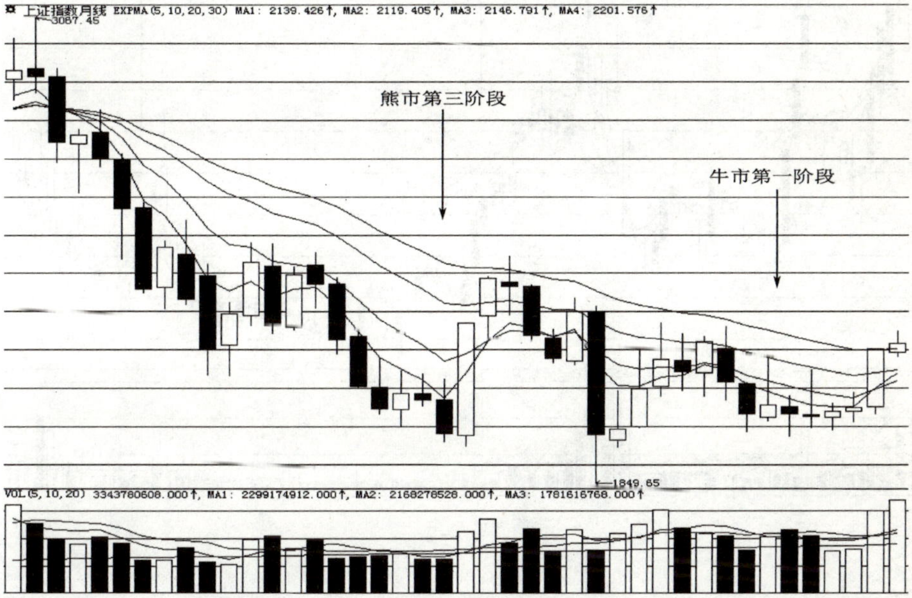

图 1-1

图 1-1 是上证指数 2011 年 4 月至 2014 年 8 月的 K 线走势图。指数在长期下跌过程中，经过长时间的筑底盘整，形成熊市的第三阶段。当指数完成筑底，行情出现回升迹象，回升中指数纵有回调也不再跌破前期低点，牛市行情自此展开。

在牛市行情初期，行情走势会表现得相对弱势。投资者可以适度介入，但需要注意控制仓位。

图 1-2 是海南瑞泽（002596）2014 年 2 月至 7 月的 K 线走势图。股价在底部完成筑底后，慢慢走出上升行情。在股价上升的过程中，也曾经出现行情夭折的情况，但回调后仍能在底部上方企稳，显示行情还有很长的持续性。

图 1-2

当股价趋势性向上发展时，投资者就可以逐步建仓，获取投资收益。

我们再看中兴通讯（000063）牛市第一阶段的走势，如图1-3。

图 1-3 是中兴通讯（000063）2013 年 10 月至 2014 年 11 月的周 K 线走势图。个股股价创出新的低点后，出现企稳回升走势，牛市特征逐步显现。当股价出现量价齐升，并回调站稳底部上方

时，牛市行情就正式起步了。投资者此时要做好积极介入的准备，把握好这一轮上升行情。

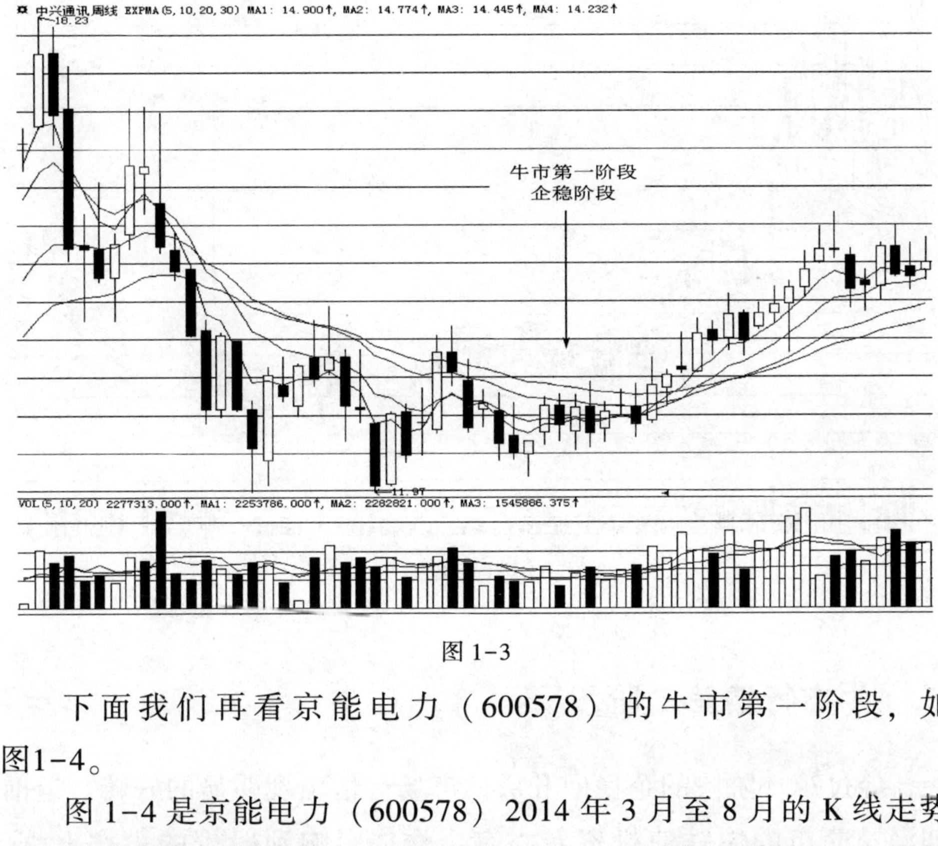

图 1-3

下面我们再看京能电力（600578）的牛市第一阶段，如图1-4。

图 1-4 是京能电力（600578）2014 年 3 月至 8 月的 K 线走势图。股价经过长期下跌，于 2014 年 6 月 25 日创出新低后，出现量价回升的走势，标志着熊市行情终结，牛市行情自此开始。

在牛市第一阶段股价出现企稳回升，并不会单一地定向运动，而是会有一个往返曲折的过程，此时行情就迎来了牛市的第二阶段。

图 1-4

二、牛市行情第二阶段

经过第一阶段的企稳回升后，市场行情出现明显的好转。但前期漫长熊市的惨跌使投资者心有余悸，影响到股价的再次上涨，市场出现一种非升非跌的僵持局面。在此阶段，人们对市场的判断基调良好，但也不会认为股价在短时间内会有突飞猛进的升势。这段时间可能持续的时间较长，短则数月，长则超过一年。

下面我们通过一些案例来说明。

图 1-5 是厦门钨业（600549）2014 年 1 月至 7 月的走势图。股价出现低点后，走出了企稳回升的走势，即使偶头回调，也能在高位站稳。股价走势自熊市行情转化为牛市行情，此为牛市第一

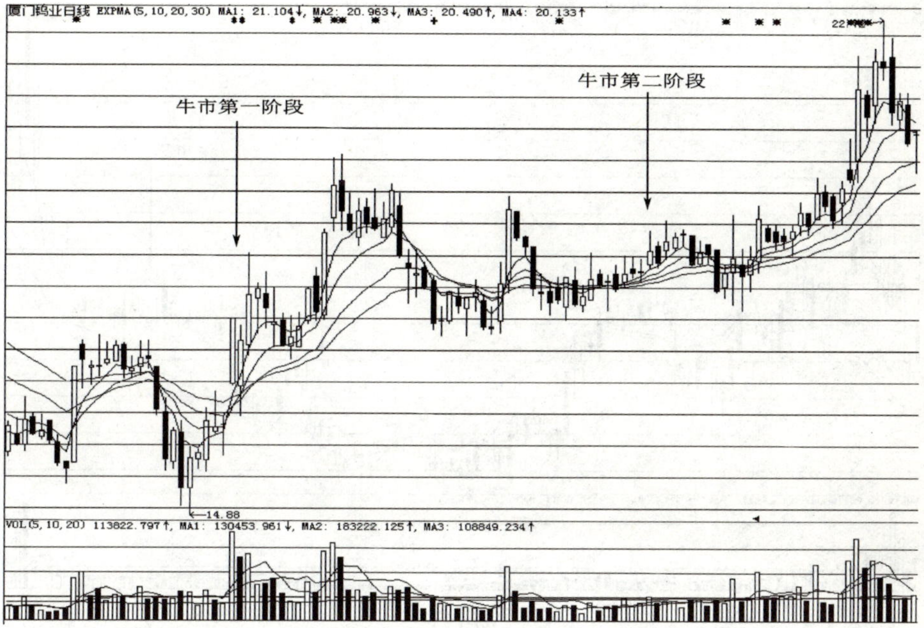

图 1-5

阶段。但随后的走势并未延续前期的上升走势，股价出现了滞涨，这就是牛市的第二阶段。

股价在第一阶段的企稳回升，是资金介入低位吸筹的表现。但随着股价的上涨，大资金不愿以更高的价位收集筹码，所以转变策略，以长时间的横盘消磨投资者的意志，使投资者交出手中的筹码。同时，在低位早期介入的投资者因不愿到手的收益再次白白失去，也会选择在此处卖出筹码，又对股价的进一步上行构成压力。当大资金以长时间的横盘收集到足够多的筹码，卖出的抛盘不再构成压制时，股价才会迎风而上。

图 1-6 是大西洋（600558）2014 年 2 月至 8 月的走势图。股价在 2014 年 5 月完成筑底，走出企稳回升的牛市第一阶段行情。

图 1-6

但上涨行情并没有一直持续下去，随后股价进入横盘的牛市第二阶段。股价在近一个月的横盘后，才重新获得上升动力，再次起飞。

下面我们再看看金自天正（600560）的牛市行情，如图 1-7。

图 1-7 是金自天正（600560）2014 年 2 月至 9 月的 K 线走势图。股价自 2014 年 2 月步入跌势，直到 5 月底才出现企稳的迹象。6 月初的回升走势，说明股价摆脱下降趋势，有望重新返回升势。牛市行情第一阶段自此展开。股价经过牛市行情第一阶段后，步入横盘吸筹的第二阶段。股价在第二阶段横盘吸筹补充弹药后，走势更上一层楼。

图 1-8 是广东榕泰（600589）2014 年 5 月至 10 月的 K 线走势图。股价在下跌走势中经过牛市第一阶段的企稳回升和牛市第二

阶段的盘整吸筹，重新获得上升动力，股价再创新高。

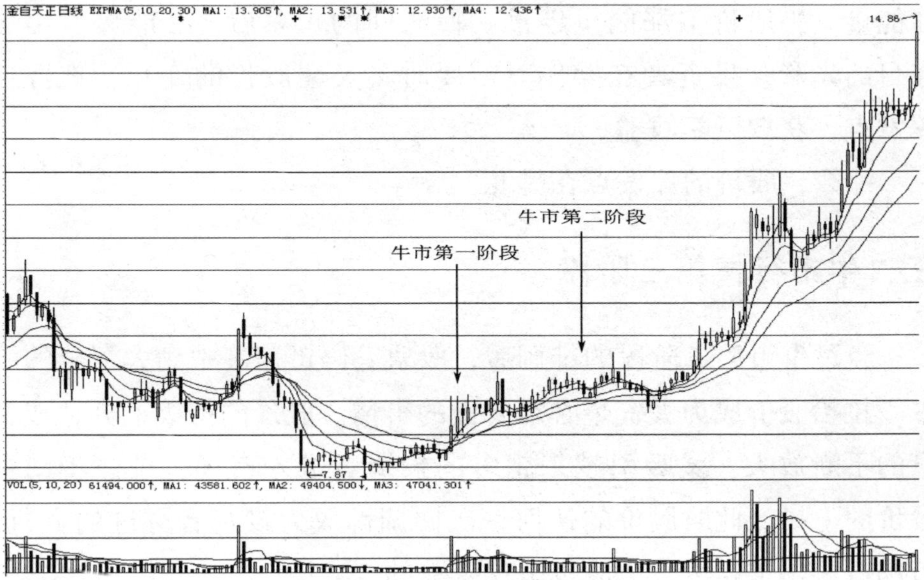

图 1-7

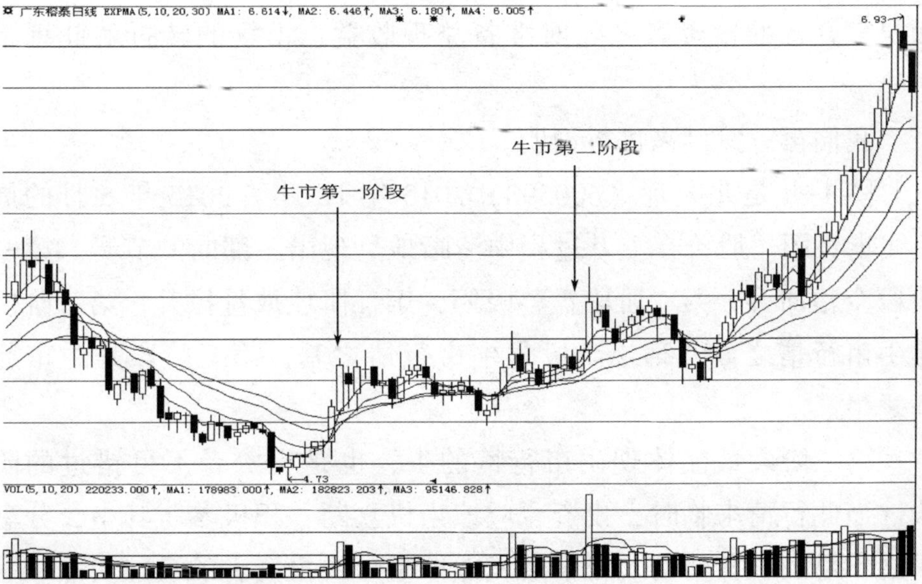

图 1-8

牛市第二阶段看似软绵无力，实则是为股价的后市上涨慢慢积蓄能量。当股价上涨能量经过一段时间的积累后，必能爆发出更夺目的光彩。投资者在操作时需要时刻关注股价的变化，把握住爆发点，获取巨额收益。

那么，股价的爆发点在哪儿？

三、牛市行情第三阶段

经过牛市第二阶段的徘徊后，股票筹码迅速集中到大资金的手中，拉抬股价成为大资金必须要做的事情。股价的持续上升，成交量的不断放大，又吸引越来越多的投资者进入市场，进一步助推股价的上扬。此时股价的任何一次回调都成为投资者买进的良机，市场做多热情高涨，个股也呈现普涨的现象。

与此同时，公司也不断传出利好消息，助推股价进一步上涨。而早期介入的投资者已随时准备兑现收益，市场的转折就此埋下伏笔。

我们再以案例来进行说明。

图 1-9 是北大荒（600598）2013 年 12 月至 2015 年 5 月的周 K 线走势图。股价在上升过程中清晰地呈现出三部曲的节奏。第一阶段企稳回升，第二阶段盘整吸筹，第三阶段放量拉升。第一阶段是牛市行情之始，第二阶段是牛市行情之基，第三阶段是牛市行情之牛。

第三阶段最能体现牛市行情的牛，也是投资者不可错过的阶段。当此行情来临时，投资者应该当机立断，积极参与其中，分享来之不易的投资盛宴。行情爆发点即是短线投资者的最佳卖点。

股价自低点时的 6 元一路走高，到高位时的 26 元，在短时间

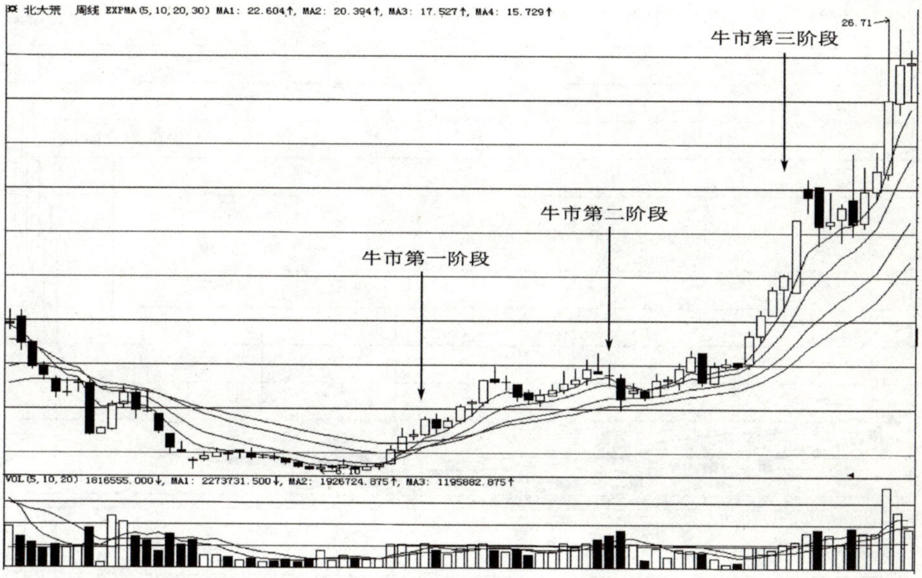

图 1-9

内抬高数倍。在这轮数倍的上涨行情中，又以第三阶段涨幅最大，用时最短，投资者万不可错失此良机。

我们再看一个案例，如图 1-10。

图 1-10 是方正科技（600601）2011 年 5 月至 2015 年 5 月的月 K 线走势图。股价经过牛市三部曲，从低位时的 2 元左右，一路走高到高位时的 17 元以上，股价在此区间升幅巨大。

股价经过牛市行情前两个阶段的铺垫，到第三阶段时直接以直线方式拉升。此时是投资者的最佳介入良机，能以最短的时间获取最大的收益。

图 1-11 是大众交通（600611）2010 年 11 月至 2015 年 6 月的月 K 线走势图。股价在 2013 年 5 月筑底回升，形成牛市第一阶段。此后股价于 2013 年 9 月进入横盘吸筹的第二阶段，其间用时一年，直到 2014 年 9 月才走出横盘区域。股价从横盘的第二阶段走出后，

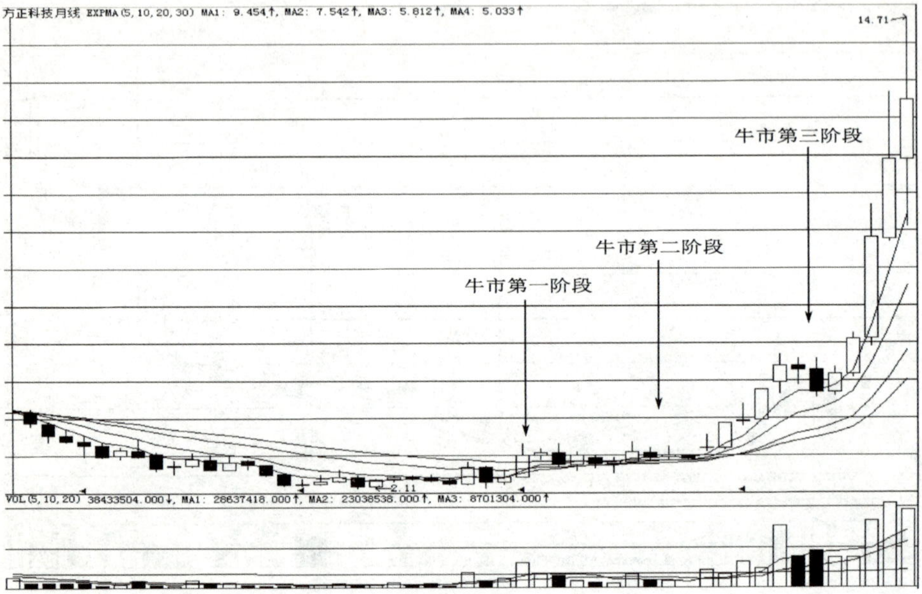
方正科技月线 EXPMA(5,10,20,30) MA1: 9.454↑, MA2: 7.542↑, MA3: 5.812↑, MA4: 5.033↑
14.71
牛市第三阶段
牛市第二阶段
牛市第一阶段
2.11
VOL(5,10,20) 38433504.000↓, MA1: 28637418.000↑, MA2: 23038538.000↑, MA3: 8701304.000↑

图 1-10

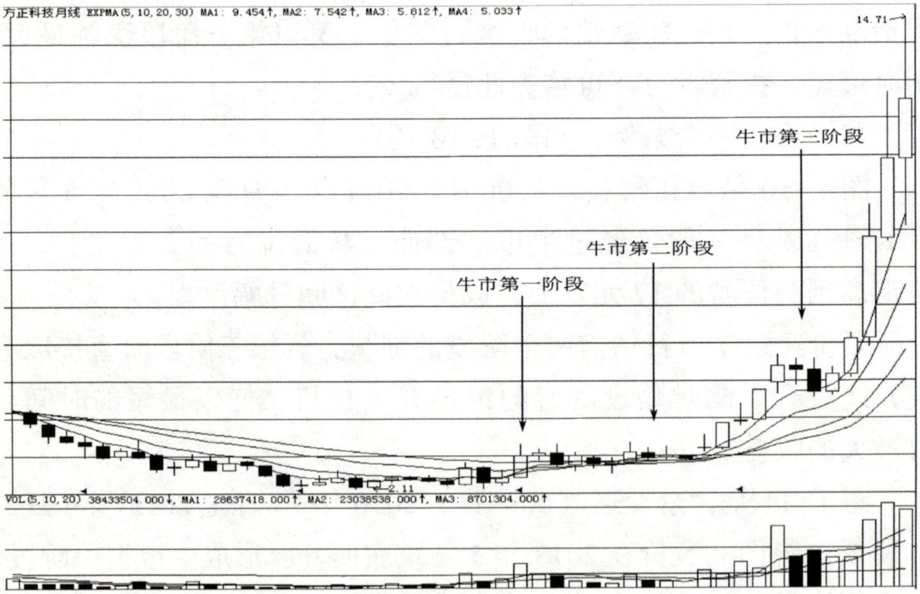
方正科技月线 EXPMA(5,10,20,30) MA1: 9.454↑, MA2: 7.542↑, MA3: 5.812↑, MA4: 5.033↑
14.71
牛市第三阶段
牛市第二阶段
牛市第一阶段
2.11
VOL(5,10,20) 38433504.000↓, MA1: 28637418.000↑, MA2: 23038538.000↑, MA3: 8701304.000↑

图 1-11

即进入拉升的牛市第三阶段。股价在此迎来了一飞冲天的时机，又是一个投资者获取巨额利润的天赐良机。

下面我们再看华鑫股份（600621）中的牛市三部曲，如图1-12。

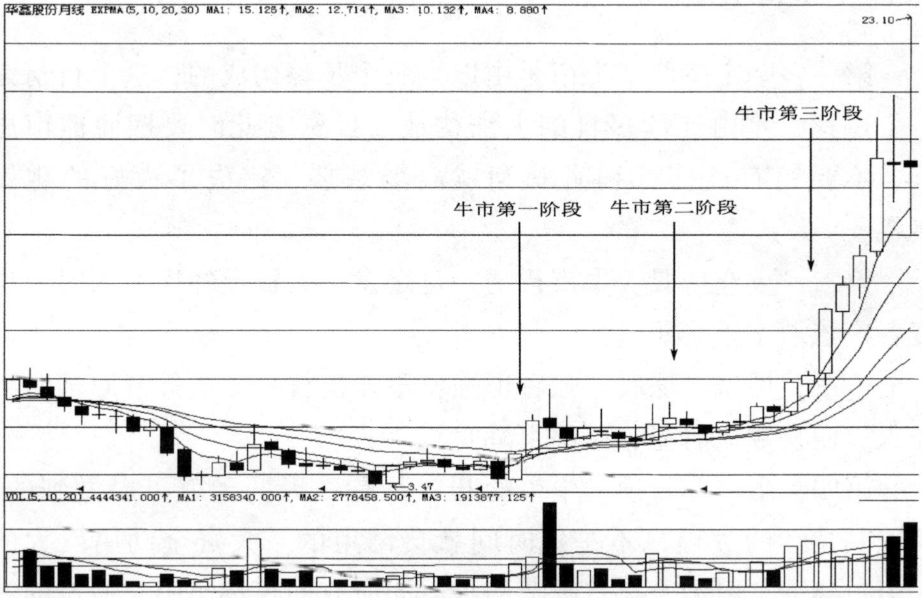

图 1-12

图 1-12 是华鑫股份（600621）2011 年 2 月至 2015 年 6 月的月 K 线走势图。股价在 2013 年 7 月走出筑底企稳的牛市行情第一阶段，此后进入牛市行情第二阶段，在此阶段股价盘整吸筹时间长达 1 年 2 个月。当股价完成盘整吸筹后，迎来的牛市第三阶段行情自然一发不可收拾，股价迅速上升。投资者如积极买进，又是一个赚得盆满钵满的投资机会。

一轮牛市或个股的一波行情，大体都是由这三个步骤构成的。明白牛市的构成，才能判断行情所处的位置。明白其所处位置，才能做出正确的投资决策。这是一切投资的基础。

一轮牛市是难得的获利良机，投资者在操作上也有一些策略需要注意。

四、牛市操作策略

第一，坚定持股。牛市是由以上三个步骤构成的，这个行情是一个过程，是由连续多日的上涨构成。投资者此时要摆脱熊市思维，不要稍有震荡或稍有获利就离场观望，错失了大好的赚钱良机。

第二，重仓持股。牛市行情一旦爆发，大资金蜂拥而入时，投资者应该敢于重仓跟进。

第三，勇追领涨股。强者恒强，不能畏首畏尾或等待回档时再介入，而是顺应时势，坚决上马！

第四，牛市不言顶。牛市的开启不是一天两天就可以做到的，所以其持续的过程也不是短时间就会结束的。大资金动用巨大的人力、物力、财力，自然需要回报，而所有回报都集中在股价的升幅上，投资者不要错估大资金的胃口。

牛市行情是整个股市中最能体现投资收益的阶段，投资者必须好好把握。牛市行情只是股市的一个阶段，牛市生于熊市，最后也终于熊市，所以在牛市进入第三阶段时，投资者也需要注意熊市的来临。

下面我们就来看看熊市行情。

第二章

熊市赶熊：股市生存之道

一轮行情走完了牛市，也就面临着它的另一种走势，这就是熊市行情。对应前文的实现利润与获取利润，这一段行情中，投资者需要做的就是截留在牛市行情中获得的盈利。知己知彼，才能百战不殆。

我们先来认识一下熊市。

熊市又称为空头市场，是指证券市场上价格走低的市场。股票市场上卖出者多于买入者，股市行情看跌。熊市中人气清淡，怕被套心理占先，大家一个比一个跑得快，因此，再强的个股也很难保持持续升势，投资者能做的只是反弹行情而已。在这个时候，市场中弥漫着浓厚的空头气氛。在国内股市没有做空机制的情况下，投资者在空头市场中应尽量避免再次进场，采取持币观望的态度。

熊市来临时，有下面一些市场特征。

第一，股价上涨幅度大。此时市场普遍看好，人气沸腾，投资者疯狂抢进，即是牛市第三阶段的特征，也是熊市行情来临的先兆。

第二，此时市场利好消息频传，但股价却出现滞涨。大资金由于介入得很早，此时已经积累大量获利盘，出货变成了当务之急，股价上涨动力不复存在。

第三，法人机构、股东大户出现大量套现的情况，除息除权股票纷纷回落。

第四，当市场出现不利传闻时或股价走势变坏时，行情将呈现兵败如山倒之势，跌停板纷纷出现。此时已是牛市行情末期，资金在疯狂出货，造成独木难支的走势。

第五，市场热点涣散，人气涣散，投资者纷纷抛售股票，股价一蹶不振，长期疲软，进入牛市第一阶段前面的探底走势中。

根据经验数据，总结熊市和牛市的不同市场特征，对应牛市行情，熊市行情也可以分为三个阶段。

一、熊市行情第一阶段

其初期阶段就是牛市行情第三阶段的末段，往往出现在市场投机气氛最高涨的情况下。这时投资者对后市变化完全没有戒心，市场处于绝对乐观的疯狂中。

正当绝大多数投资者疯狂沉迷于股市升势时，少数明智的投资者和个别投资大户已经开始将资金逐步撤离或处于观望。因此，市场交投虽然十分活跃，但已有逐渐降温的迹象。这时如果股价再进一步攀升，成交量却不能同步跟上的话，行情随时都有反转的可能。在这个时期，当股价下跌，许多人仍然认为这种下跌只是上升过程中的回调，并且纷纷乘机买进时，其实这是股市大跌的开始。

下面我们通过一些案例来进行说明。

图 2-1 是上证指数 2014 年 7 月至 2015 年 7 月的周 K 线走势图。指数在前期的牛市三部曲中连续上涨，最终走出了上涨数倍

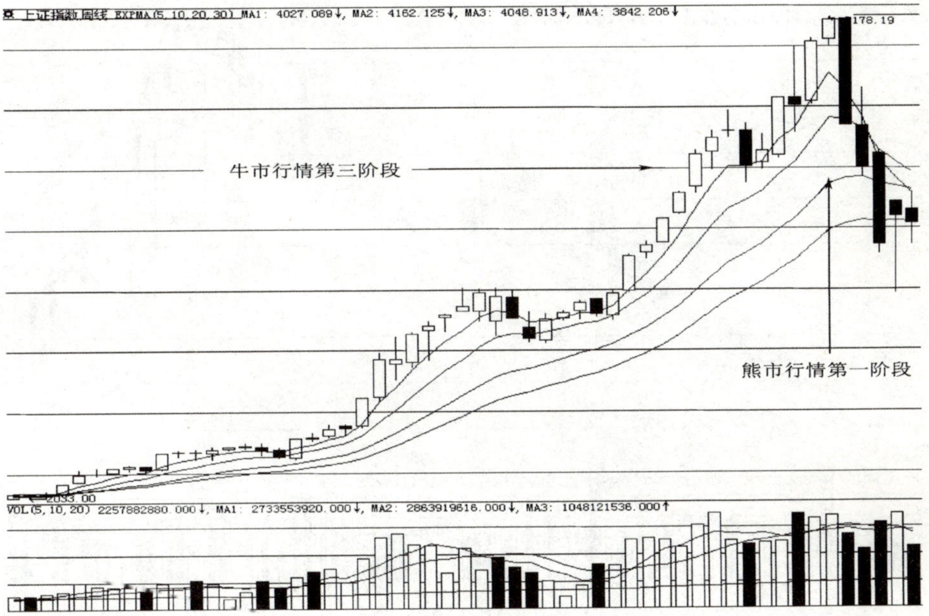

图 2-1

的行情。当投资者坚定看好股市可以再上层楼时，指数出现回调走势。当投资者认为回调只是一种短期行为，指数仍然可以再上一层楼时，指数却出现断崖式的跳水，坚定看多的投资者在熊市到来时损失惨重。

熊市第一阶段因其伴生于牛市行情的第三阶段，所以其存在有很大的欺骗性，失去警惕的投资者将面临巨额投资损失。

我们看当时的顶部走势，如图 2-2。

图 2-2 是上证指数在顶部时的走势图。指数在前期出现巨大升幅后，出现明显的高位滞涨走势，指数向上动力不足，开始出现回调向下走势。此时的行情只是熊市的第一阶段，仍有相当一部分投资者看好股市未来发展，所以指数并未快速大幅下滑。在指数回调到支撑线时，仍会出现买盘带来的反弹。

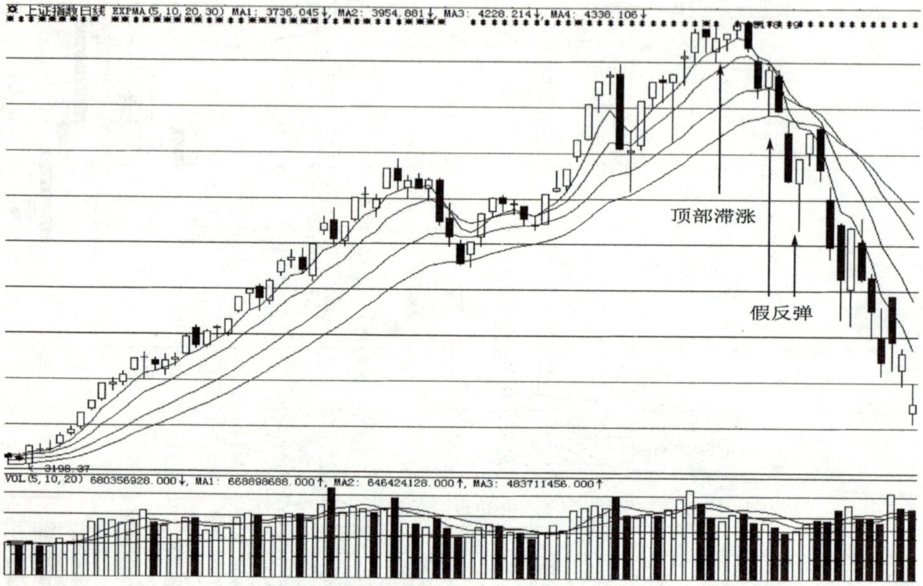

图 2-2

因一部分先知先觉的资金坚定离场，所以反弹行情并未持续太久即早早夭折。当指数出现反弹无力的走势后，更多投资者意识到行情开始转熊，于是更多的资金涌出。此时市场早已是独木难支，股价直接跳空低走，之后行情一蹶不振，熊市行情的第二阶段由此而来。

下面我们再看一个案例。

图 2-3 是现代制药（600420）2014 年 12 月至 2015 年 6 月的 K 线走势图。股价经过牛市三个阶段一步步地走上高位，短时间内升幅巨大。当股价有了巨大的升幅后，获利筹码兑现盈利的要求变得越来越强烈，股价继续上涨动力不再，出现高位滞涨的走势。

随着时间的推移，获利筹码持续兑现，个股行情逐渐恶化，破位式的大阴线频频出现，随后熊市行情的第二阶段接踵而来。

图 2-4 是光电股份（600184）2014 年 11 月至 2015 年 6 月的

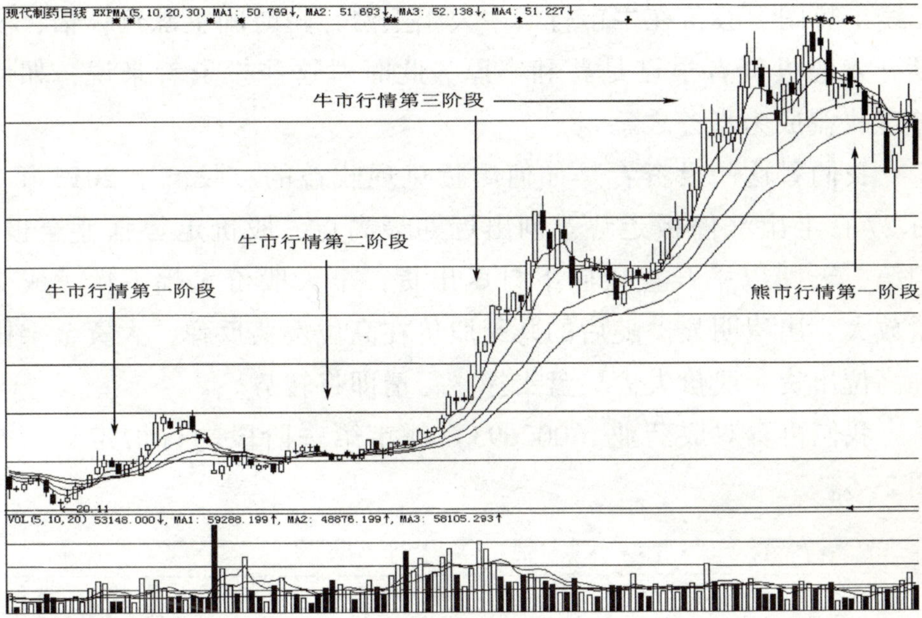
现代制药日线 EXPMA(5, 10, 20, 30) MA1: 50.769↓, MA2: 51.693↓, MA3: 52.138↓, MA4: 51.227↓
牛市行情第三阶段
牛市行情第二阶段
牛市行情第一阶段
熊市行情第一阶段
20.11
VOL(5, 10, 20) 53148.000↓, MA1: 59288.199↑, MA2: 48876.199↑, MA3: 58105.293↑

图 2-3

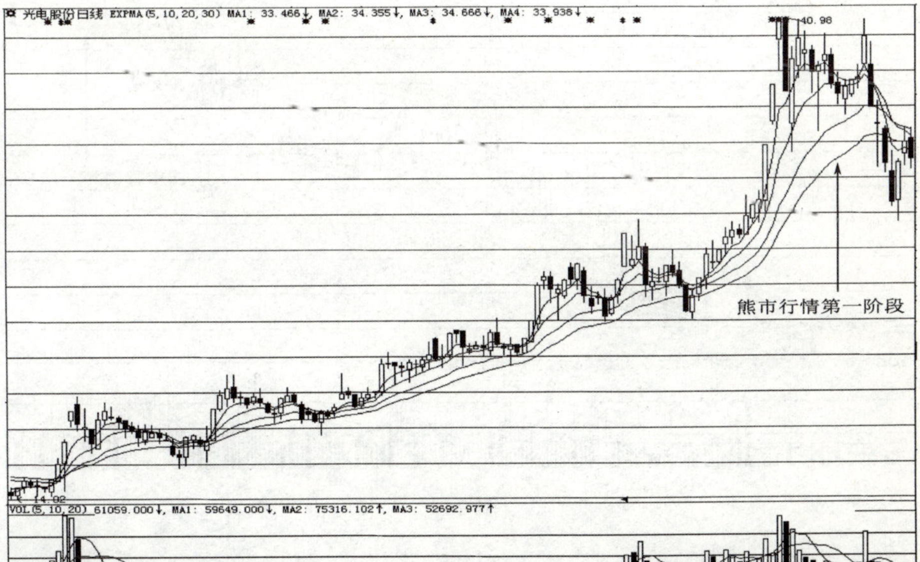
光电股份日线 EXPMA(5, 10, 20, 30) MA1: 33.466↓, MA2: 34.355↓, MA3: 34.666↓, MA4: 33.938↓
40.98
熊市行情第一阶段
14.02
VOL(5, 10, 20) 61059.000↓, MA1: 59649.000↓, MA2: 75316.102↑, MA3: 52692.977↑

图 2-4

K 线走势图。股价在牛市行情中大幅上涨，短时间上涨近 8 倍，早期介入的投资者早已是获利丰厚。此时对这些投资者来说，如何兑现收益成为当务之急。

我们看这些投资者是如何出货兑现收益的。股价于 2015 年 5 月 27 日走出涨停板走势，创出近期最高点，股价走势强盛至极。但第二天即以平开直接向下打压出货，全天股价大幅下挫，成交量放大，出货明显。随后的几天股价在高位震荡反弹，大资金乘机在高位出货。股价失去买盘支撑，行情即将转势。

我们再看双成药业（002693）熊市第一阶段的行情走势，如图 2-5。

图 2-5

图 2-5 是双成药业（002693）2014 年 11 月至 2015 年 6 月的 K 线走势图。股价在牛市中走出一波巨幅的上涨后，一部分投资者

在高位出现兑现浮盈的需要，股价走势呈现高位滞涨的形态。股价的反转一触即发，熊市行情自此开始。

熊市行情自第一阶段发生，当引发更大的卖盘时，熊市行情的第二阶段随之而来。

二、熊市行情第二阶段

在这一阶段，股票由于熊市第一阶段的弱势表现，触发更多投资者的“恐慌性”抛售，直接加剧了股价下跌。之后股价越跌越急，一发不可收拾。

经过一轮疯狂的抛售和股价急跌以后，投资者觉得市场超跌严重，一波反弹资金会慢慢介入，而深套的投资者也不愿在低位卖出筹码，于是市场会出现一波较大的回升和反弹。这一段中期反弹可能是一段可持续的行情，投资者可择机介入。回升或反弹的幅度一般为整个市场总跌幅的 1/3 至 1/2。

经过一段时间的中期反弹后，经济形势和上市公司前景趋于恶化的各种利空消息又接踵而至，抢反弹买进的投资者此时获利了结，又一次使股价重回跌势。这对投资者的信心造成进一步打击，股价继反弹后再次出现较大幅度下挫。

下面我们看一下熊市行情由第一阶段到第二阶段的进化，如图 2-6。

图 2-6 是三爱富（600636）2010 年 6 月至 2012 年 12 月的周 K 线走势图。股价经过前期牛市的大幅上涨后，在顶部附近出现高位滞涨的走势，预示着熊市即将到来。

股价经过熊市第一阶段的高位滞涨后，行情走势逐渐变坏，这又带动更多的抛盘出现，直接推动股价进入熊市的第二阶段。市

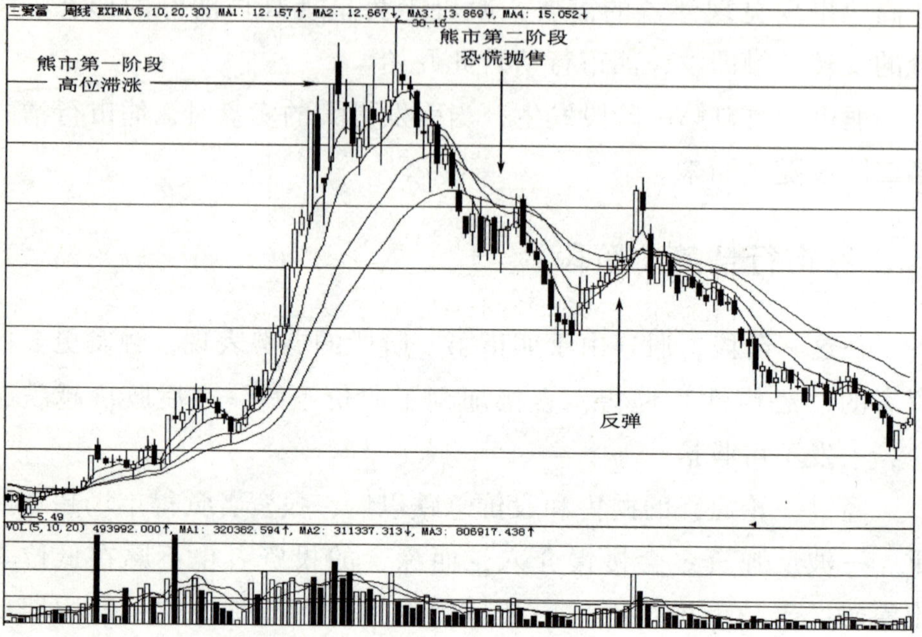

图 2-6

场出现恐慌性抛售，股价大幅下跌。股价在短时间大幅下跌后出现了反弹的需要，此时是投资者可操作的买进机会，但要注意市场随时会出现反转。对于被套的投资者来说，则是难得的逢反弹离场时机，不可错失。

图 2-7 是工商银行（601398）2006 年 11 月至 2008 年 12 月的周 K 线走势图。股价在熊市第一阶段的高位滞涨后，出现恐慌性抛盘，构成熊市的第二阶段。股价在下跌中出现一个短线反弹的机会，但并不适合投资者长期持有，股价反弹后将继续下探。

熊市行情是一个卖出多于买进的行情，在这种行情下，投资者可以做一些短线的快进快出交易，不可长期持有。当出现套牢时，要注意及时止损，盲目地预测底部将付出惨重的代价。

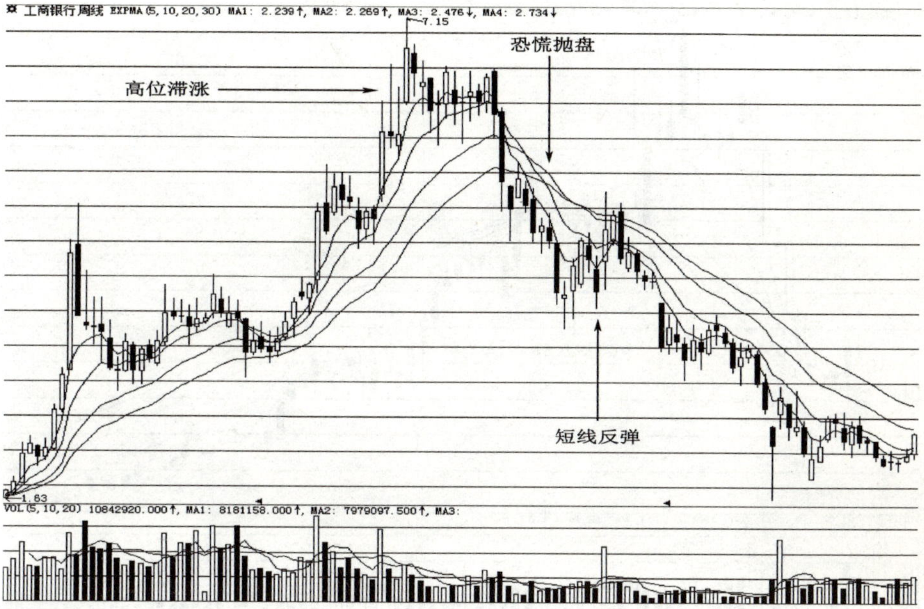

图 2-7

图 2-8 是中国铝业（601600）2007 年 5 月至 2008 年 7 月的 K 线走势图。股价走势在高位走熊后，出现恐慌性抛盘，带动股价快速下跌，形成熊市第二阶段。股价在下跌过程中虽出现短线反弹行情，但不能改变股价的长期熊市走向，投资者要把握住离场时机，逢反弹及时离场，避免出现更大的损失。

下面我们看一下平煤股份（601666）在熊市第二阶段的走势，如图 2-9。

图 2-9 是平煤股份（601666）2008 年 11 月至 2014 年 2 月的月 K 线走势图。个股在股价形成高点后，走势由牛转熊。股价虽在熊市的第二阶段走出反弹走势，但不改个股走熊的大势，此时出现的反弹提供给投资者最后的高位离场时机，没有及时离场的投资者将面临巨大的财富和时间损失。这一轮熊市持续了数年的

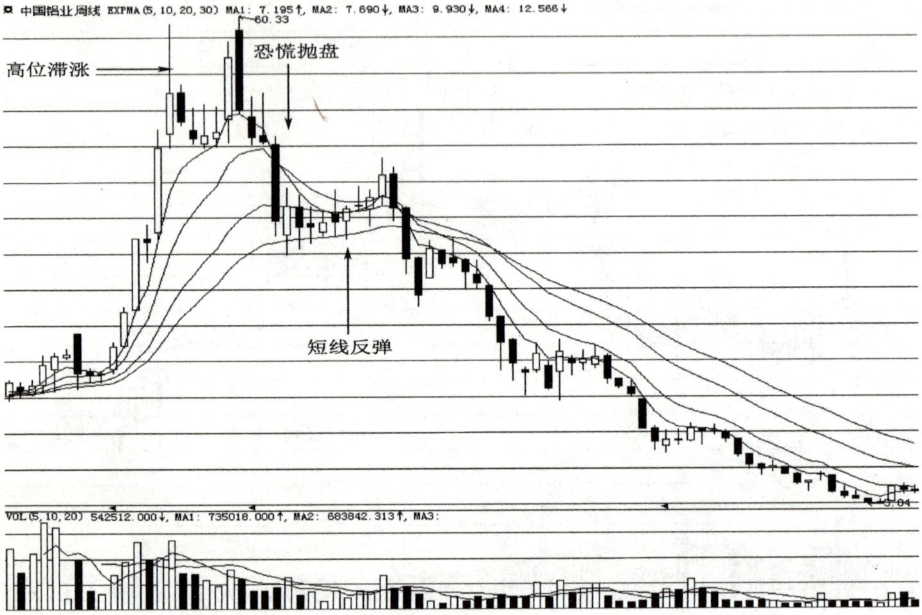
中国铝业周线 EXPMA(5, 10, 20, 30) MA1: 7.195↑, MA2: 7.690↓, MA3: 9.930↓, MA4: 12.566↓
60.33
高位滞涨
恐慌抛盘
短线反弹
5.84
VOL(5, 10, 20) 542512.000↓, MA1: 735018.000↑, MA2: 683842.313↑, MA3:

图 2-8

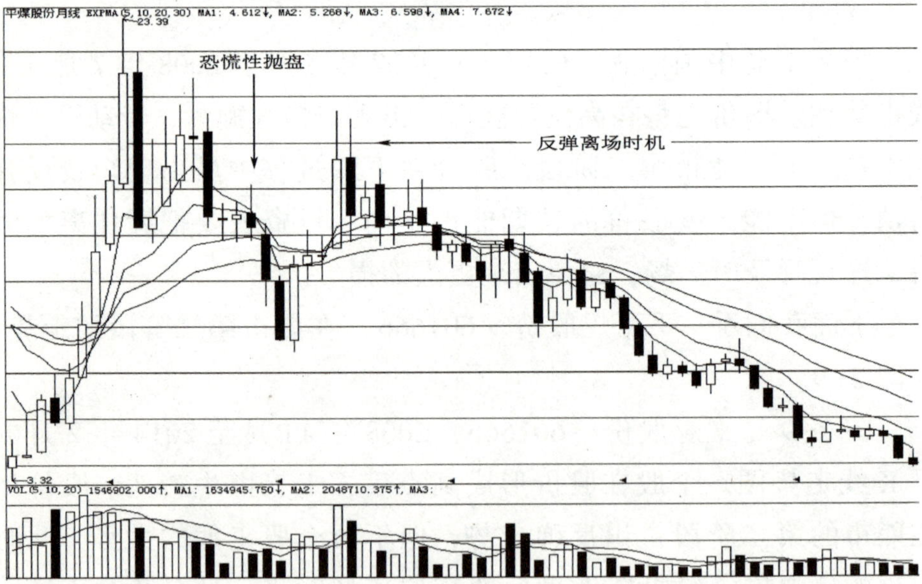
平煤股份月线 EXPMA(5, 10, 20, 30) MA1: 4.612↓, MA2: 5.268↓, MA3: 6.598↓, MA4: 7.672↓
23.39
恐慌性抛盘
反弹离场时机
3.32
VOL(5, 10, 20) 1546902.000↑, MA1: 1634945.750↓, MA2: 2048710.375↑, MA3:

图 2-9

时间。

当股价走过熊市的第二阶段，股市最危险的时刻就已度过，熊市的第三阶段便是一个缓慢筑底的过程。

三、熊市行情第三阶段

在熊市行情第三阶段，股价仍然有持续下跌的趋势，但跌势并没有加剧。由于那些质量较差的股票已经在前两个阶段跌得差不多了，再深幅下跌的可能性已经不大。

这时前期经过深跌的一些业绩良好的蓝筹股和优质股，便成为有远见和理智的投资者最佳的低位吸纳机会。他们在这时购入低价优质股，待大市回升就可以获得丰厚回报。这一阶段正好与牛市第一阶段吻合连接。

下面我们通过案例来进行说明，如图 2-10。

图 2-10 是曲江文旅（600706）2008 年 10 月至 2013 年 8 月的周 K 线走势图。股价在一波牛市行情后，出现了一轮熊市行情。股价在熊市第二阶段大幅大跌后，进入筑底的熊市第三阶段。此时股价虽没有改变下跌趋势，但下跌已趋于缓和，正在试探股价的最终支撑在何处。当股价跌到最终支撑位，底部形成。

我们再看个股的后期走势，如图 2-11。

图 2-11 是曲江文旅（600706）2011 年 11 月至 2015 年 6 月的 K 线走势图。个股走势在完成熊市第三阶段的筑底后，重新开启一轮牛市行情。熊市第三阶段与牛市第一阶段完美对接。

熊市行情与牛市行情完美对接的个股，多发生在有业绩保障的优质绩优股上。个股业绩良好，才会有大资金在低位承接。有业绩保障，才可以支撑股价的下一轮上升。对一些劣质股而言，熊市之

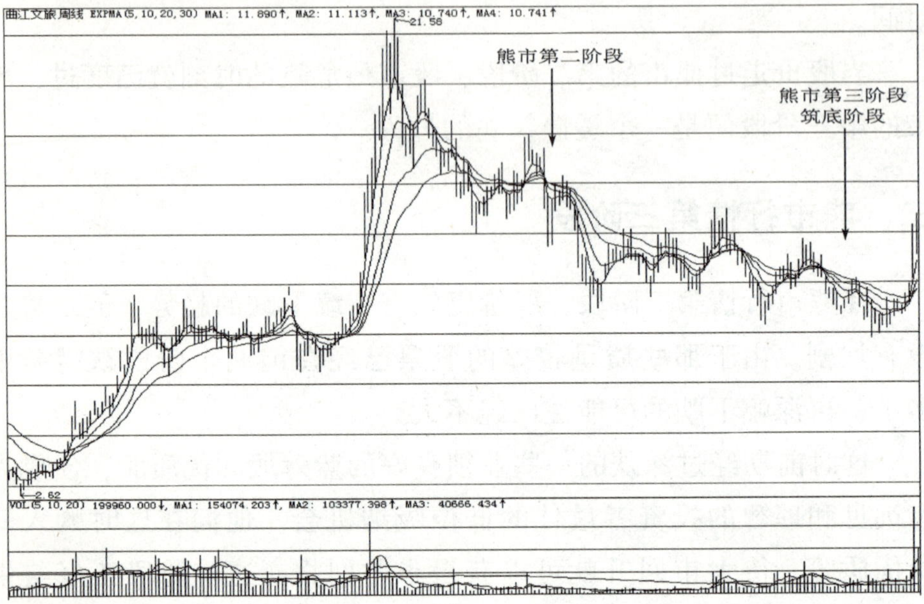
曲江文旅周线 EXPMA(5,10,20,30) MA1: 11.890↑, MA2: 11.113↑, MA3: 10.740↑, MA4: 10.741↑
21.56
熊市第二阶段
熊市第三阶段
筑底阶段
2.62
VOL(5,10,20) 199960.000↓, MA1: 154074.203↑, MA2: 103377.398↑, MA3: 40666.434↑

图 2-10

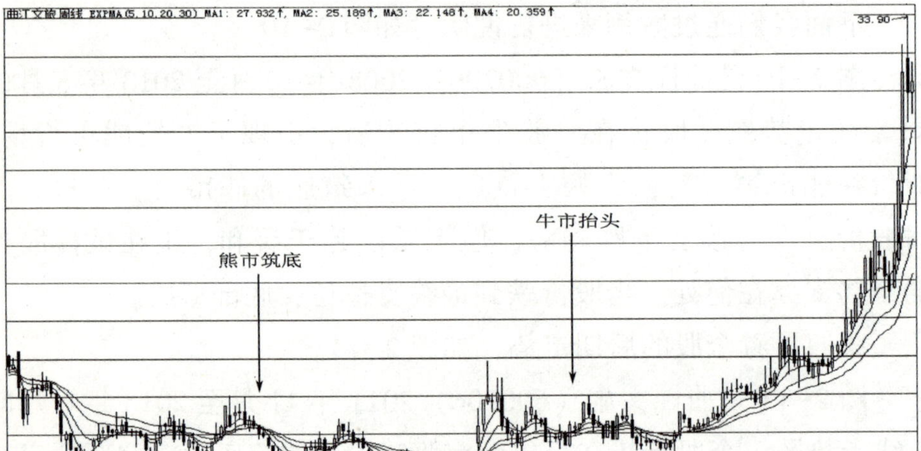
曲江文旅周线 EXPMA(5,10,20,30) MA1: 27.932↑, MA2: 25.189↑, MA3: 22.148↑, MA4: 20.359↑
33.90
牛市抬头
熊市筑底
6.79
VOL(5,10,20) 255551.000↓, MA1: 398248.813↑, MA2: 308076.594↓, MA3: 145546.328↑

图 2-11

后还有漫长的猴市在等着。

下面我们再看一个案例，如图 2-12。

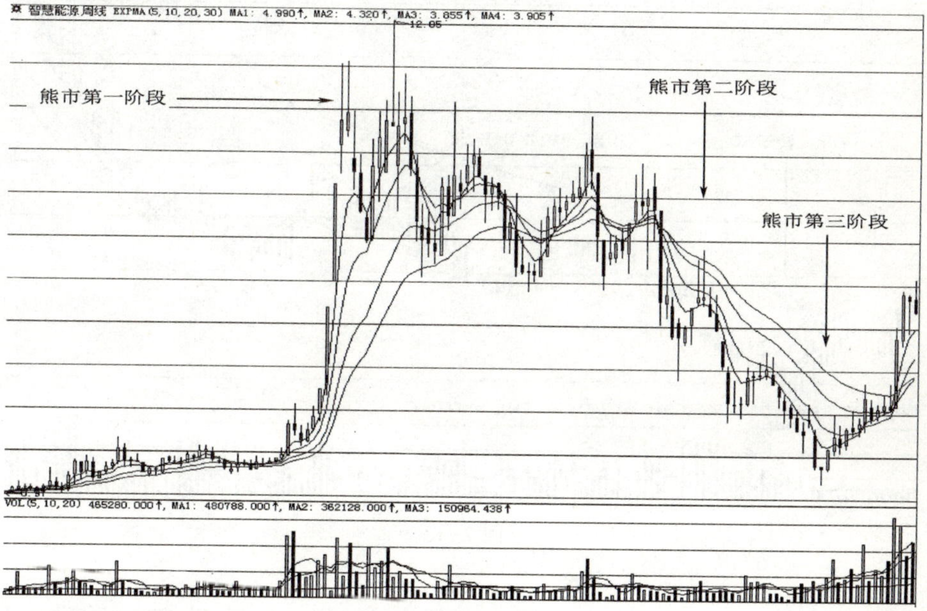

图 2-12

图 2-12 是智慧能源（600869）2006 年 3 月至 2009 年 2 月的周 K 线走势图。股价在走出一个牛市后，出现了一段熊市走势，熊市第一阶段特征明显。在熊市第二阶段，股价加速下跌。当股价以一个 V 形反转筑底后，我们看后期的走势如何？

图 2-13 是智慧能源（600869）2008 年 6 月至 2011 年 3 月的周 K 线走势图。股价完成熊市筑底后，又重新开启了一轮牛市行情。对股票的价值有清晰判断的投资者，在低位买进，高位卖出，将获得不错的投资收益。

当然，在本轮牛市之后，又将迎来新一轮熊市，投资者对此需要有清醒的认识，踏错了股市节奏，同样将一无所获。

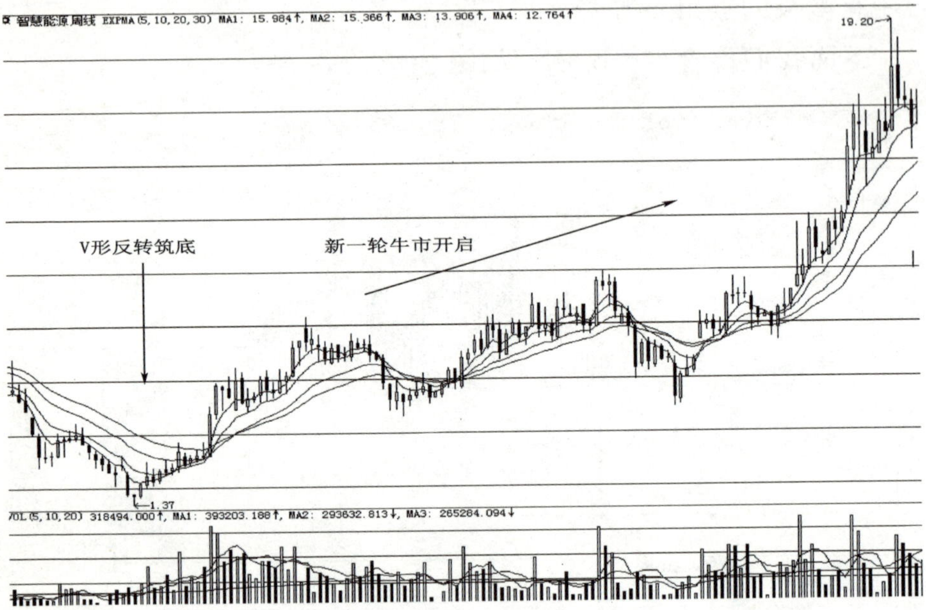

图 2-13

图 2-14 是中炬高新（600872）2008 年 12 月至 2012 年 12 月的 K 线走势图。在牛市之后，股价下行转为熊市。熊市之初，股价高位震荡，出货迹象明显。熊市第二阶段股价大幅下滑，恐慌情绪蔓延。到熊市第三阶段时，已出现下跌放缓的迹象，股价随后逐步探底。当股价第二次探底未能跌破前一低点时，底部有效成立。

我们再看个股筑底以后的走势，如图 2-15。

图 2-15 是中炬高新（600872）2011 年 11 月至 2015 年 4 月的周 K 线走势图。结合前图，个股在完成熊市筑底后，新起一轮牛市行情，股价也直接从 3 元左右的价位拉升到 21 元以上的高位，此轮行情股价涨幅更甚。

但盛极而衰的规律时时提醒我们高处不胜寒，熊市的身形正是在牛市中孕育而生。如果我们做一个简单的推断，更大一轮牛市

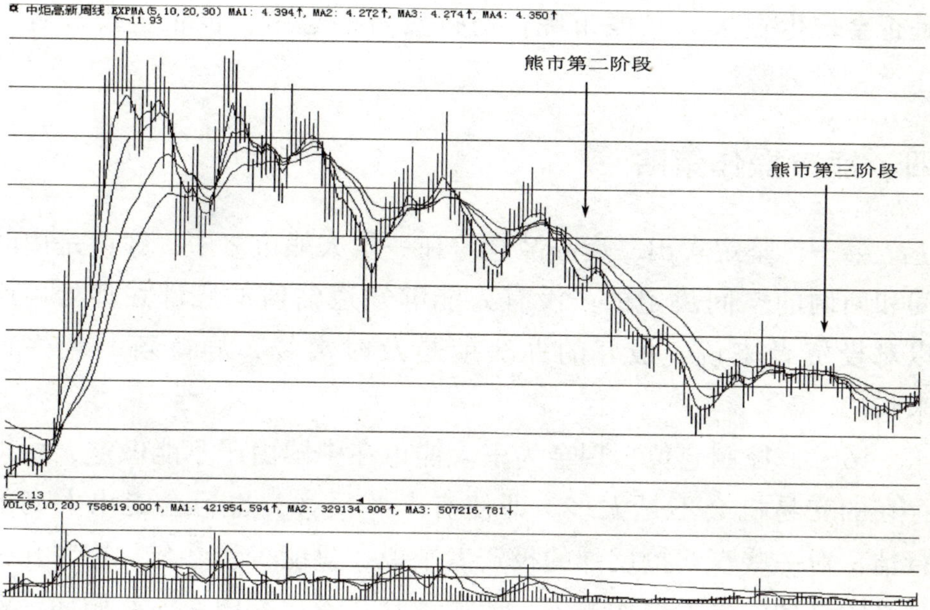
中炬高新周线 EXPMA(5,10,20,30) MA1: 4.394↑, MA2: 4.272↑, MA3: 4.274↑, MA4: 4.350↑
11.93
熊市第二阶段
熊市第三阶段
2.13
VOL(5,10,20) 758619.000↑, MA1: 421954.594↑, MA2: 329134.906↑, MA3: 507216.781↓

图 2-14

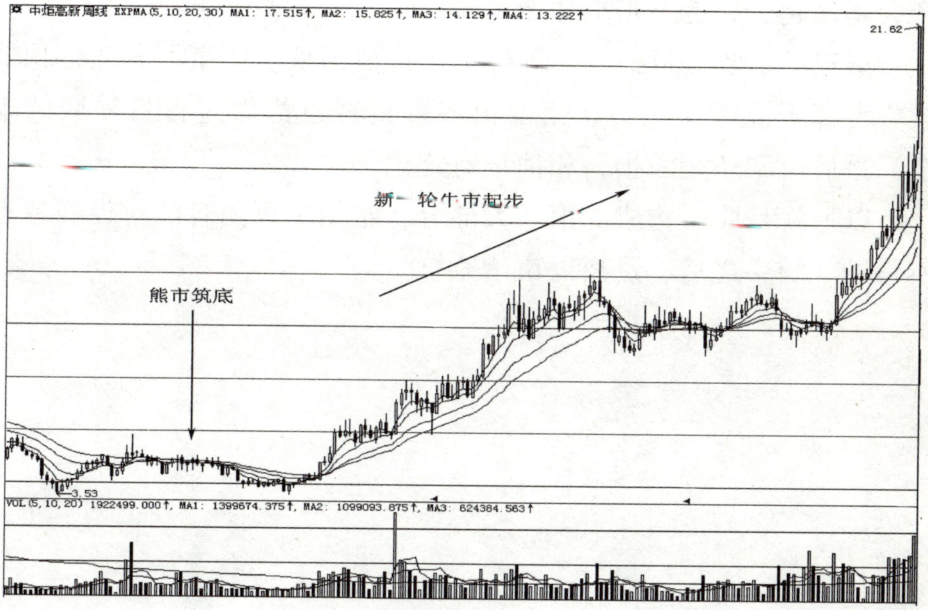
中炬高新周线 EXPMA(5,10,20,30) MA1: 17.515↑, MA2: 15.825↑, MA3: 14.129↑, MA4: 13.222↑
21.62
新一轮牛市起步
熊市筑底
3.53
VOL(5,10,20) 1922499.000↑, MA1: 1399674.375↑, MA2: 1099093.875↑, MA3: 624384.563↑

图 2-15

是否会催生更大一轮熊市呢？请投资者们思考，也希望投资者们注意，时刻警惕。

四、熊市操作策略

第一，坚定卖出，逢高减仓。在一段大熊市之中，熊市是由时间和回调的空间决定的，没有人能够知道估值的底部在何处。所以对投资者来说，最好的办法就是及时离场，静待新一轮牛市来临。

第二，控制仓位，现金为王。熊市在中国由于不能做空，所以存在的交易机会不是太多。即使有一些反弹，也不会走出太高的行情，对一些喜欢抢反弹的投资者来说，只能少量参与，控制仓位是必须做到的事。屡次买入，屡次被套，屡次割肉，如此循环，资产会越来越少，岂不是更加痛苦。

第三，不要盲目抄底，等待牛市行情到来。熊市不言底，相信投资者都听说过这句话，相信很多投资者也都做过盲目抄底的事情，最后盈利还是亏损，相信早有定论。

以上就是股市构成的第二大部分，希望本章内容能对投资者有所帮助。骑牛之后，远离熊市嘈杂。

第三章

猴市戏猴：把握波段之道

股市上涨叫牛市，下跌叫熊市，把这两者之间的运作状态称为猴市，这也是市场重要的形态走势。从大盘来看，这一段行情中没有一个明确的上涨或下跌方向，市场分化比较严重，展开的波段也较多，股价反复地大幅震荡，如同一只上蹿下跳的“猴子”。

猴市行情的形成情况比较复杂。就个股而言，当庄家洗盘时，会形成震仓猴市；庄家高位清仓时，会形成出货猴市。就大盘股指而言，当各种对证券市场影响重大的消息或政策密集出台时，会导致股指猴性大发；当指数经历过长时间、大幅度的上涨或下跌后，也容易形成猴市。

洗盘阶段的猴市是一种震荡洗盘的走势；出货阶段的猴市则是震荡出货的走势；政策面消息面引起的猴市，多是大资金采取的洗盘措施；最后股价在长期下跌后形成猴市，则是前一轮上涨刚刚结束，个股或大盘还不具有再次走牛的推动因素，市场维持一种长期震荡的走势，此时最能体现猴市的“猴”。

下面我们通过一些案例来具体分析各阶段的猴市。

一、洗盘中的猴市行情

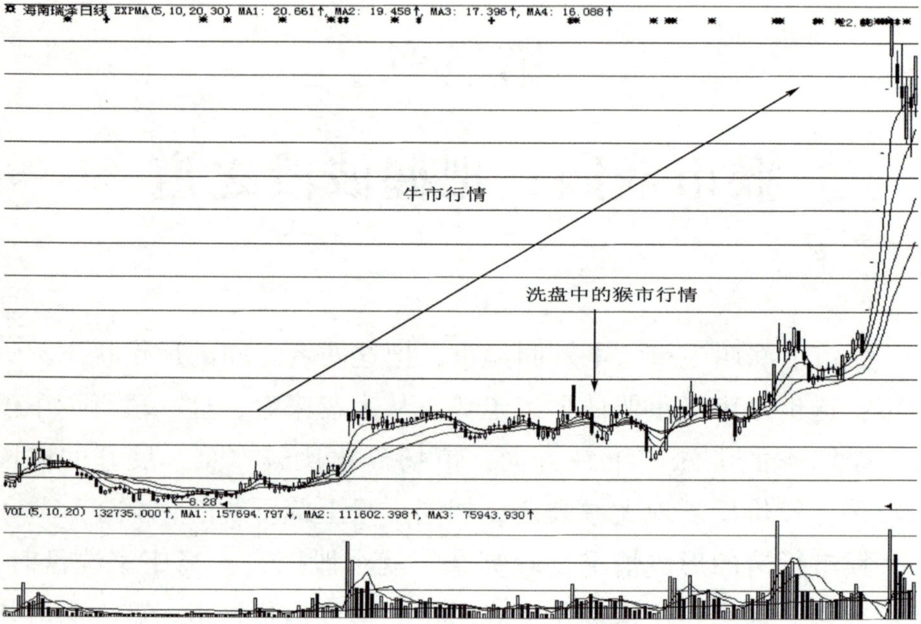

图 3-1

图 3-1 是海南瑞泽（002596）2014 年 2 月至 2015 年 6 月的 K 线走势图。股价在 2014 年 6 月出现探底回升走势，此后行情看好，走出一波不错的牛市行情。但我们应该看到，股价在上涨的过程中并非一帆风顺，在洗盘吸筹阶段走出了持续长达半年的猴市行情。股价在猴市行情中上蹿下跳，少有持续性走势，一直到 2015 年 6 月才走出猴市行情。此后股价连续涨停，一发不可收拾。

图 3-2 是 ST 舜船（002608）2012 年 7 月至 2014 年 10 月的 K 线走势图。股价又是在一波牛市行情中走出了一段猴市行情，在这一阶段进行空间震荡。短线投资者最好的办法就是轻仓上阵，

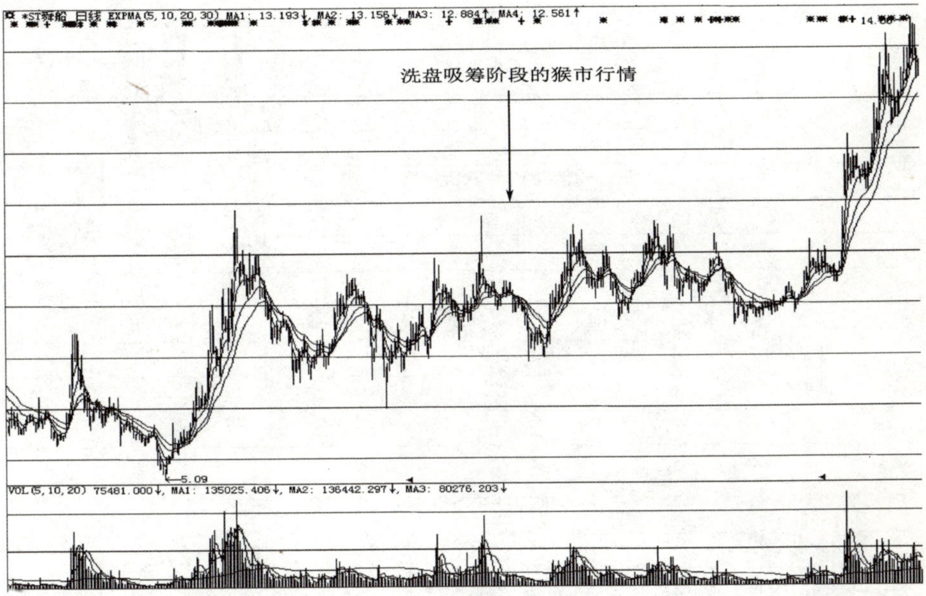

图 3-2

短线博取投资收益。操作的时候保持良好的心态，不要因为股价的剧烈波动而造成重大的投资失误。

股价在洗盘阶段走出猴市行情是一种常见的走势，股价刚从前一个熊市中走出，此时虽有大资金介入，但还达不到拉升的条件，包括吸收筹码的不足，上方套牢盘的存在，也包括一些客观上的因素，所以大资金在此时会选择长时间的震荡，以完成吸筹的任务和待拉升的有利时机。当所有的天时、地利都已具备时，大资金登高一呼，股价自然就会迎来主升浪行情，这才是短线投资者不可错失的行情。

二、出货阶段的猴市行情

图 3-3 是捷顺科技（002609）2013 年 6 月至 2014 年 4 月的 K

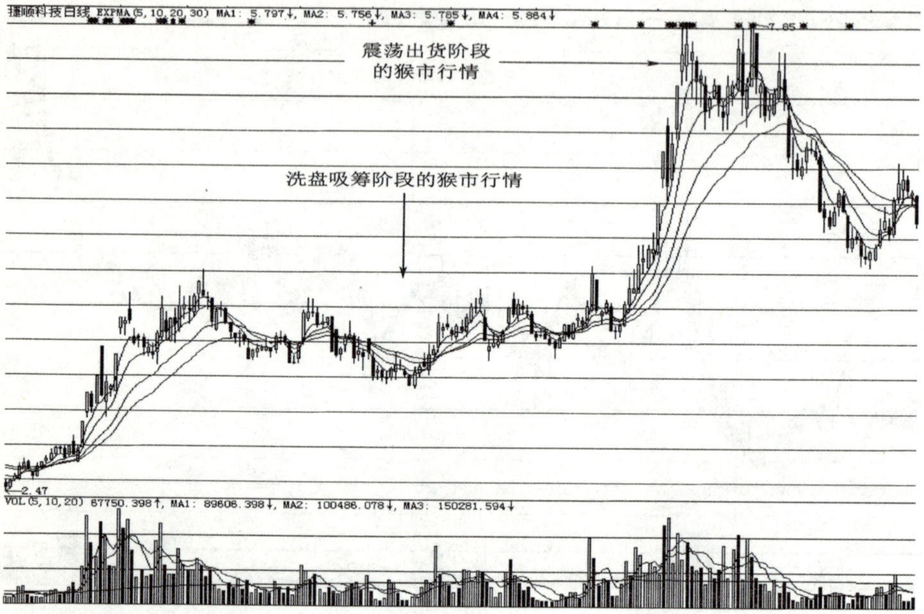

图 3-3

线走势图。在一轮牛市行情中，股价多次出现猴市行情。主力在低位吸筹后出现一段猴市行情，股价在此区间震荡。当股价于 2014 年 1 月结束震荡后，走出一波主升浪行情。此段行情用时不多，但升幅巨大，投资者如能把握住，则收益丰厚。

股价连续拉升后出现高位震荡走势，向上的力度减弱，滞涨明显。这就提醒投资者，股票走势随时有反转的可能，需要把握时机，变现收益。在这段走势中，股价多次冲高都成为投资者最佳的减仓时机，投资者必须把握住。股价在高位出货时走出的震荡走势，就是我们所说的出货阶段的猴市行情，请投资者们注意。

图 3-4 是哈尔斯（002615）2015 年 2 月至 7 月的 K 线走势图。个股在这一波牛市行情中升幅不小，股价从低点时的 11 元一路抬高到高点时的 30 元，将近翻了两番。股价出现这么大的升幅后，

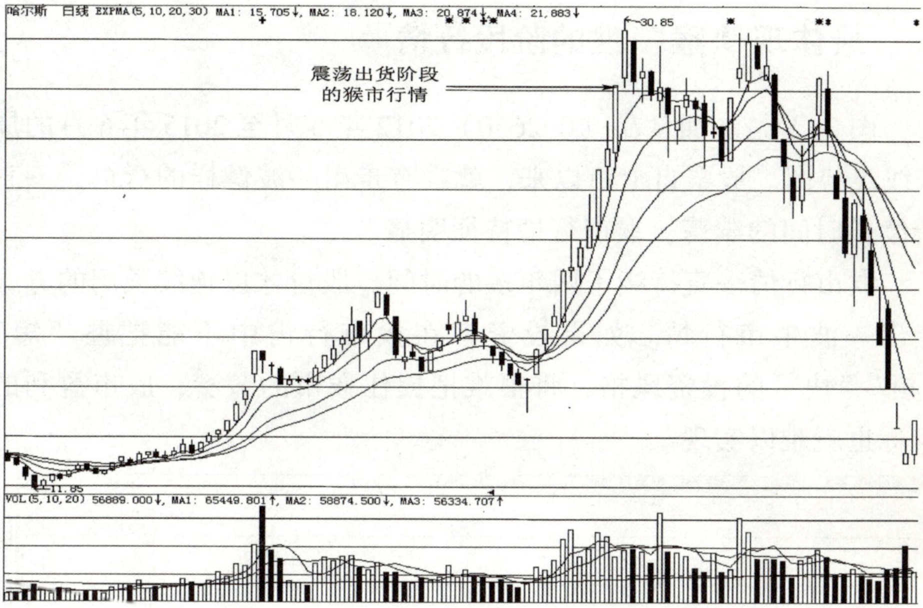

图 3-4

股票的走势出现变化，从之前的单边上扬转化为高位震荡，预示着股价有见顶的可能，行情随时会发生反转，投资者必须要早作打算。

股价在高位连续冲高，为投资者提供了最好的卖出点位，投资者需要好好把握。没有把握住高点出局机会的投资者，也必须在股价出现破位走势时及时离场，否则面临的损失将难以估量。

股价在高位出现震荡的猴市行情，是大资金为自己大规模出货预留的时间与空间，当然也为普通投资者离场留下了方便之门。如果投资者不能把握住机会，当大资金完成大部分筹码出货时，砸盘随时都会出现，市场将出现独木难支的走势，此时悔之已晚。

三、最体现“猴”性的阶段行情

图 3-5 是加加食品（002650）2012 年 5 月至 2015 年 6 月的周 K 线走势图。股票自上市以来，就没有走出一波像样的行情，一直持续长时间的震荡，猴市行情特征明显。

猴市行情一直持续了两年多的时间，股价才以连续长阳的方式走出一波牛市行情。如果投资者在猴市行情中不能把握“短”“频”“快”的投资风格，将很难把握住猴市的节奏，股市盈利的目标也就难以实现。

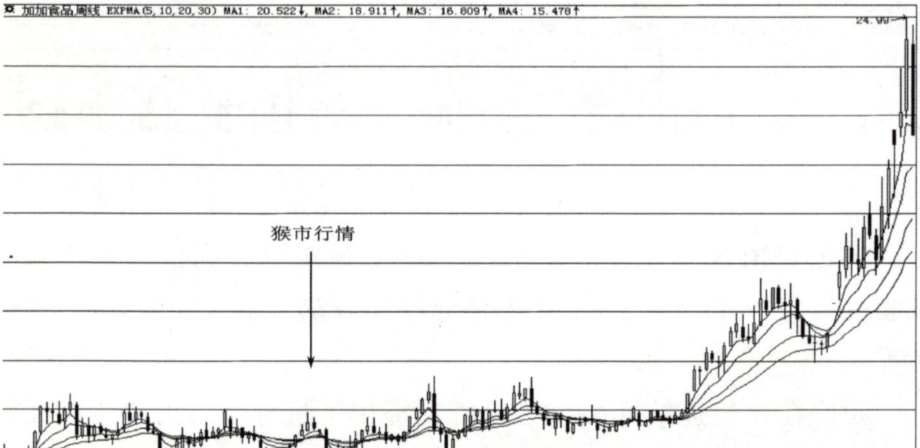

图 3-5

图 3-6 是合肥城建（002208）2010 年 8 月至 2015 年 5 月的 K 线走势图。股价自熊市开始下跌，到新一轮牛市开启，用时长达 4 年，而其中猴市行情也维持了两年半的时间。如果投资者不能改

变操作策略，在这长达两年半的时间内将一无所获。如果投资者操作方法不对，则可能造成巨大的损失。

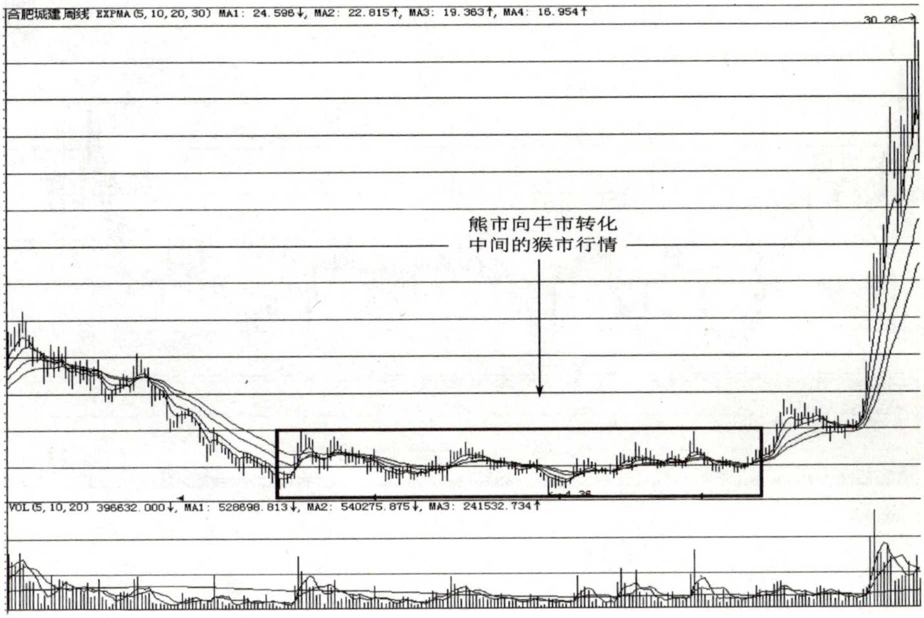

图 3-6

图 3-7 是数码视讯（300079）2010 年 12 月至 2013 年 8 月的周 K 线走势图。股价自 2010 年 12 月由牛转熊，2011 年 6 月完成探底，走出最低点。但此后股价并未开启新一轮上涨，而是进入一段猴市行情。股价在此阶段没有选择方向，股价运行也没有太大的连续性，只是在一段区间内上蹿下跳。这样的猴市行情持续近两年的时间，才真正开启一段上升波段。

个股运行在我们截取的一个完整周期中，总的耗时不足 3 年时间，而猴市行情就用时近 2 年。猴市行情的时间占比是投资者必须认清的行情特点，是所有投资者不可不面对的走势。

我们再看联创光电（600363）的猴市行情，如图 3-8。

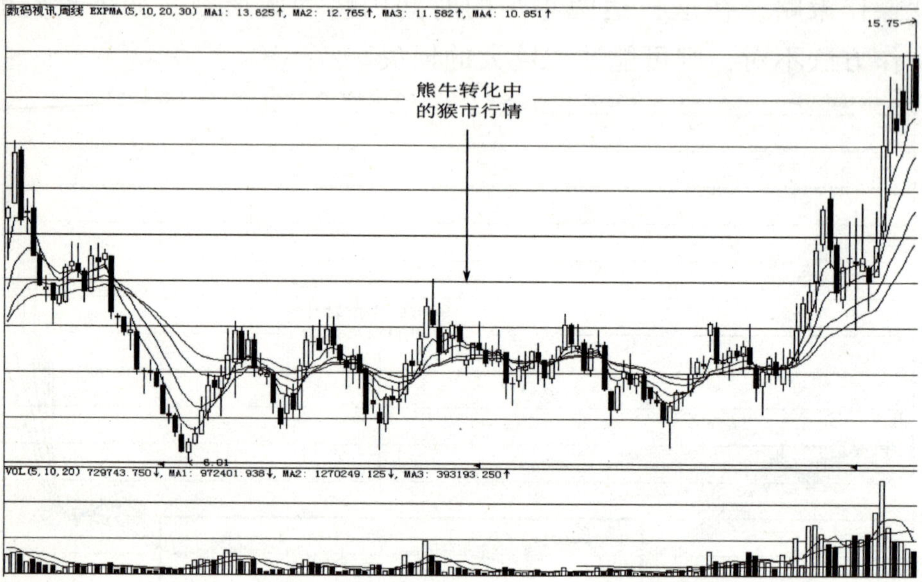
数码视讯.周线 EXPMA(5,10,20,30) MA1: 13.625↑, MA2: 12.765↑, MA3: 11.582↑, MA4: 10.851↑
15.75
熊牛转化中
的猴市行情
6.91
VOL(5,10,20) 729743.750↓, MA1: 972401.938↓, MA2: 1270249.125↓, MA3: 393193.250↑

图 3-7

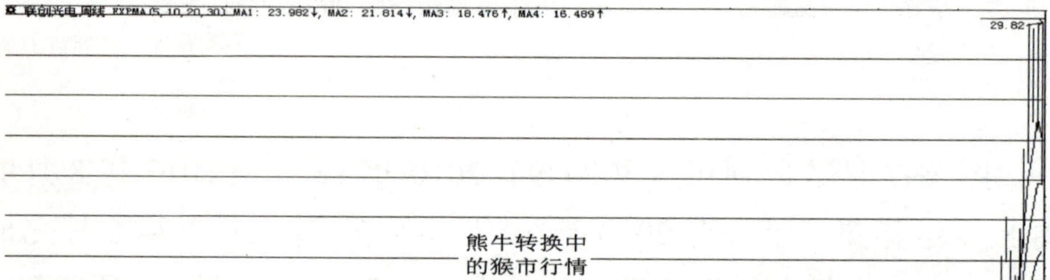
联创光电.周线 EXPMA(5,10,20,30) MA1: 23.982↓, MA2: 21.814↓, MA3: 18.476↑, MA4: 16.489↑
29.82
熊牛转换中
的猴市行情
5.49
VOL(5,10,20) 1378175.000↓, MA1: 1575222.250↑, MA2: 1338435.750↑, MA3: 599449.938↑

图 3-8

图3-8是联创光电（600363）2010年9月至2015年6月的周K线图。股价在近5年的时间周期中，牛熊转化的猴市行情就用时长达两年半的时间，这同样是投资者不可忽视的时间长度。

猴市行情在股市中的占比如此之大，行情如此之复杂，投资者当何以自处？经过笔者多年的实战经验总结，投资者可以参考以下几个方面，完成对猴市行情的逆袭。

四、猴市操作策略

第一，顺势而为。顺势而为包括两个方面，一是要顺应市场的大趋势，随时注意市场做出的牛熊选择。当股指回调企稳后，就要坚决入市做多；当股指上行受阻时，则要坚决获利了结。二是要顺应个股的趋势，准确把握猴市中的热点切换，切不可在市场已经形成主流热点的情况下逆势运作。

第二，转变理念。投资者在评价股市时，通常喜欢简单地用牛市或熊市来区分市场的走势，其实，股市并非如此简单地只有牛熊之分，猴市行情在股市中并不鲜见，投资者有必要突破“牛”“熊”的框框，开拓新的视野。

第三，稳定心态。在猴市中，市场行情不会有很好的持续性，投资者容易进退失据，涨时追涨，跌时杀跌，造成一些重大损失，致使投资者陷入悲观。在猴市行情中，投资者一定要认清“涨有度、跌有限”的市场本质，保持平和的心态，制定完整的投资规划，把握猴市行情中的短线机会。

第四，切忌追涨杀跌。猴市行情中，操作一定要掌握猴市的市场特征。猴市中，大盘、个股如同一只猴子，上蹿下跳，爬得太高，自然会下来；下得过深，自然又会上来。因此，在猴市行情中过度追涨和恐慌杀跌，都是不合时宜的。

第五，精选个股。猴市行情中，虽然指数整体缺乏连续性的大幅度上涨，但也不乏不错的个股获利机会。猴市中具有丰厚获利潜能的个股，往往集中于少数几个热点板块中，并表现出强者恒强的特点。投资者要加强对这些强势个股的把握，赚取投资利润。

第六，逆向思维。投资者和市场人士对行情的研判分析中，更多地体现了惯性思维，股指稍一大涨就以为是突破性行情，股指刚一暴跌，就以为是踏上了漫漫熊途。投资者参与猴市行情的投资方法是：跌时要买，涨时要卖。猴市中的投资者要正确地运用跌时看涨、涨时看跌的反向思维。

第七，资金管理。投资者在猴市行情操作中要做到“跌有钱买”“涨有股卖”。猴市行情意味着股性猴性十足，股价不停地上蹿下跳，投资环境瞬息万变，不确定因素相互交织，行情走势错综复杂。所以投资者要注意把握仓位，分批建仓，不能一次性地全仓买卖。

以上提供的几个方面仅供投资者参考，也希望投资者在实战中结合自己的思考判断，总结出适合自己的实战技法。猴市行情虽然是作为三种行情的尾篇来讲解的，但并不意味着行情走势不重要，希望投资者们注意。

投资者希望在股市中完成自己的财富积累，并全身而退，就必须对股市有所了解，有所认知。只有当投资者对股市有了清醒的认识，正确判断市场所处的阶段，才是一切盈利的根基。

第四章

行情级别：决定利润的基础

个股行情的大小，持续时间的长短，直接影响到投资者投资收益的大小。如何发现爆发力强、牛市持续时间长的个股，成为投资者选股、获利面临的难题。本章将从行情级别的判断上，帮助投资者解决这一问题。

判断某只个股的行情走势，投资者可从个股突破的级别、拉升的方式、回调时的强弱等方面判断。

第一，突破的级别、整理时间的长短。股价对大型整理形态的突破，如突破大型三角形、大型箱形、长期整理平台后，往往会出现大行情走势。一般来说，大级别调整所用时间更长，一旦突破后，向上拓展的空间也就更广阔。这类个股蓄势已久，不拉出较大的空间不会轻易善罢甘休。

第二，拉升方式。行情的大小也可从主力拉升的方式中大致推测出来。股价的力度表现在 K 线形态上，所以股价突破时 K 线表现出的阳线实体更大，后市行情也更加看好。有时主力资金以小阴小阳的形式不紧不慢地推高股价，股价基本在 5 日均线之上运行，表明主力志存高远，后市空间广阔。对于这种个股，只要股价站稳 10 日线，5 日均线不与 10 日均线出现死亡交叉，都可以安全持有。

第三，股价回调时的强弱力度。在个股整体处于牛市阶段，或受大盘回调影响，或是出于洗盘目的，也会出现回调的走势。若个股在回落时出现幅度浅、整理时间短暂、并未跌破重要均线的形态，后市行情往往较大。

下面我们仍然通过案例来进行说明。首先，我们看股价突破大级别行情后的走势。

一、突破级别判断行情大小

如图 4-1，上证指数的走势。

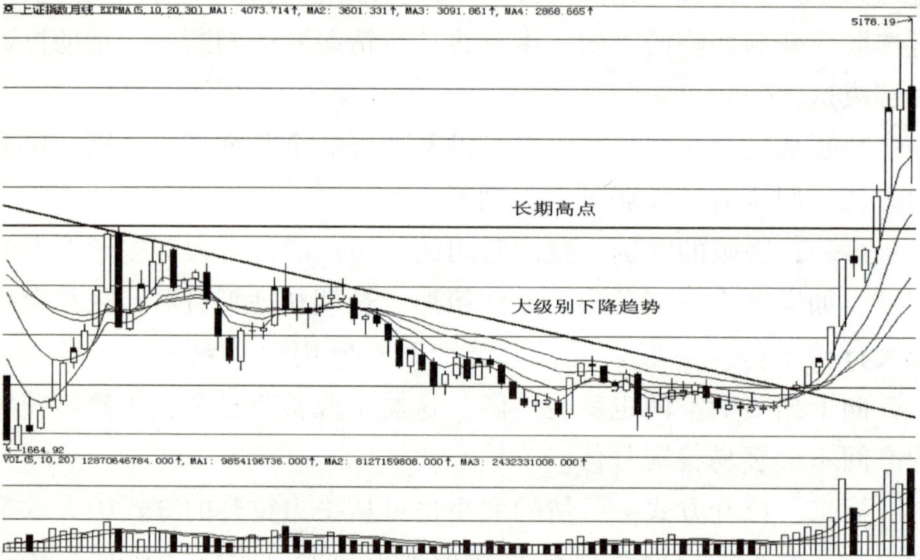

图 4-1

图 4-1 是上证指数 2008 年 10 月至 2015 年 6 月的月 K 线走势图。从图中我们看到，指数自 2009 年 8 月走出反弹高点后一路下滑，长期处于下行通道中，一直到 2014 年 9 月在月 K 线级别上才

出现一根大阳线，突破长期下降趋势。股价重获新生，此后行情大涨。

当然，指数在上行的过程中，有一次遇到大级别的压制，即长期高点的压制，指数再次出现震荡，但回调幅度不大。随后指数再次上攻，并突破长期高点压制，指数再次迎来大涨。

这两个位置都是长期的大级别的压制点位，当指数突破后，也将相应地走出大级别行情，投资者需要把握机会。

我们在此周期中再截取一段行情走势，看看小一级别的突破走势是怎样的，如图 4-2。

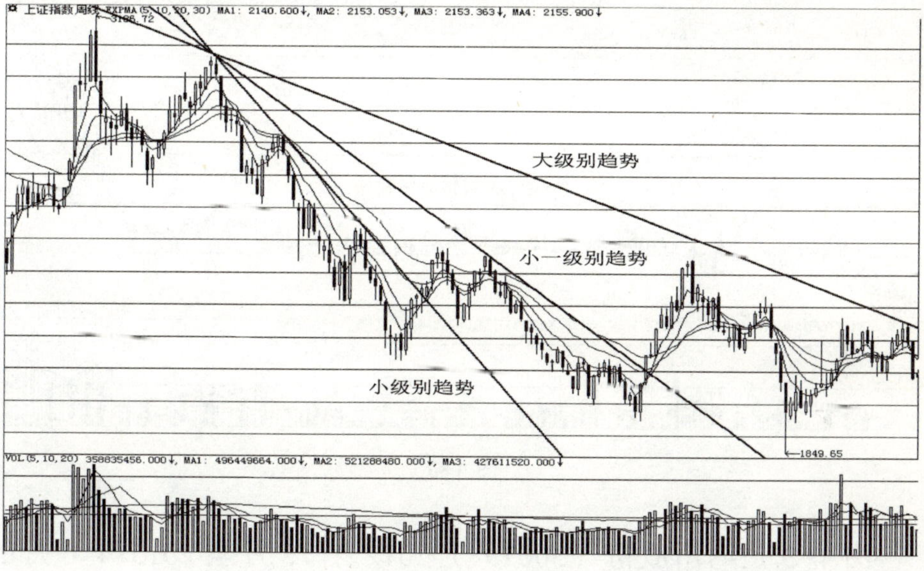

图 4-2

图 4-2 是上证指数 2010 年 7 月至 2013 年 12 月的周 K 线走势图。在大级别下降趋势线下，我们又增加了两条趋势线，小一级别和小级别趋势线。不知投资者看到这两条趋势线和对应突破后的指数走势后有什么想法？

当指数突破小一级别趋势压制后，出现了小一级别的反弹，上涨空间相对大级别来说要小得多，同时不改指数运行方向。当指数突破小级别趋势后，指数的反弹也就只能做到小级别了，指数运行的趋势更是不改。相信从这里大家就会明白我们所讲的行情级别是什么了吧。

下面我们再看一个案例，如图 4-3。

图 4-3

图 4-3 是纳川股份（300198）2012 年 12 月至 2015 年 6 月的周 K 线走势图。该股于 2013 年 5 月形成高点后，对股价形成压制。此后股价虽有反弹，但无力突破趋势压制，只能在区间维持震荡走势，持续时间长达一年半。直到股价于 2015 年 3 月强势站稳在压力线上方，才宣告股价对压力线的突破。股价突破大级别的压制后，自然而然地走出一波大行情。

图中也同样出现一些小一级趋势的突破，但不改大一级别的行情走势，我们看图 4-4。

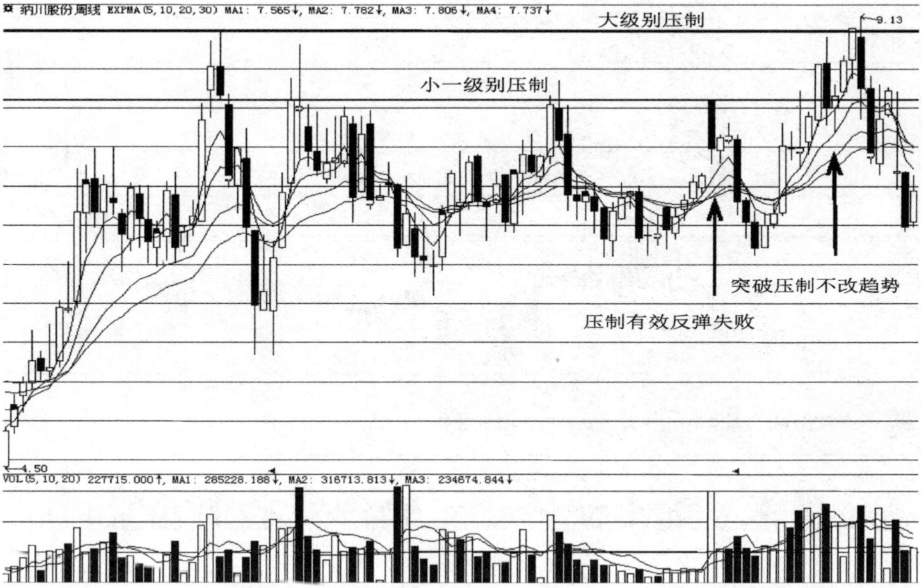

图 4-4

图 4-4 是纳川股份（300198）2012 年 12 月至 2015 年 1 月的周 K 线走势图。股价在运行中出现大级别压制下的小一级别压制。小一级别压制对股价运行的影响同样明显，但股价对不同级别的压制突破后的效果却截然不同。此时对小一级别的突破并未对股价的大级别趋势性运动产生影响，此后的行情仍然很小，股价继续处于大级别压制中。

大级别的行情是更长时间的累积，是更多关键点位对股价的共同作用，对股价后市的影响自然也不是小一级别的压制可以比拟的。投资者在判断行情级别时，要关注更长时间、更大周期、更多关键点位构成的压制，股价若能突破这样级别的压制，往往就是大级别行情了。

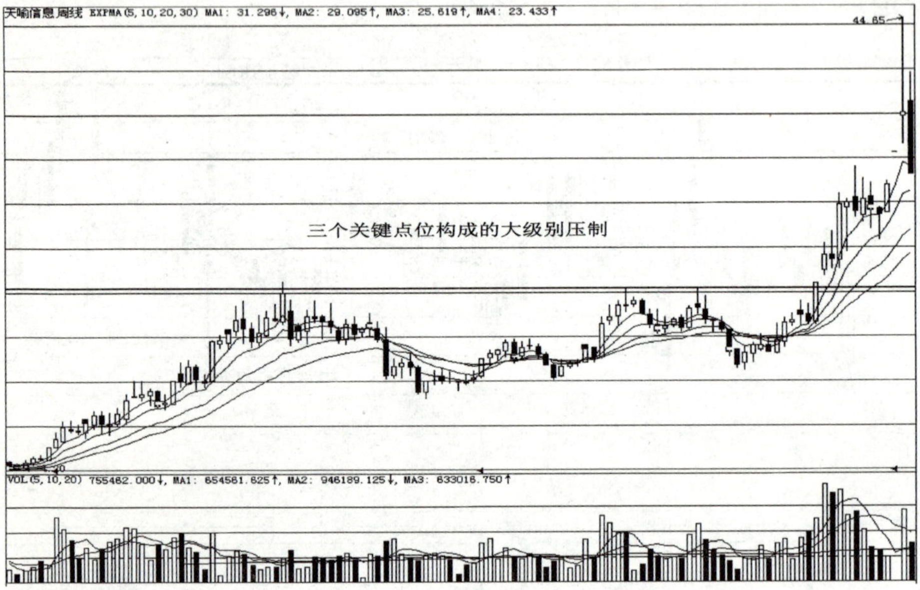

图 4-5

图 4-5 是天喻信息（300205）2013 年 4 月至 2015 年 6 月的周 K 线走势图。股价在运行中由三个不同时期的高点构成大级别压制，并且时间跨度长达 1 年，关键点位对股价的压制非常明显。当股价对这样的大级别压制形成突破时，股票的后市上涨空间同样非常明显。

时间跨度长，往往意味着大资金吸筹充分。此时短线资金早已离场，长线资金则不会形成抛压，影响股价的拉升，大级别突破后形成的大级别行情自然成立。

图 4-6 是武钢股份（600005）2011 年 7 月至 2015 年 6 月的月 K 线走势图。股价在底部用时 1 年多走出一个圆弧底的反转形态，在此大级别的形态反转后，股价一路飙升，走势生猛。

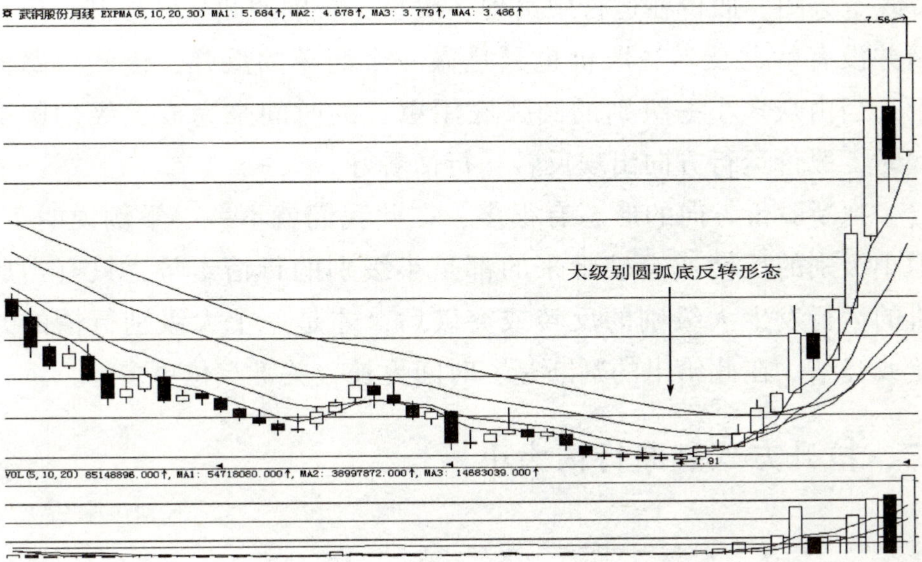

图 4-6

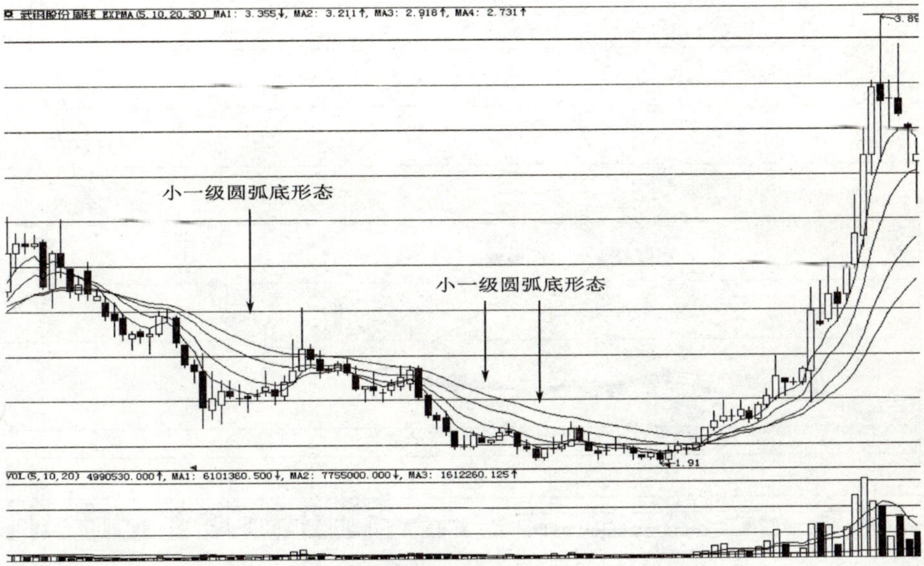

图 4-7

我们再看当时小一级别的圆弧底形态，如图 4-7。

图 4-7 是武钢股份（600005）2013 年 1 月至 2015 年 1 月的周

K 线走势图。股价在运行中出现多次小一级别的圆弧底形态，但行情并没有就此反转，股价也只是做一个简单的反弹，仍然一路向下。当由众多小一级别的圆弧底用更长的时间来完成大级别圆弧底时，股价运行方向出现反转，行情看好。

判断股价方向的形态有很多，在此我们就不一一举例说明了。但小级别的反转或突破带来的都是小级别的行情走势，只有当股价的运行发生大级别的反转或突破后，才是一个大级别行情的开始或终结。在此给出的判断是：时间更长，关键点位更多。

二、拉升方式判断行情大小

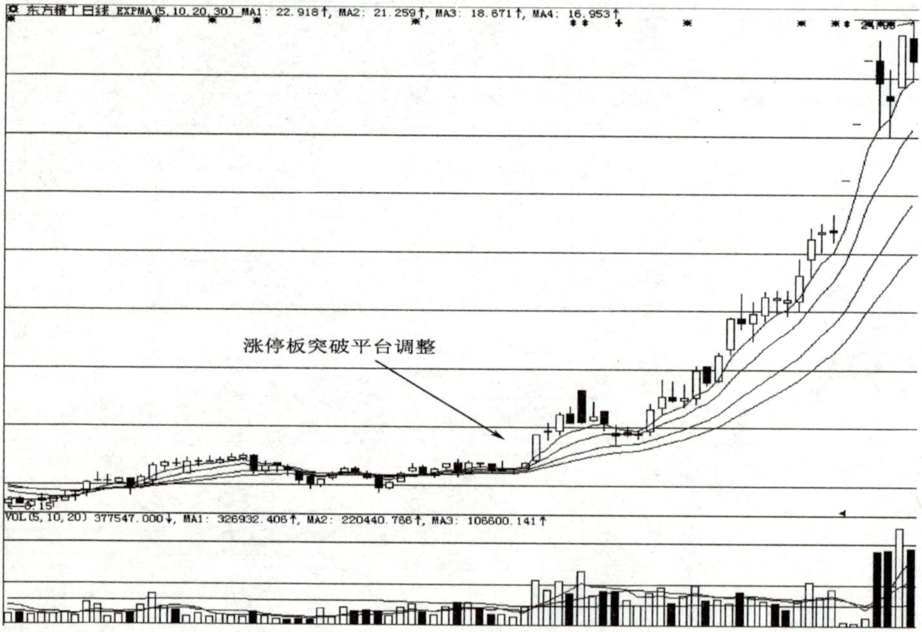

图 4-8

图 4-8 是东方精工（002611）2015 年 1 月至 6 月的 K 线走势

图。股票处于一个完整的牛市行情中，股价完成牛市第一阶段的拉升吸筹后，进入第二阶段的洗盘吸筹阶段。在此阶段，股价几乎处在同一水平线上，长时间纹丝不动，致使不少短线客纷纷离场，主力资金则在此处又收获不少筹码。当主力资金完成筹码收集后，一根涨停阳线突然出现，宣告股价重新开启上升步伐。这根阳线也告诉了投资者主力资金的控盘能力与实力，此后的上涨空间自然广阔。

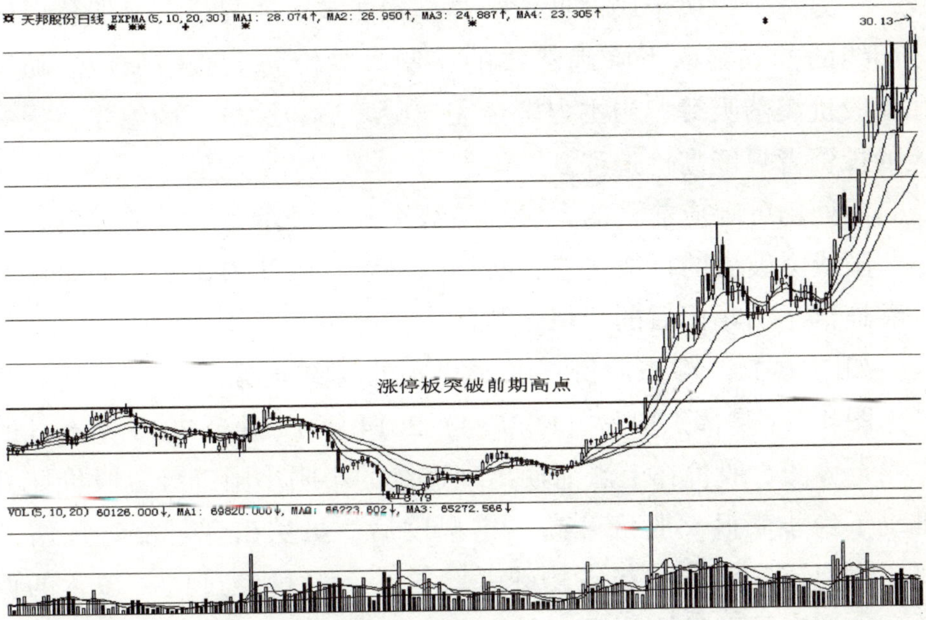

图 4-9

图 4-9 是天邦股份（002124）2014 年 9 月至 2015 年 6 月的 K 线走势图。股价在前期的运行中形成两个高点，对此后股价的上涨产生强烈的压制作用，股价运行到该位置后回头向下。但主力资金的向下并不是毫无作为的，图中低点出现的连阳告诉我们，主力资金正在积极吸筹。

当主力资金在低位不能顺利收集到足够筹码时，就把目标放到了高处的套牢盘。股价在前期高点位置又是一根涨停阳线，完成吸筹拉升的一步到位，此后股价扶摇直上。

此处投资者可以参考前文的大级别压制对应的大级别行情，该结论同样成立，可相互印证。

图 4-10 是鸿博股份（002229）2014 年 9 月至 2015 年 6 月的 K 线走势图。股价在出现一个高点后逐步下行，并形成下降趋势线。主力资金再次于底部低位吸筹，量能放大明显。一日股价以涨停阳线的方式突破下降趋势线的压制，股价向上欲望强烈。随后几天股价震荡吸筹。当主力资金完成吸筹后，股价一骑绝尘，想买入的投资者只能高价追涨。

此处仍可呼应前文的大级别趋势突破，预示着大行情开启。

阳线突破后的行情走势，我们的讲解就到此为止了。下面再看一看连续小阴小阳后的行情走势。

如图 4-11，棒杰股份（002634）的 K 线走势。

图 4-11 是棒杰股份（002634）2014 年 12 月至 2015 年 6 月的 K 线走势图。股价在上涨前期出现连续的小阴小阳走势，股价在其推动下稳步攀升。股价升高一定幅度后，虽然出现了涨势放缓的迹象，但还是牢牢站稳在均线系统之上。股价经过这一短暂的调整后，迎来了更猛的升势，主升浪行情出现。

股价在低位走出小阴小阳的走势，往往是主力资金刻意为之，缓慢吸筹而又不想引起投资者的注意。股价站稳 5 日均线或 10 日均线之上，则是出于成本的考虑，主力资金不会过分打压股价，使短线投资者有低价跟进的机会。

当投资者的持股成本维持在主力资金的成本之上时，就不会对后期主力的拉升构成重大影响了。当一切都水到渠成的时候，股

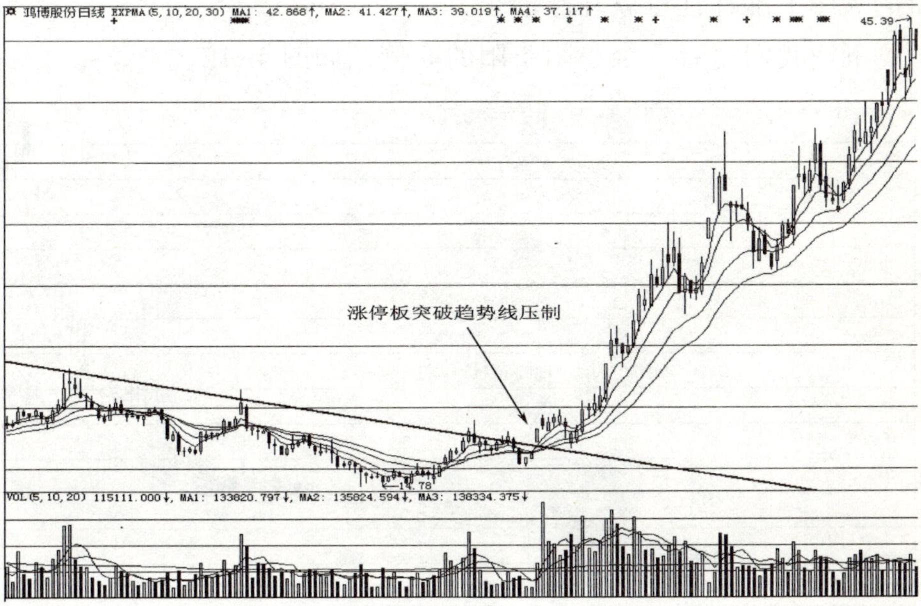
鸿博股份日线 EXPMA(5, 10, 20, 30) MA1: 42.868↑, MA2: 41.427↑, MA3: 39.019↑, MA4: 37.117↑
45.39
涨停板突破趋势线压制
14.78
VOL(5, 10, 20) 115111.000↓, MA1: 133820.797↓, MA2: 135824.594↓, MA3: 138334.375↓

图 4-10

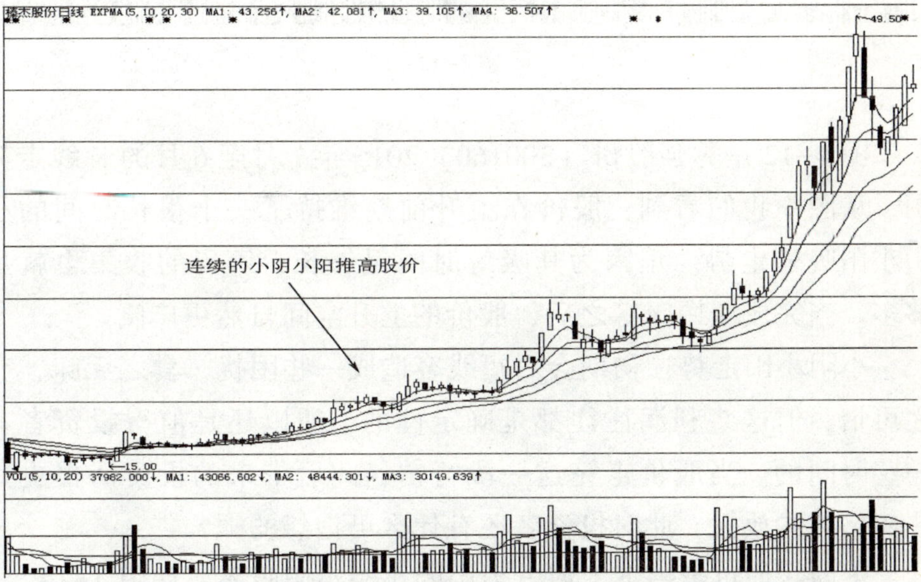
榛杰股份日线 EXPMA(5, 10, 20, 30) MA1: 43.256↑, MA2: 42.081↑, MA3: 39.105↑, MA4: 36.507↑
49.50
连续的小阴小阳推高股价
15.00
VOL(5, 10, 20) 37982.000↓, MA1: 43066.602↓, MA2: 48444.301↓, MA3: 30149.639↑

图 4-11

价的大幅上涨往往也就在眼前了。

下面我们再看一个小阴小阳的案例，如图 4-12。

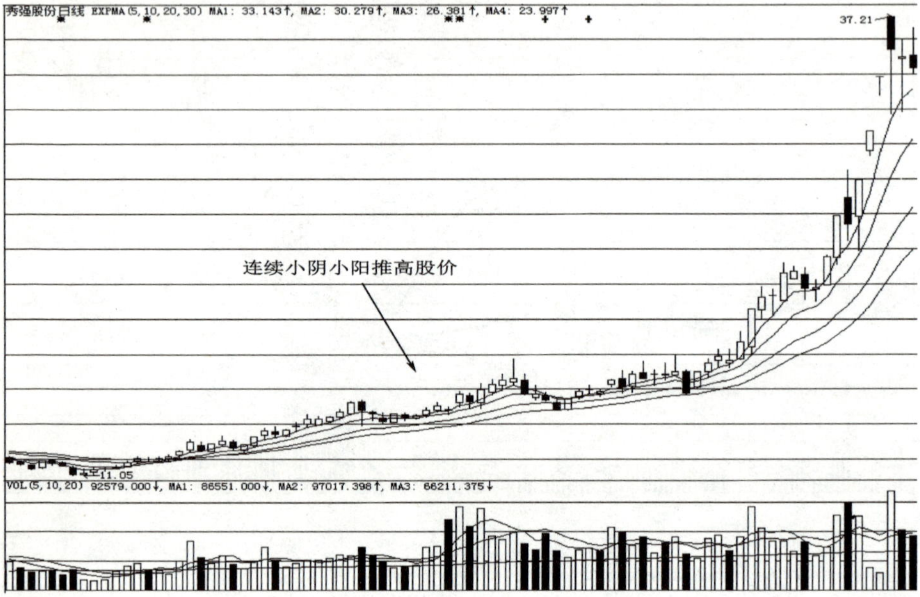

图 4-12

图 4-12 是秀强股份（300160）2015 年 1 月至 6 月的 K 线走势图。从图中我们看到，股价在上升前期维持了一个很长时间的小阴小阳吸筹走势。正因为其吸筹时间足够长，筹码的收集也就足够多。当完成缓慢吸筹之后，股价的上升空间自然更广阔。

小阴小阳走势在初期会对短线客造成一些困扰，食之无味，弃之可惜，但这些利润往往都是确定性的，所以还是值得投资者花一些时间的。当股价走完这一段行情，此后带来的投资回报更是几何倍数的放大，此时投资者还有什么可抱怨的呢？

下面我们再看一下上海电力中的小阴小阳吸筹，如图 4-13。

图 4-13 是上海电力（600021）2014 年 10 月至 2015 年 5 月的

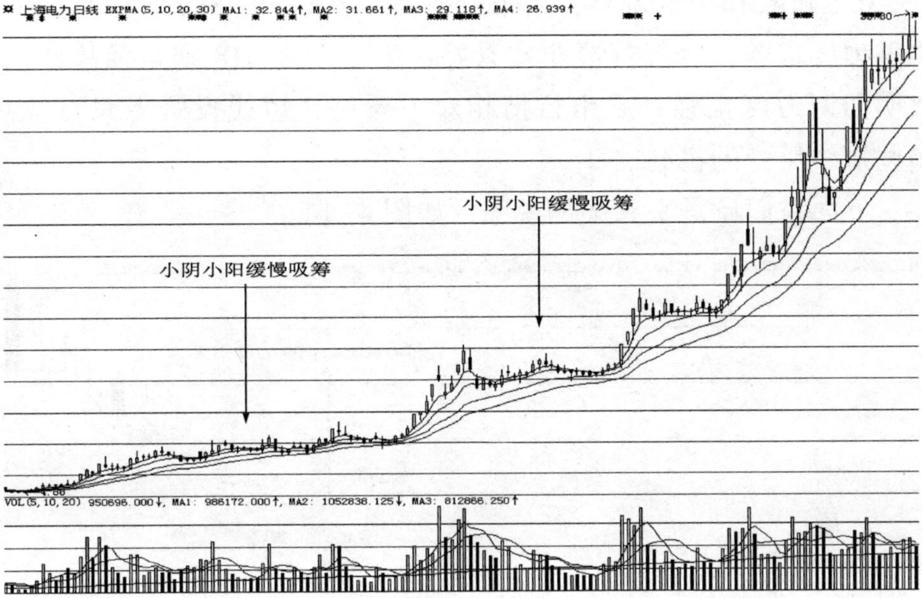

图 4-13

K 线走势图。股价在上升过程中多次走出小阴小阳的走势，股价也正因为这些隐蔽的吸筹动作而步步升高，自行情之始的 4 元左右一路走高到高点时的 33 元以上，股价升幅巨大，买进的投资者获利良多。

小阴小阳是主力资金的隐蔽吸筹动作，短线投资者若发现此种走势，切不可白白放过。即使在当下不介入，也可随时关注其走势，静待拉升行情的到来，获取快速拉升的利润。

三、回调强弱判断行情大小

在此我们根据波浪理论给出三个划分点位，第一个是 0.382，第二个是 0.5，第三个是 0.618。第一个和第三个是黄金分割点的点位，第二个是中位数，我们以这三者作为判断标准。

0.5 可看作中度调整，后市行情一般看好；0.382 是弱势调整，调整力度很弱，后市行情非常看好；第三个 0.618 则是强势回调，表明回调力度很强，后市行情相对不看好，短线投资者只可注意一些短线反弹的机会。

下面我们还是来看案例说明，如图 4-14。

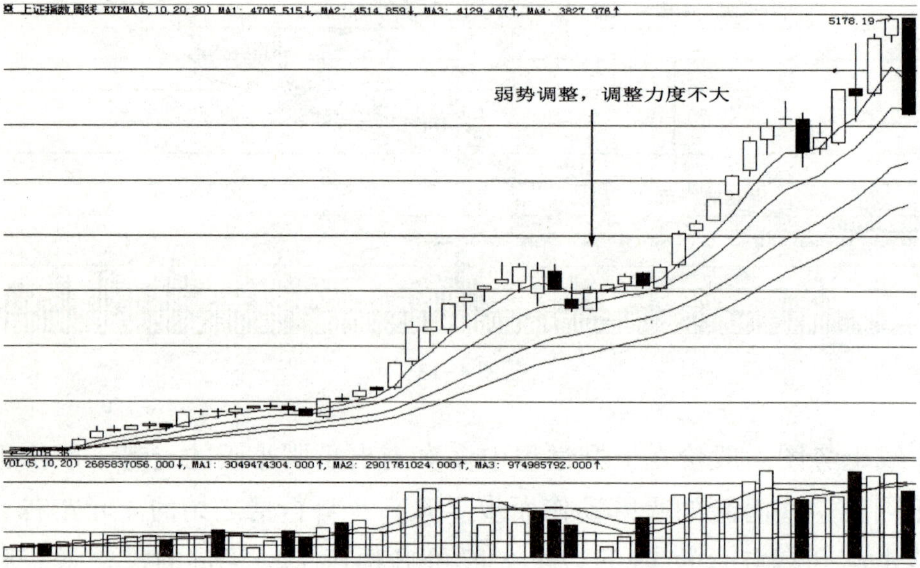

图 4-14

图 4-14 是上证指数 2014 年 6 月至 2015 年 6 月的周 K 线走势图。指数在上涨过程中遇到前期高点 3400 点的历史性压制，出现一段回调的走势。指数在回调中从 3400 点回调到 3049.11 点，回调 351 点。我们把指数 2000 点设为本轮行情之始，指数上涨共 1400 点。现在我们知道指数的回调幅度在 0.25，还远不及 0.382 的弱势回调标准，指数后市行情看好，此后的行情也证实了这一点。

我们再看一个案例，如图 4-15。

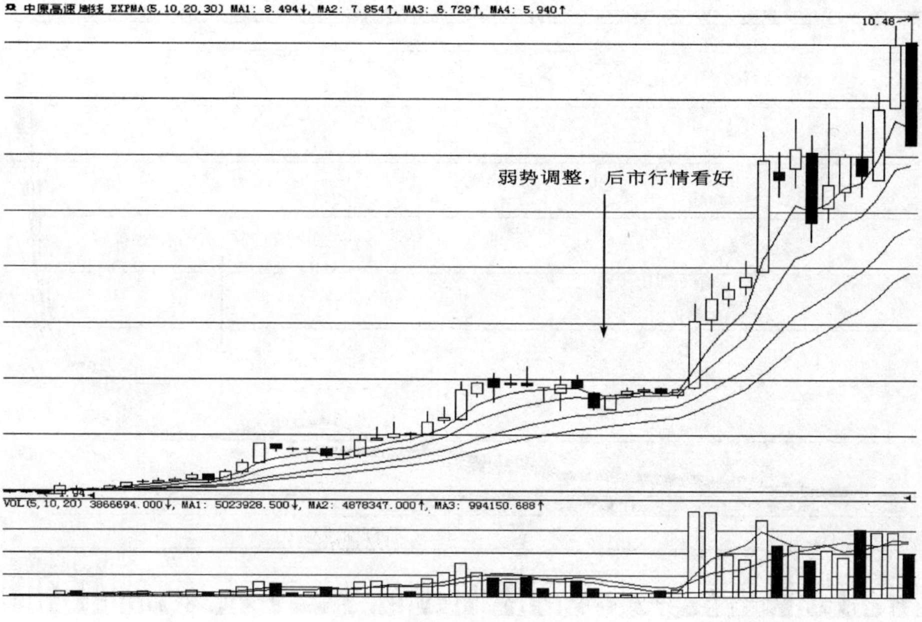

图 4-15

图 4-15 是中原高速（600020）2014 年 6 月至 2015 年 6 月的 K 线走势图。股价在牛市第一阶段行情中出现上升，于第二阶段出现回调的走势。我们再看回调的幅度有多大。股价上涨起点不足 2 元，到回调的高点时是 4.23 元，回调的低点在 3.46 元。股价的回调幅度不足 0.35，属于弱势回调，此后行情看涨。

图 4-16 是昌红科技（300151）2013 年 8 月至 2015 年 5 月的 K 线走势图。股价在前期出现连续的小阴小阳推动股价慢慢抬升，构成牛市第一阶段。随后股价回调，构成牛市第二阶段。

我们再看回调的幅度。股价自不足 2 元开始慢慢起步，等到 7.76 元的高点出现回调，回调低点在 5.63 元。个股的整个回调幅度不足 0.37，属于弱势回调，后市行情看涨。

弱势回调只是短期盈利带来的抛压对股价走势的影响，并不是

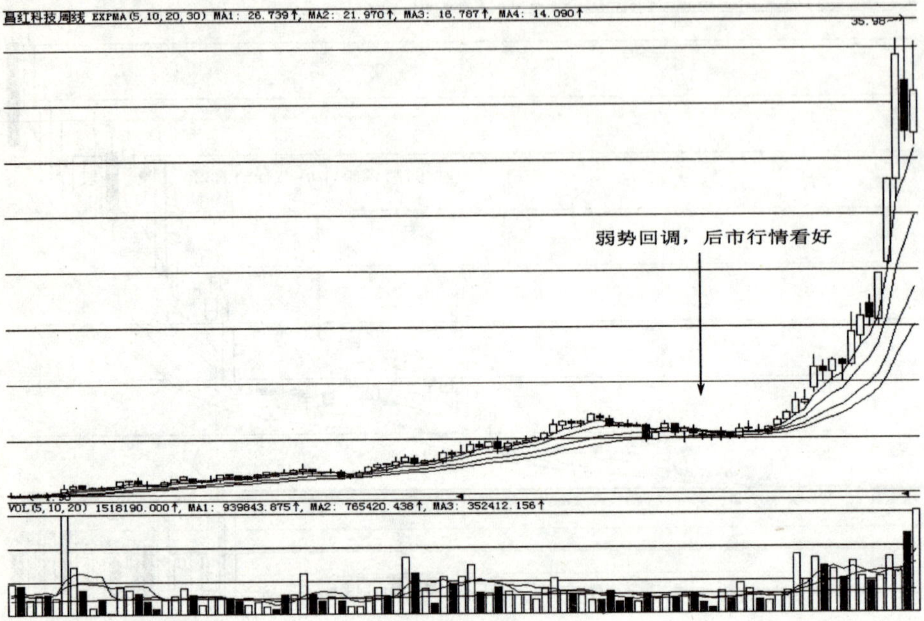

图 4-16

主力资金在出货。这对股价的影响相对有限，此时兑现盈利，反而会为后来股价的继续上涨扫清障碍。当股价再次起步时，就是短线投资者积极跟进之时。

下面我们看中度回调，如图 4-17。

图 4-17 是浙江广厦（600052）2014 年 1 月至 2015 年 6 月的周 K 线走势图。股价在上涨中出现一个中度回调，在上涨到 4.90 元左右后出现回调，股价回调至 5.58 元，回调了 2.6 元。股价回调幅度在 0.53 左右，属于中度回调。此后股价仍然上行，但此次回调暴露了主力资金控盘实力不足的问题，会影响股价后市的升幅。

图 4-18 是三一重工（600031）2014 年 7 月至 2015 年 6 月的周 K 线走势图。股价自低点时不足 5 元启动上涨，到 10.47 元的位

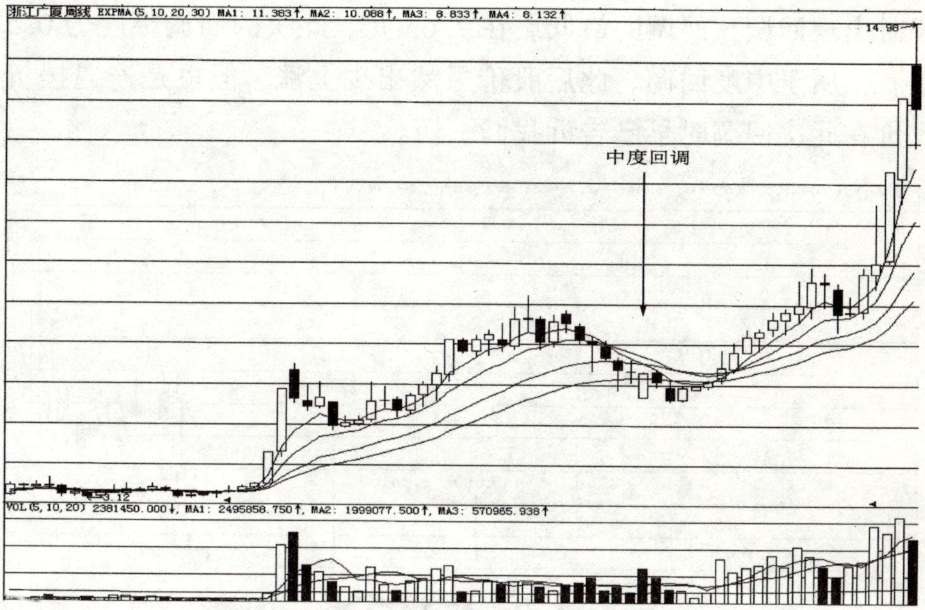
浙江广厦周线 EXPMA(5,10,20,30) MA1: 11.383↑, MA2: 10.088↑, MA3: 8.833↑, MA4: 8.132↑
14.98
中度回调
3.12
VOL(5,10,20) 2381450.000↓, MA1: 2495858.750↑, MA2: 1999077.500↑, MA3: 570965.938↑

图 4-17

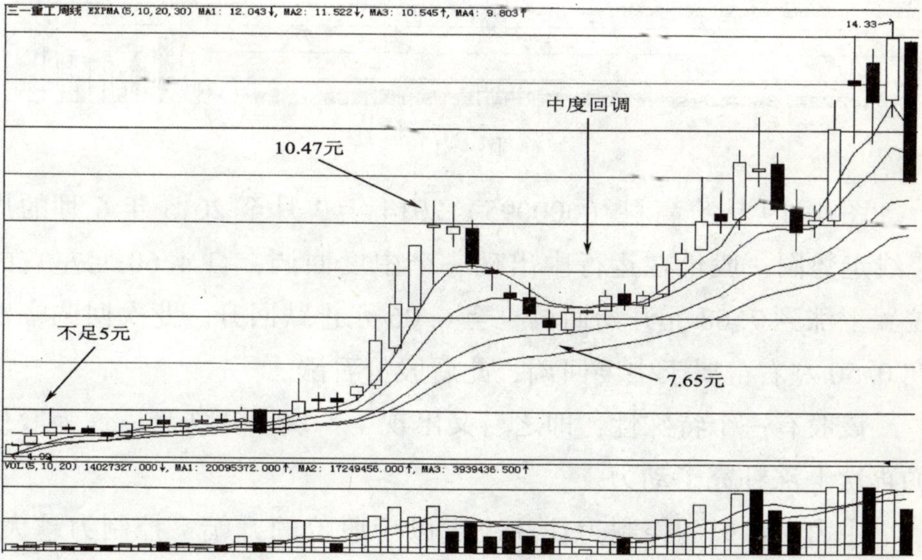
三一重工周线 EXPMA(5,10,20,30) MA1: 12.043↓, MA2: 11.522↓, MA3: 10.545↑, MA4: 9.803↑
14.33
中度回调
10.47元
不足5元
7.65元
VOL(5,10,20) 14027327.000↓, MA1: 20095372.000↑, MA2: 17249456.000↑, MA3: 3939436.500↑

图 4-18

置时出现回调，回调的最低点在 7.65 元。此次的回调幅度为 0.51 左右，属于中度回调。此后股价虽然出现上涨，但也是连遇挫折。股价在此次回调时早已告诉我们一切。

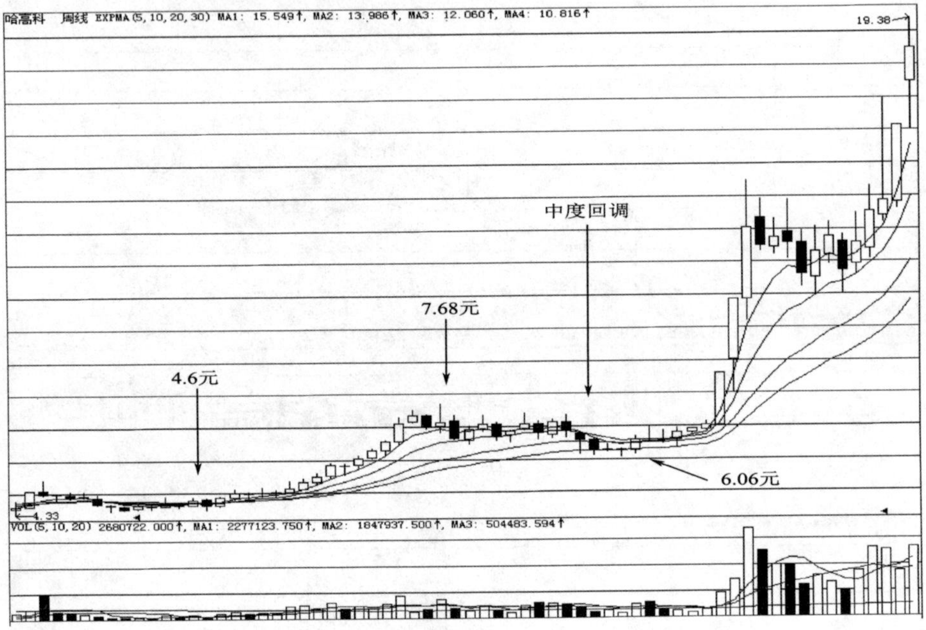

图 4-19

图 4-19 是哈高科（600095）2014 年 3 月至 2015 年 6 月的周 K 线走势图。股价在运行中出现一个中度回调，自 4.60 元左右的位置上涨到 7.68 元开始回调，至 6.06 元止跌回升。此次回调幅度在 0.50 左右，属于中度回调，此后股价看涨。

该股有一个特殊性，即之后又出现了一次回调洗盘，这为股价的再次上涨补充了动力。

主力对筹码的控制力往往决定以后股价的升幅，控制力越大，掌控的筹码越多，此后股价上涨的幅度越大。反之亦然。当股价在上涨中出现中度回调甚至是深度回调，就暴露了主力对筹码掌控不牢的事实，严重影响以后股价的上涨空间，投资者需要注意。

我们再看几个深度回调的案例，如图 4-20。

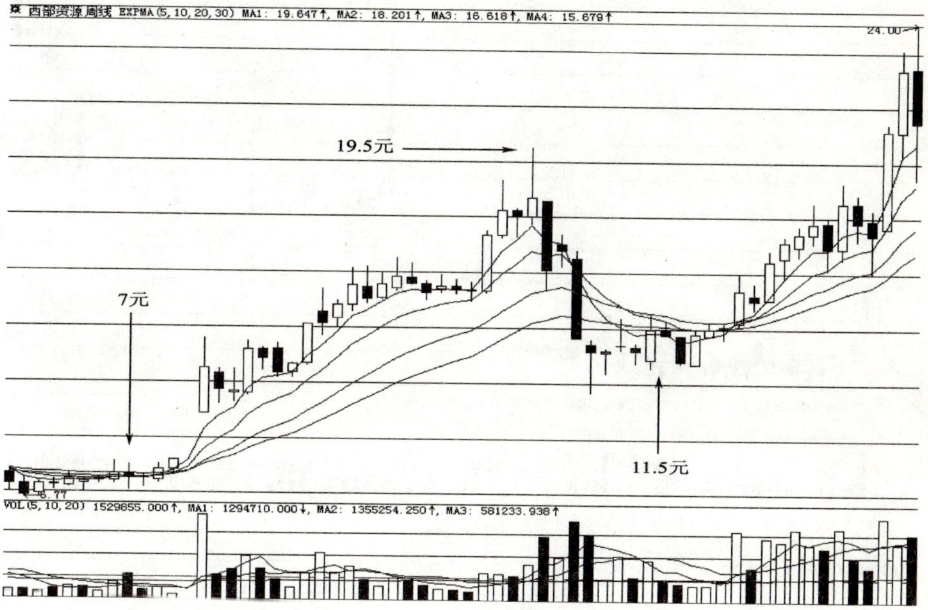

图 4-20

图 4-20 是西部资源（600139）2013 年 11 月至 2015 年 5 月的周 K 线走势图。股价上涨一段时间后出现一个深度回调的走势，回调幅度高达 0.68。此后股价虽有上涨，但也难掩颓势。仍需指出的是，这样的走势还是建立在后期再次拉升洗盘之上的。

图 4-21 是全柴动力（600218）2013 年 11 月至 2015 年 6 月的周 K 线走势图。股价又是出现一个深度回调的走势，回调幅度高达 0.69。此后股价再次上涨，也是边拉边洗的操盘手法。

股价深度调整是由于买盘不足，抛盘太多造成的，这也造成股价后市上涨力度不足。以上两个案例的回调，还保持在 0.6 的水平上，当股价更为弱势，抛盘再大一些，就是一个完完全全的熊市

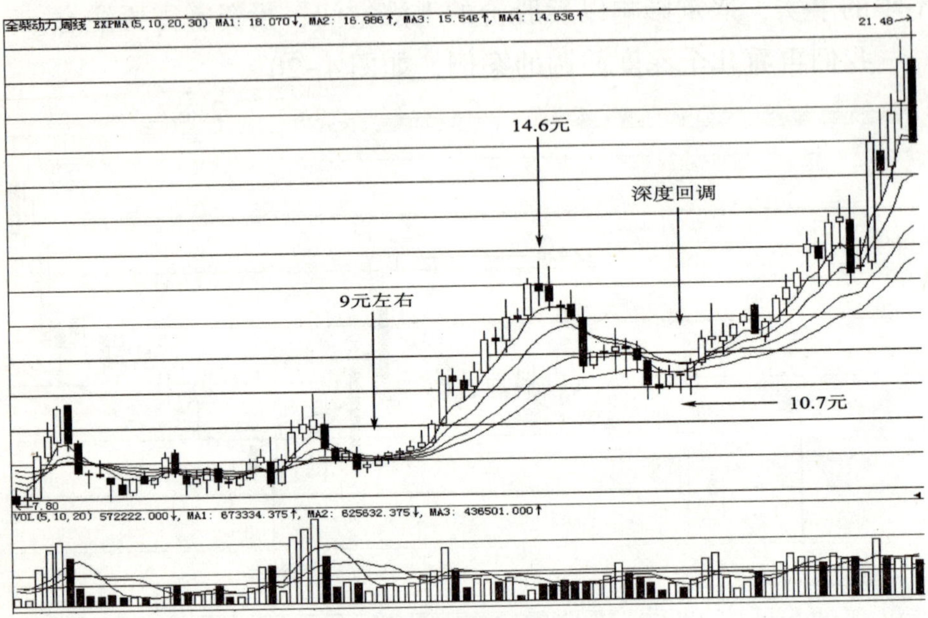

全柴动力 周线 EXPMA(5,10,20,30) MA1: 18.070↓, MA2: 16.986↑, MA3: 15.546↑, MA4: 14.636↑
21.48
14.6元
深度回调
9元左右
10.7元
7.80
VOL(5,10,20) 572222.000↓, MA1: 673334.375↑, MA2: 625632.375↓, MA3: 436501.000↑

图 4-21

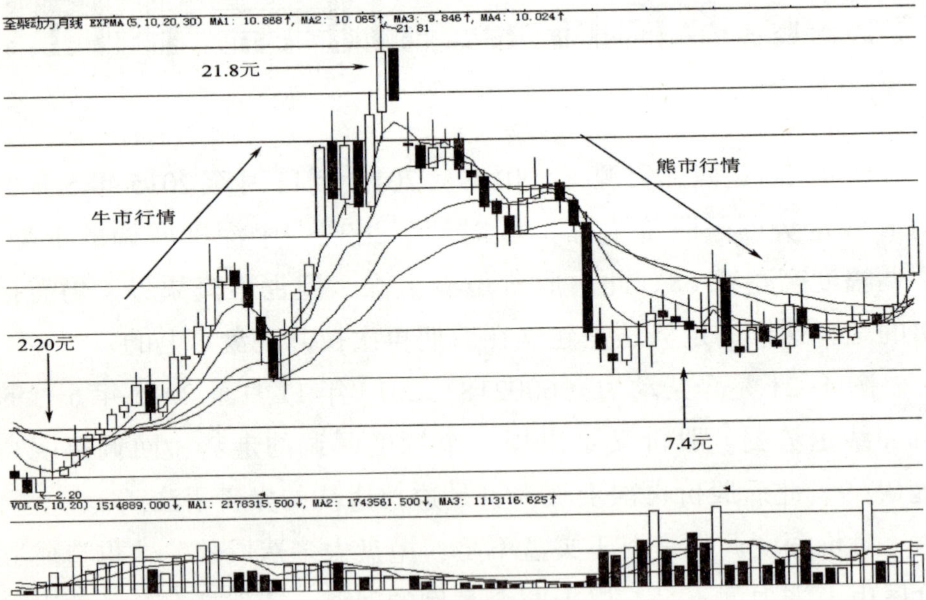

全柴动力 月线 EXPMA(5,10,20,30) MA1: 10.888↑, MA2: 10.065↑, MA3: 9.846↑, MA4: 10.024↑
21.81
21.8元
熊市行情
牛市行情
2.20元
7.4元
2.20
VOL(5,10,20) 1514889.000↓, MA1: 2178315.500↓, MA2: 1743561.500↓, MA3: 1113116.625↑

图 4-22

了。所以说，对深度回调个股的后市行情，投资者必须保持警惕。

我们看看熊市是什么？如图 4-22。

在图 4-22 中，我们仍然采用全柴动力（600218）作为案例。这是全柴动力 2008 年 10 月至 2014 年 8 月的月 K 线走势图。这是一个完整的牛熊行情转换，我们看其中的回调幅度有多大。

股价自 2.20 元开始上涨，于 21.80 元到达行情顶点，此后转入熊市，在 7.40 元左右完成筑底，期间回调幅度为 0.734。这就是一轮熊市的回调幅度，前文所说的 0.618 的深度回调与此相差几何？

投资者遇到一些深度回调的个股时，请一定要保持警惕，不要轻易介入，下一轮的牛市未必就在眼前。

这就是我们给出的判断后市行情级别的参考，希望对投资者有所帮助，也希望投资者在实践中发现不足，不断完善。

第五章

买卖时机：精准买卖点

股市获利是基于对走势的判断和买卖点的把握来实现的，其中既包括对长期大势的判断，也包括对一天小势的判断。前面我们对股价走势的大势判断做了一些讲解，下面就根据这些判断方法，做出大势下的买卖时机判断，即股市获利的实现方略。

笔者总结个股表现，得出以下一般规律：强势市场（牛市）及早买进，弱势市场（熊市）推后买入，强势个股回档买进，跳空高开谨慎买进。

第一，强势市场（牛市）及早买进。当市场处于强势市场时，市场气氛热烈，人气鼎沸，大盘处于单边上扬行情中。此时主力多采用逼空手法拉抬，极少会出现大的回调。在这样的行情下，投资者只有更早介入，才能以更低的价格买进，获取更大的投资收益。

第二，弱势市场（熊市）推后买入。当出现弱市市场时，市场整体处于回调阶段，主力资金还处于一种出货状态，市场走势会出现多次的骗线，此时贸然进入，可能会遭遇重大损失。投资者即使要买进，也要在收市前半个小时再作出买入决定。由于临近收市，当天多空双方争斗结果即将揭晓，有意推高股价的主力此时必须出手，无意推高股价的主力则会继续按兵不动，买卖信号相对明确。

第三，强势个股回档买进。对一些已出现上升趋势的强势个股，投资者需要把握住时机，趁股价回档时买进，这是难得的良机。

第四，跳空高开谨慎买进。个股跳空高开，有时是股价强势的表现，有时只是主力诱多的行为。投资者在买进时必须区分清楚，同时要结合股价的前期走势综合判断，断不可贸然追高，造成重大的投资损失。

一、牛市阶段及早买进

如图 5-1，上证指数走势。

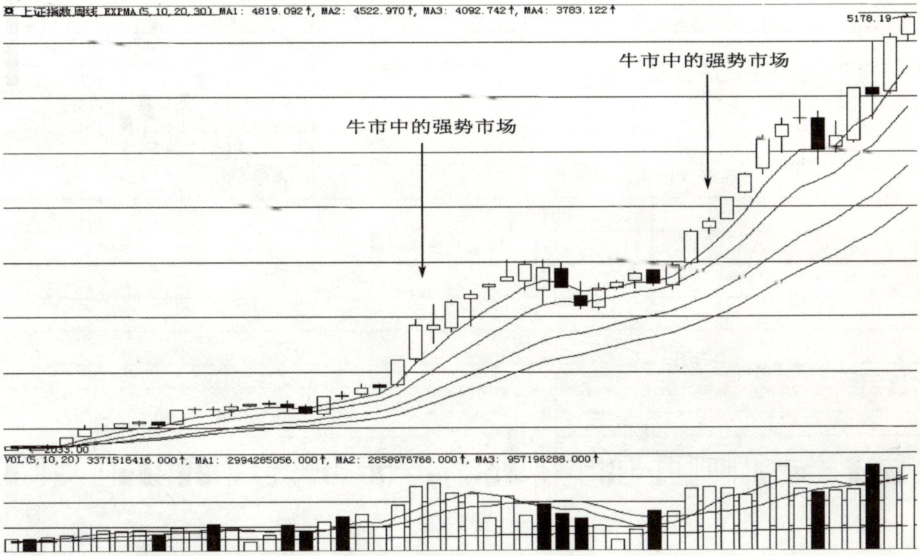

图 5-1

图 5-1 是上证指数 2014 年 7 月至 2015 年 6 月的周 K 线走势图。指数在该区间运行中属于牛市行情，但在一轮牛市中也是存

在强势行情和弱势行情之分的。我们看到，在市场表现强势时，指数的上扬呈现单边上涨走势，上涨途中拒绝回调。此时对短线投资者来说，及时买进就是最好的投资方式。

正确买进的难点在于对“势”的判断。我们希望投资者能对当前的走势有所了解，明白当前走势所处的位置，再根据股价的一般规律去判断以后的走势。当我们明白了“势”的所在，买卖才不会成为一个问题。“势”解决的是方向问题，后文将论述的指标则是选取更好点位买进的问题，希望投资者能联系在一起，从整体上进行判断，然后作出投资决策。

我们再看一个案例，如图 5-2。

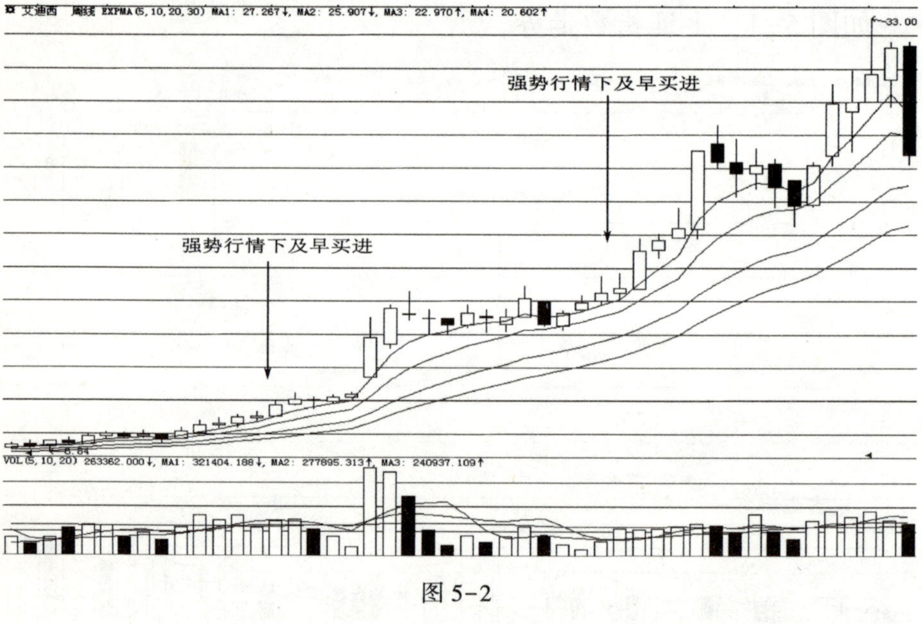

图 5-2

图 5-2 是艾迪西（002468）2014 年 5 月至 2015 年 6 月的周 K 线走势图。股价处于一个牛市行情的上升阶段。股价在上升途中走出两波强势上涨行情，此时股价拒绝回调，因此该期间任何一

天都是一个良好的买点，投资者若能及早介入，获利更大。其中所有的问题，还是回归到一个“势”的判断上，即明白股价所处的位置。

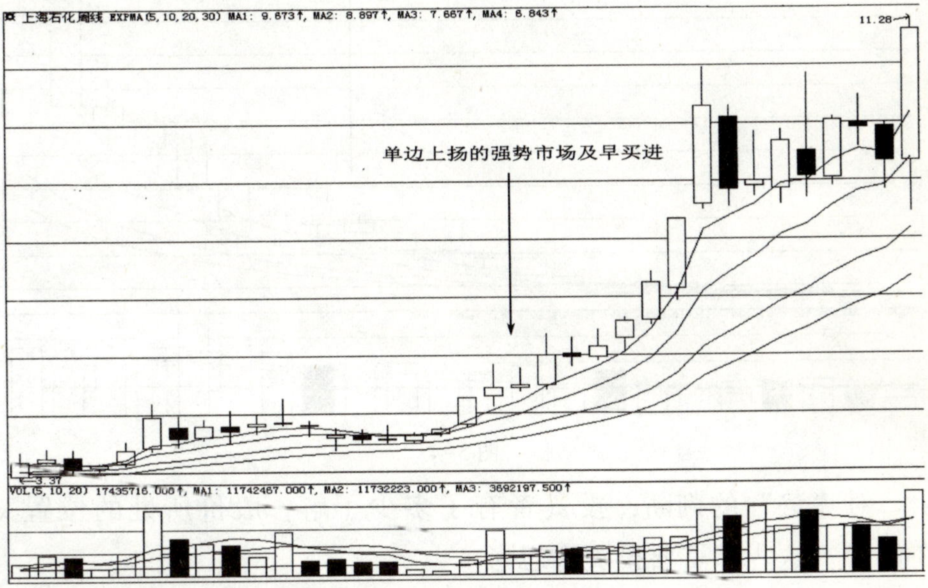

图 5-3

图 5-3 是上海石化（600688）2014 年 10 月至 2015 年 5 月的周 K 线走势图。股价在上升中出现一个单边上扬的强势市场行情，对于这种行情走势的出现，短线投资者必须及早买进，坚决买进，否则将会眼睁睁地看着行情从眼底走过，最终一无所获。

下面我们再看广聚能源的行情走势，如图 5-4。

图 5-4 是广聚能源（000096）2015 年 1 月至 2015 年 6 月的周 K 线走势图。股价在整个上涨中都呈现单边上扬的强势市场行情，此时投资者只有坚决买进，才能分得一杯羹。

当投资者对股价的走势有了清楚的判断，明白收益并不是由一朝一夕的上涨构成，就可以在上涨周期中随时买进，获取收益。

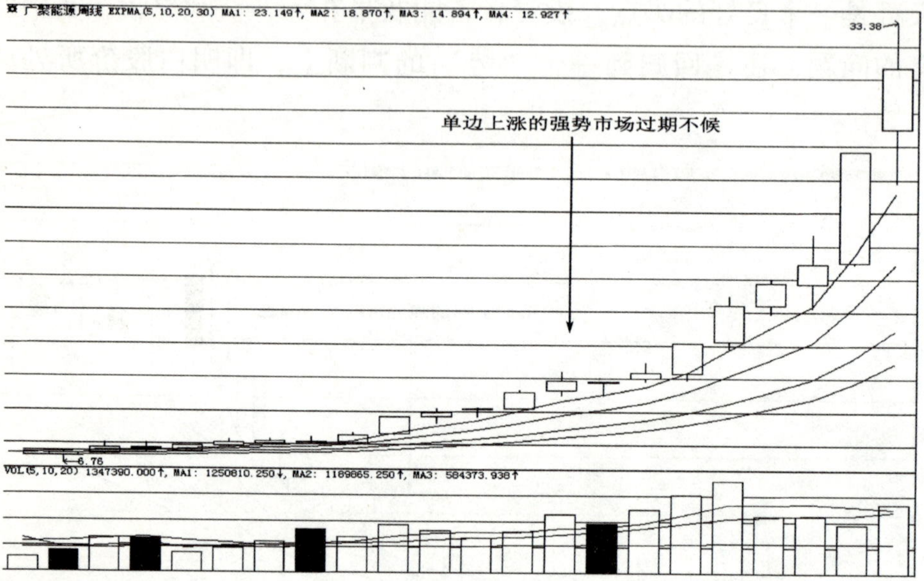

图 5-4

对“势”的判断，投资者有了多少了解？股价所处的位置又在何处？这些都需要投资者思考。

二、弱势行情推后买入

图 5-5 是黄山旅游（600054）2011 年 8 月至 2012 年 1 月的 K 线走势图。股价处于弱势市场的下降途中，虽然在弱势行情中出现一个反弹走势，但股价在反弹中并未突破任何重要点位，只是一次反弹出货的走势，此后行情仍将向下。在弱势行情下如果贸然追高买进，将面临重大损失。

图 5-6 是中海发展（600026）2013 年 8 月至 2014 年 1 月的 K 线走势图。股价在 2013 年 9 月 11 日创出高点后，行情转势，逐步走熊，此后行情弱势明显。有时主力资金在高位并不是都能完成出货任务的，所以在弱势行情中也会走出反弹走势，以吸引追高

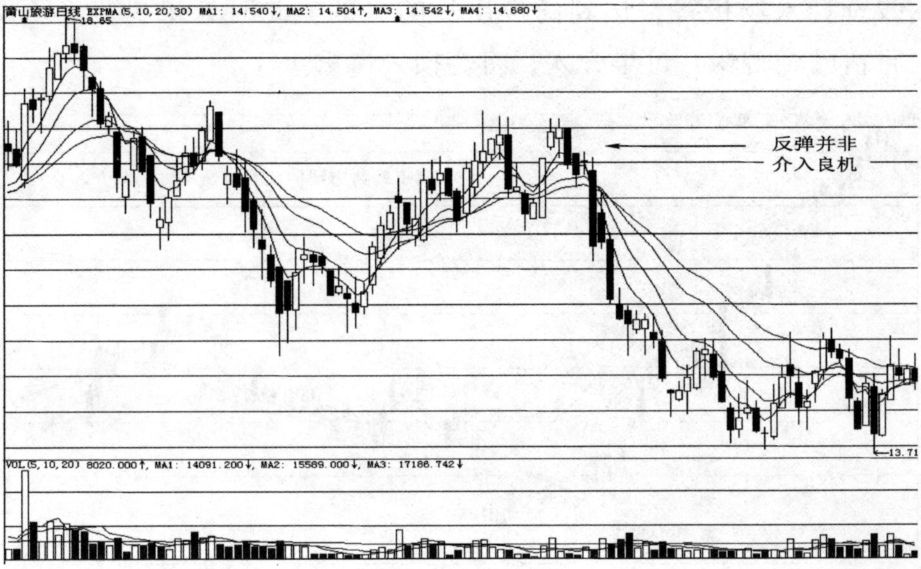
黄山旅游日线 EXPMA(5, 10, 20, 30) MA1: 14.540↓, MA2: 14.504↑, MA3: 14.542↓, MA4: 14.680↓
18.65
反弹并非
介入良机
13.71
VOL(5, 10, 20) 8020.000↑, MA1: 14091.200↓, MA2: 15589.000↓, MA3: 17186.742↓

图 5-5

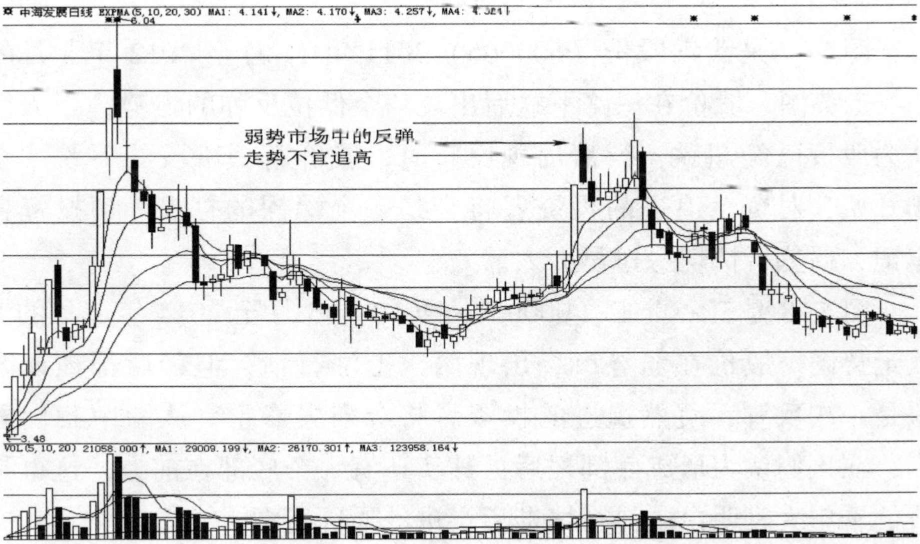
中海发展日线 EXPMA(5, 10, 20, 30) MA1: 4.141↓, MA2: 4.170↓, MA3: 4.257↓, MA4:
6.04
弱势市场中的反弹
走势不宜追高
3.48
VOL(5, 10, 20) 21058.000↑, MA1: 29009.199↓, MA2: 26170.301↑, MA3: 123958.164↓

图 5-6

的投资者入场接筹，达到高位出货的目的。此时如果投资者不明白行情已经转弱，过早介入，将会损失惨重。

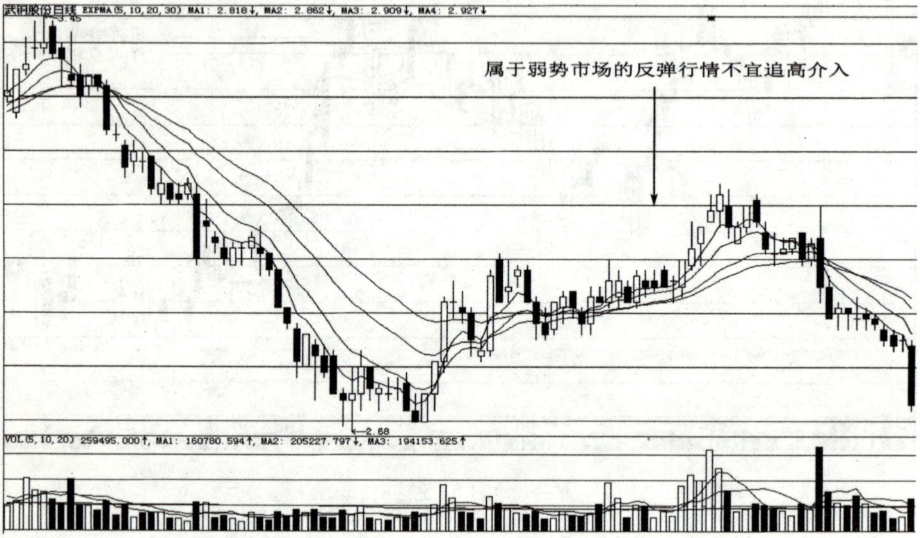

图 5-7

图 5-7 是武钢股份（600005）2011 年 11 月至 2012 年 3 月的 K 线走势图。股价在一路下跌后出现一个低位反弹的走势，当人们认为股价已经超跌，行情出现反转时，股价新一阶段的下跌才刚刚开始，对贸然追进的投资者将会是一个深深的打击。请投资者牢记，弱势行情切忌过早介入。

图 5-8 是三一重工（600031）2013 年 5 月至 2014 年 2 月的 K 线走势图。股价在弱势市场出现两次上涨行情，但最后都被证明只是一次反弹，贸然追进的投资者将会损失惨重。从图中我们看到，在人们认为形成底部之后，其实还有一个底部在前方，这也是我们希望大家明白弱势行情推后买进的原因所在。

正如股价的上涨不是一日之功，同样股价底部的形成也不是一蹴而就的，筑底是一个长期的过程，需要时间的配合，需要空间的

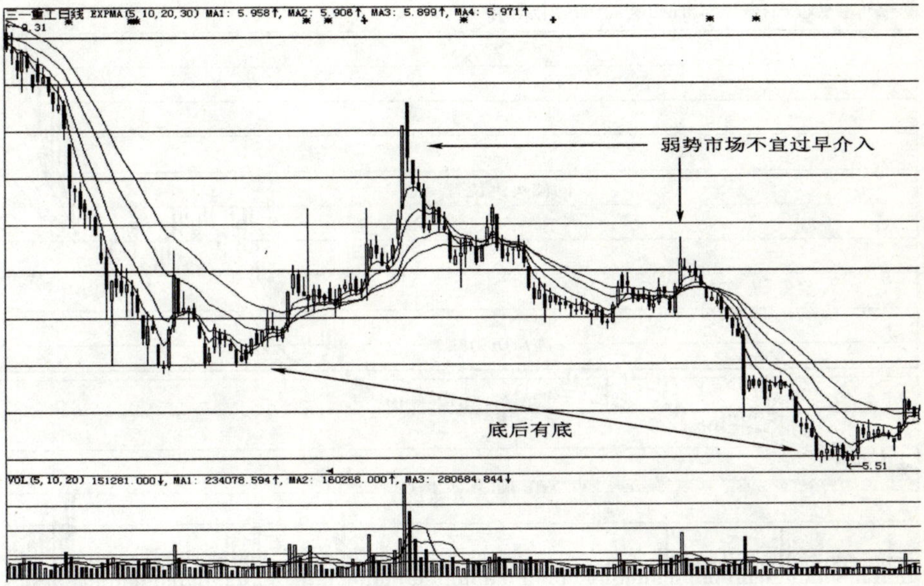

图 5-8

配合。股价上涨造成估值过高，修复估值就要回调股价，这是空间。股价的上涨需要数日之功，而公司基本面的改变却不是说变就变的，这需要更长的时间才能实现。一轮行情刚刚结束，再次开启一轮新行情也不是说来就来的事情。希望投资者明白股价变化的本质规律，不要轻易做出买卖举动。

三、强势个股回档买进

图 5-9 是同仁堂（600085）2014 年 11 月至 2015 年 6 月的 K 线走势图。股价处于一个长期上涨趋势中，一日股价以一根长阳突破前期形成的高点，强势走势尽显。股价在突破高点形成的压力位时出现短时间的回调盘整，此后股价迅速攀升。股价突破后的短暂回调，是投资者最好的买进时机。

在股价突破重要的压力位时，多会有一个回调确认的过程。关

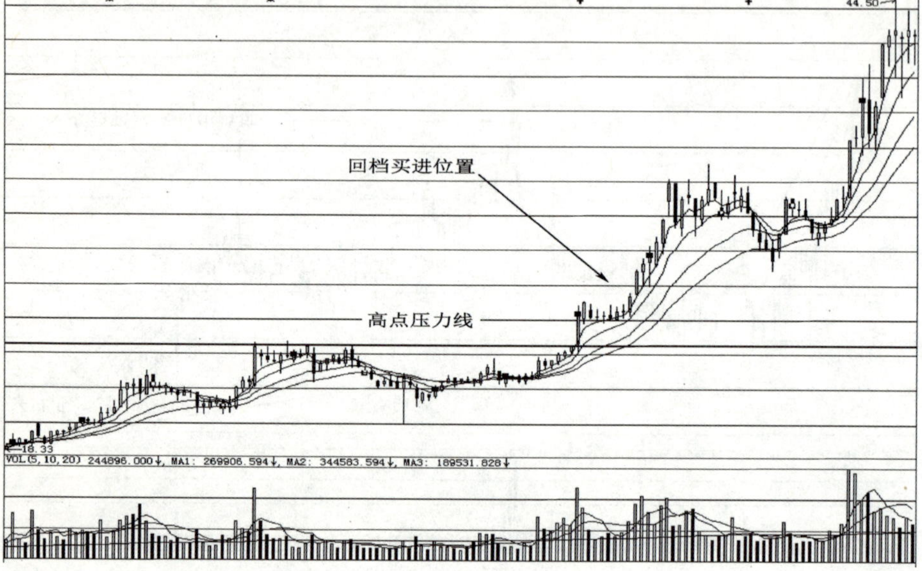

图 5-9

键点位不管是从心理上还是实际的抛压上，都对做多力量形成威慑，此时出现的回调，正是测试抛压大小的行为。股价仍能站稳在压力线之上，说明抛售压力减轻，情况可控，此后行情自然看涨。

图 5-10 是中国卫星（600118）2014 年 11 月至 2015 年 5 月的 K 线走势图。股价处于长期上涨走势中，虽有平台调整的走势，但股价并未跌破均线系统，未来走势看好。

一日股价以中阳线的方式突破整理平台，显示出股价强势上涨的特征。此后股价出现短时间的回调确认，成为投资者最好的介入时机，买进的投资者将获得巨额的投资回报。

图 5-11 是道博股份（600136）2014 年 9 月至 2015 年 3 月的 K 线走势图。股价以涨停板形式突破前期两个高点形成的压力线，股价走势强劲。股价突破后也只做出一个简单的回调就再次上扬，

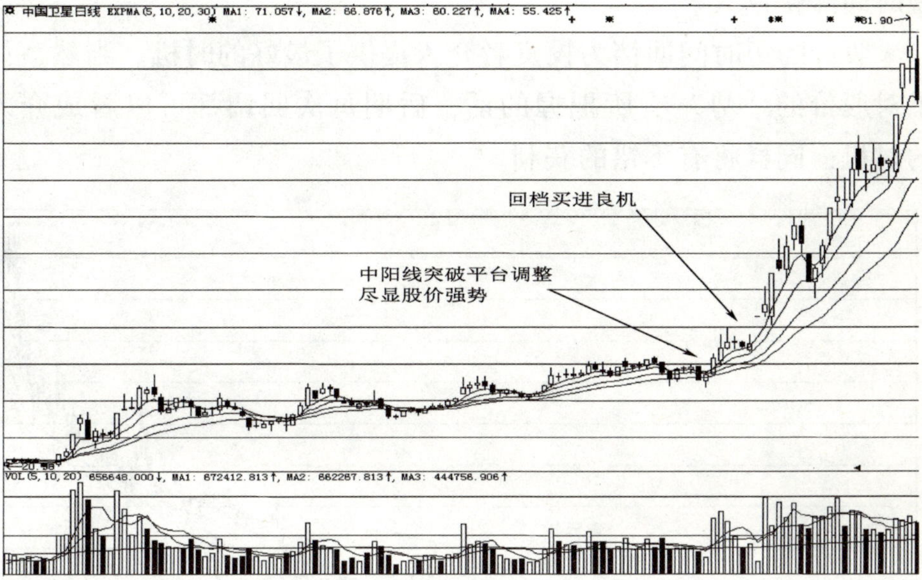
中国卫星日线 EXPMA(5, 10, 20, 30) MA1: 71.057↓, MA2: 66.876↑, MA3: 60.227↑, MA4: 55.425↑
81.90
回档买进良机
中阳线突破平台调整
尽显股价强势
20.98
VOL(5, 10, 20) 656648.000↓, MA1: 672412.813↑, MA2: 662287.813↑, MA3: 444758.906↑

图 5-10

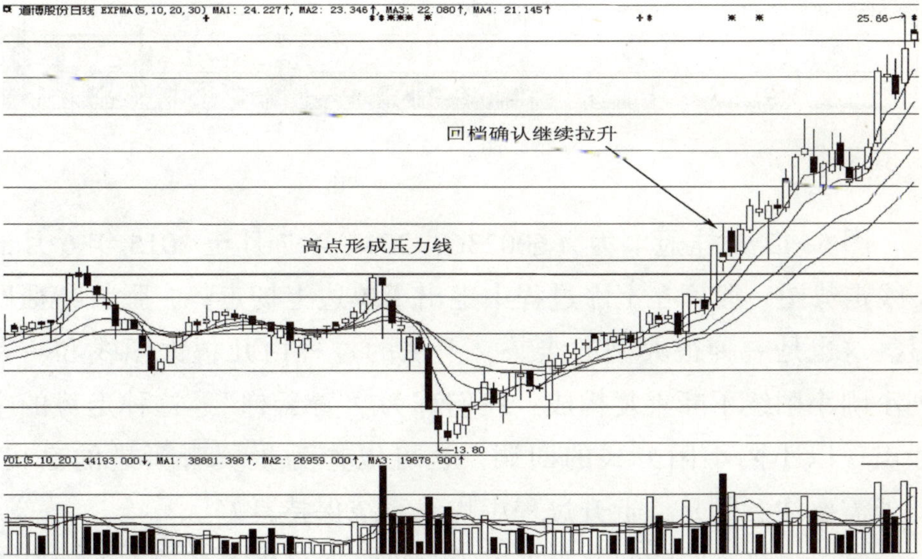
道博股份日线 EXPMA(5, 10, 20, 30) MA1: 24.227↑, MA2: 23.346↑, MA3: 22.080↑, MA4: 21.145↑
25.66
回档确认继续拉升
高点形成压力线
13.80
VOL(5, 10, 20) 44193.000↓, MA1: 38881.398↑, MA2: 26959.000↑, MA3: 19678.900↑

图 5-11

短时间涨幅巨大。

股价的短时间回档为投资者介入提供了最好的时机。当然，如果对股价的“势”有所把握的话，后期每次回调都可以看成介入的时机，同样将有不错的获利。

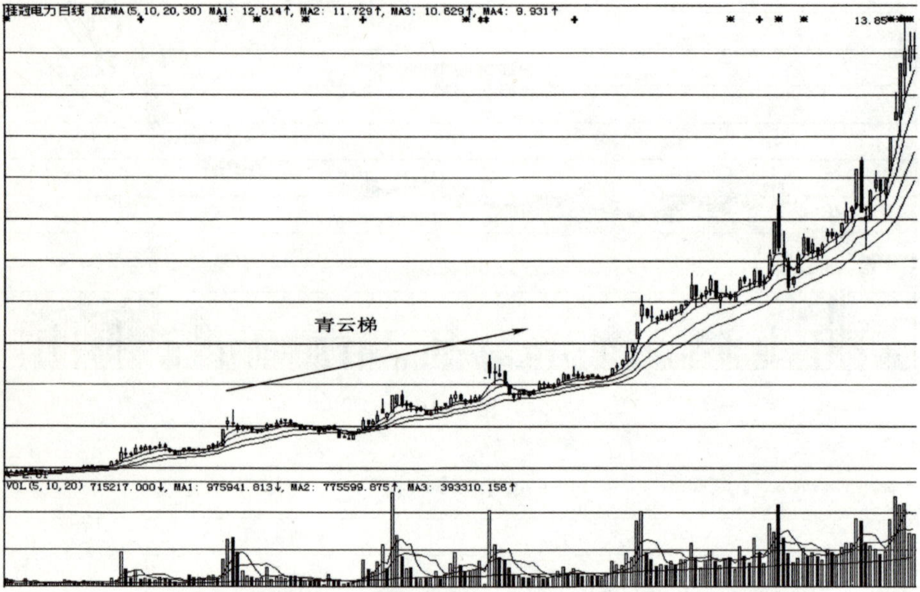

图 5-12

图 5-12 是桂冠电力（600236）2014 年 7 月至 2015 年 6 月的 K 线走势图。股价在上涨过程中走出了单边上扬走势，强势特征明显。这也是一种很典型的走势，上涨的过程由几根大阳线和一系列小阴小阳线不断重复构成，我们称为“青云梯”。这种走势的个股出现以小阴小阳方式的回调，也可以作为投资者买进的良机。此处需要注意的是，上升过程中均线系统保持良好。

对于强势个股的回档买进决策，投资者可以参考前文的大级别行情判断，突破大级别趋势后会产生大级别行情，其中可突破的趋势对象包括：平台、箱体、下降趋势、前期高点、密集成交区等，级别越大，行情越大。

四、跳空高开谨慎买进

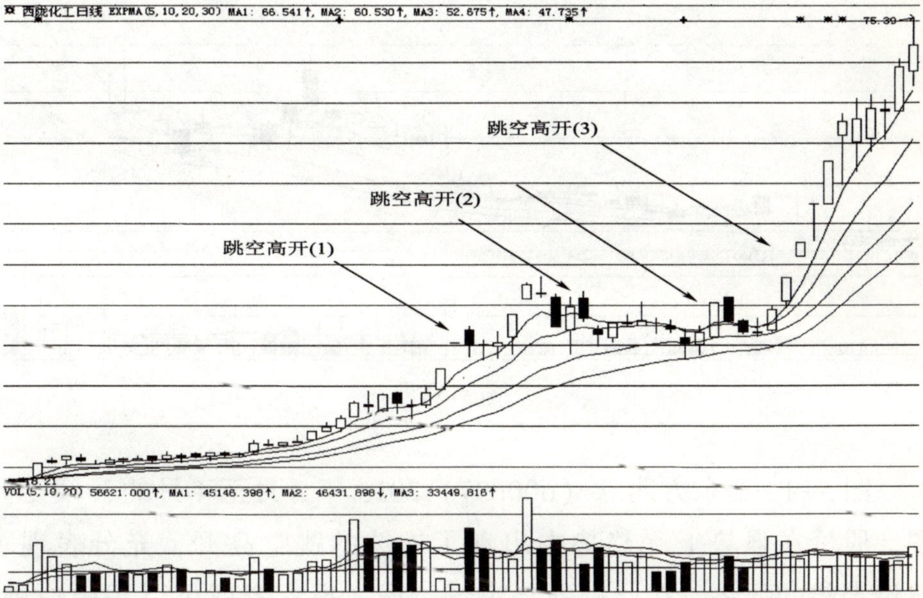

图 5-13

图 5-13 是西陇化工（002584）2015 年 2 月至 5 月的 K 线走势图。股价在一路上升中出现多次跳空上涨，但随后的走势却截然不同。仔细区分这些跳空高开，我们也能发现一些不同。跳空高开后股价继续上涨强势收红的走势，多发生在强势市场行情下，而高开后不能维持上涨走势出现回落，则多发生在回调阶段。正因为其以后走势不同，投资者在是否追进高开股时需要保持警惕，判断好市场所处的阶段。

下面我们再看一个案例，如图 5-14。

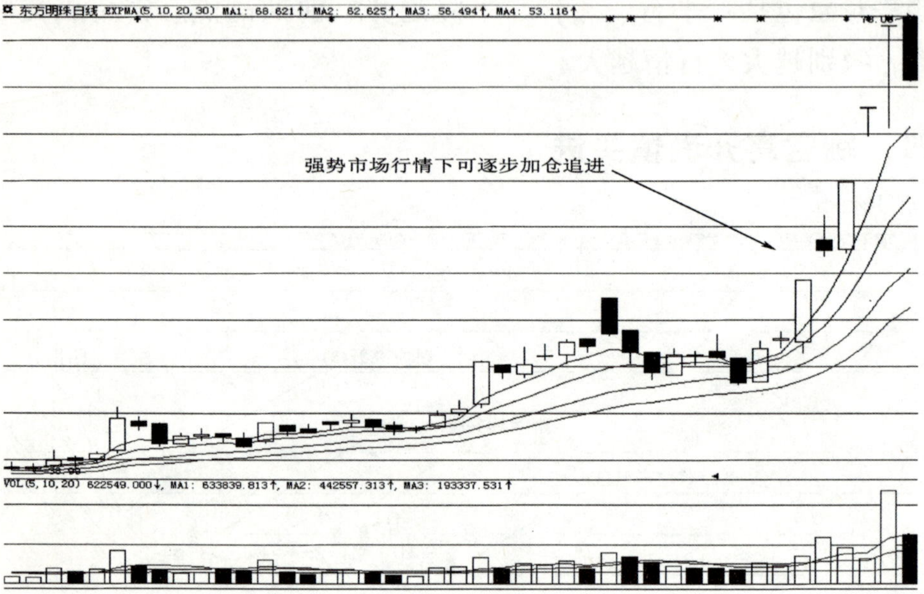

图 5-14

图 5-14 是东方明珠（600637）2015 年 2 月至 4 月的 K 线走势图。股价在强势上涨趋势中出现了连续的跳空高开，充分表现了股价走势的强势。在此种强势市场阶段，投资者就可以积极追进，获取投资收益。

当然，当跳空高开发生在弱势行情下，情况则不一样，需要投资者谨慎应对，这也符合弱势市场推后买进的判断。

图 5-15 是汉钟精机（002158）2015 年 5 月至 7 月的 K 线走势图。股价在创出新高后，第二天即以一根中阴线收回前一日的上涨空间，K 线形态呈倾盆大雨走势，股价回调。此后虽有一点反弹迹象，但股价不能再创前高，一根中阴线宣告熊市行情到来，此后市场极度弱势。

在这样的弱势市场下，股价在下跌中也会出现跳空高开的走

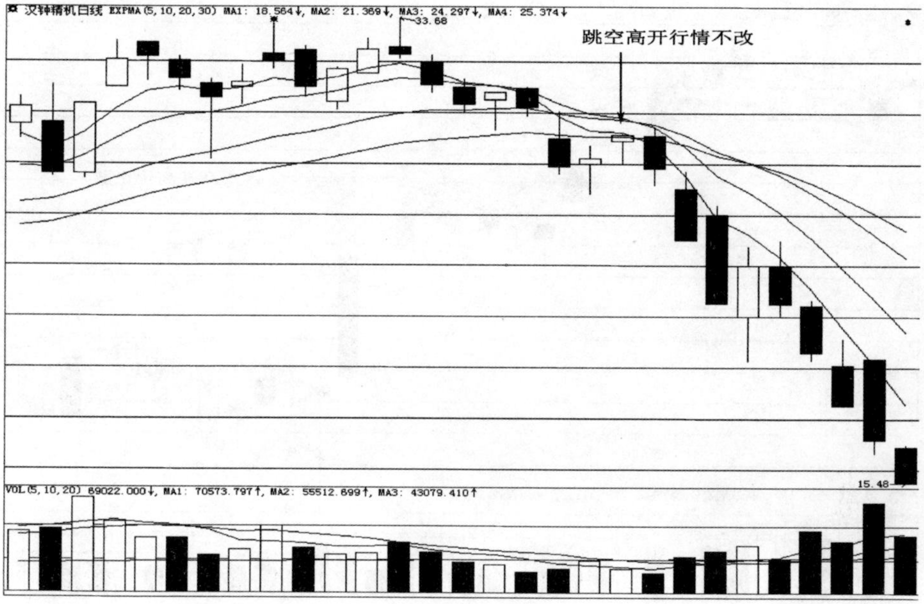

图 5-15

势，但都无力回天，第二天股价继续下跌，此后深度回调。在跳空高开走势下贸然买进，投资者将损失惨重。

我们再看一个弱势行情下跳空高开的案例，如图 5-16。

图 5-16 是东方锆业（002167）2013 年 5 月至 7 月的 K 线走势图。股价处于一个长期下降趋势中，弱势行情明显。但股价在下降途中也是随时出现跳空高开的走势，但并没有逆转，行情仍是一路向下。投资者必须控制自己的行为，交易时间点还远没有到来。

股价在熊市行情下跳空高开多是一种骗线行为，给投资者以市场强势的假象，吸引买盘进入，此时主力资金正通过散户的买进实现高位离场的目的。强势行情下的跳空高开则不同，此时行情高涨，人人都希望多买股票，市场惜售情况严重，造成一定时间、一定价格下的无成交情况，后市股价自然看涨。强势市场的投资

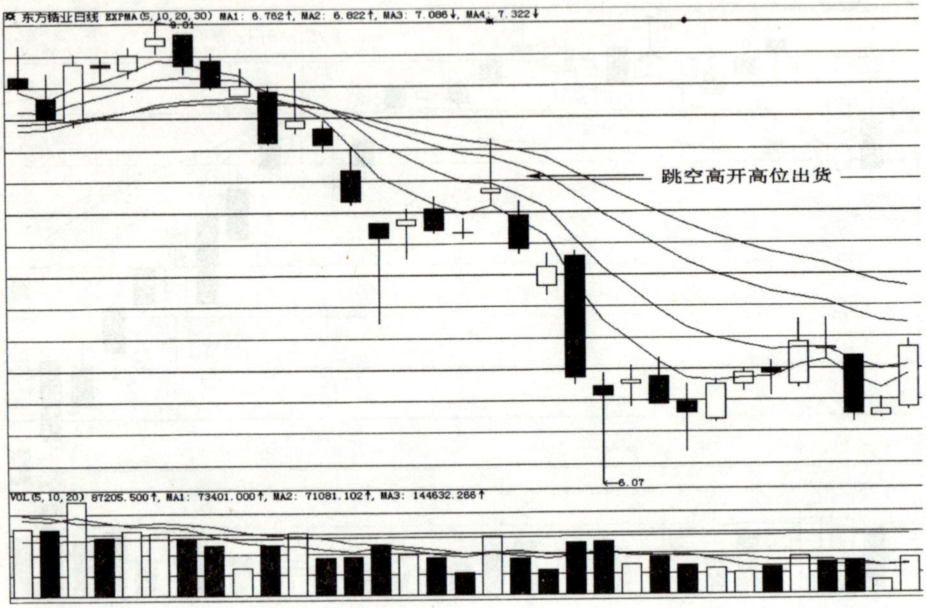

图 5-16

者当然要及早买进，坚定持有。

第六章

止损解套：截断亏损

华尔街有一句投资名言：截断亏损，让利润奔跑。第一章我们解决了“让利润奔跑”的问题，这一章探讨如何“截断亏损”，也就是止损解套。

止损解套是每位投资者在股市中都必须面对的操作。在高风险的股市交易中，生存下去才谈得上进一步的发展。“止损”就是让投资者在股市中生存下来的必备良药。“股市获利之道”是通过“割、等、补、换、拔”五种方法，帮助投资者祛病固身。

下面我们逐一分析。

一、割

在股价破位时及时止损，坚决割肉，可以避免更大的损失。例如常用技术指标发出卖出信号，走势上有明显的主力减仓意图，此时要有“壮士断臂”“舍车保帅”的勇气和决心，做到及时离场，不至于遭受致命伤。

止损主要有以下几种具体的方法。

（1）趋势切线止损法。包括股价有效跌破趋势线的切线，股价有效跌破上升通道的下轨等。

（2）形态止损法。包括股价击穿头肩顶、M 头、圆弧顶等头部形态的颈线位等。

（3）均线止损法。一般来说，MA10 可以维持短期趋势，MA20 或 MA30 可以维持中期趋势，MA120、MA250 可以维持长期趋势。如果是一位短线投资者，可以 MA10 作为止损点；如果是长线买家，则可参考 MA120、MA250 作为止损点。

（4）筹码成交密集区止损法。筹码成交密集区对股价会产生直接的支撑和阻力作用。一个坚实的底部被击穿后，往往会由原来的支撑区转化为阻力区。根据筹码成交密集区设定止损位，一旦破位可以立即止损出局。

（5）K 线止损法。包括出现两阴夹一阳、阴后两阳阴的空头炮，或出现一阴断三线的断头铡刀，以及出现黄昏之星、穿头破脚、射击之星、双飞乌鸦、三只乌鸦等典型见顶的 K 线组合等。

（6）指标止损法。根据技术指标发出的卖出指示作为止损信号，主要包括 MACD 出现绿色柱状线并形成死叉、KDJ 死叉等。

（7）定额止损。是指根据投资者的心理承受能力，设置相应的止损点。多设定下跌 5%或 8%为止损点，或者设定下跌多少钱为止损点。

选择亏损 8%作为止损价格，原因有二：其一，长期研究表明，基本面良好的公司几乎不会回档 8%以上。如果下跌 8%以上，就说明有问题；其二，8%的上涨难以弥补 8%的损失，股票损失越大，回本就越困难。

下面我们用一些案例来说明，如图 6-1。

图 6-1 是创业板指数 2015 年 1 月至 7 月的 K 线走势图。指数在上涨后期出现一个明显的上升趋势，指数也在这个上升趋势下

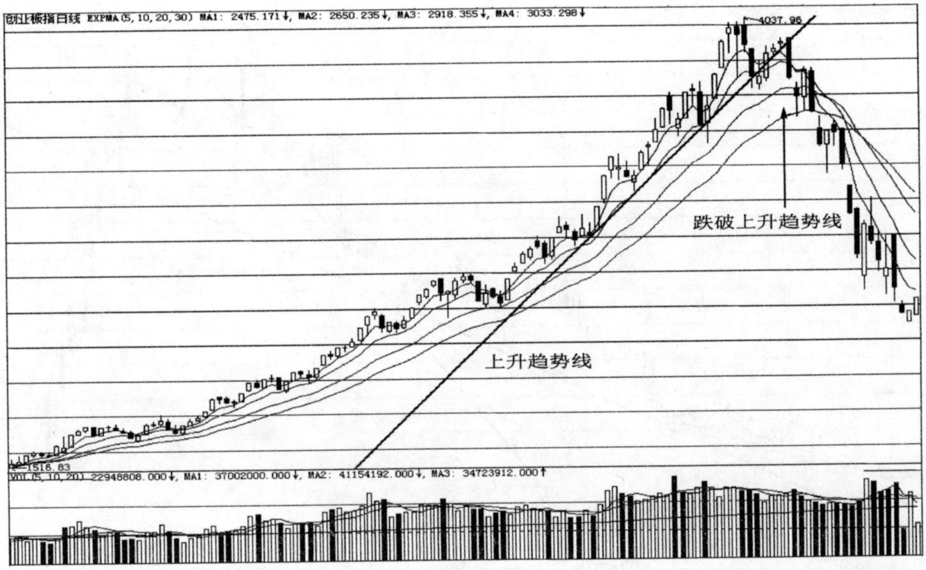

图 6-1

狂飙突进。但盛极而衰，在指数一片欣欣向荣下也隐藏着惊天巨变，指数于 2015 年 6 月 15 日收出一根长阴线，彻底跌破上升趋势，指数的方向就此逆转，短短时间出现千点回调，投资者损失惨重。

如果投资者能对指数跌破上升趋势的离场信号加以重视的话，在跌破时及时止盈止损，则可避免这一轮的下跌。

图 6-2 是四川九洲（000801）2015 年 1 月至 7 月的 K 线走势图。从图中我们看到股价在上升途中形成明显的上升趋势线，并且呈现出越来越陡的走势。趋势线的走势太陡，往往意味着行情走到末端，需要投资者注意。股价在趋势线 2 下难以为继，出现高位滞涨的走势，这是行情将要反转的迹象，也是投资者最好的离场时机。

股价上涨无力，在滞涨后快速下跌，并迅速击穿趋势线 1。此

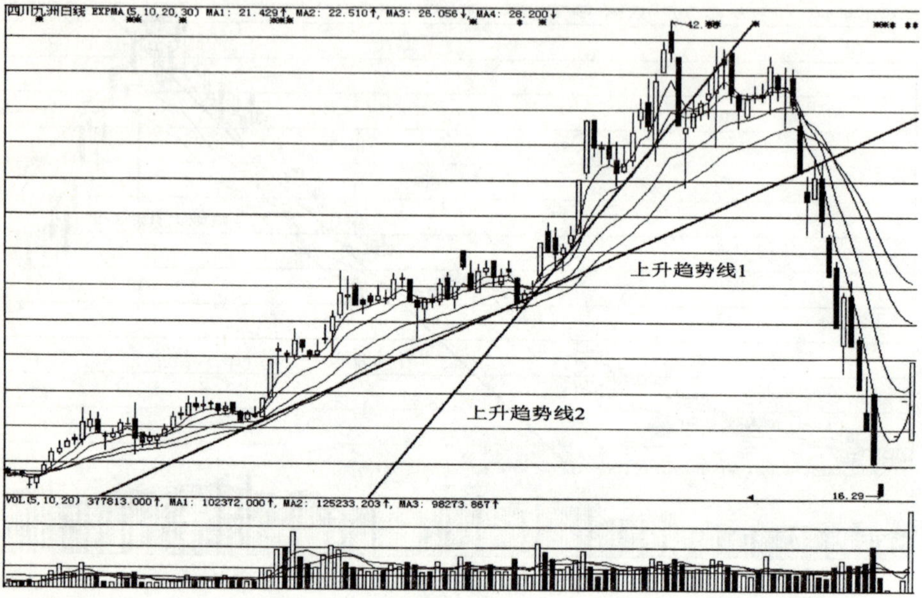

图 6-2

时股价虽做出反弹，但反弹未站稳趋势线，方向不改，继续下探。跌破趋势线 1 就是投资者最后的离场时机了，仍然没有离场的投资者面临的损失将会非常巨大。

趋势线意味着股价在一定时间内的运行方向，当股价跌破趋势线时，意味着原有行情不复存在。如果是上升趋势被跌破，此后新的行情自然是下降趋势。投资者要早作打算，及时离场。

下面我们再看形态止损法，如图 6-3。

图 6-3 是艾派克（002180）2014 年 10 月至 2015 年 7 月的 K 线走势图。股价经过前期的上涨后，在高位形成双头的反转形态，预示股价见顶，此后股价回头。在股价回落跌破颈线时，股价下跌趋势确立，此处成为投资者的离场位置。没有离场的投资者将面临短时间的深度回调，损失惨重。

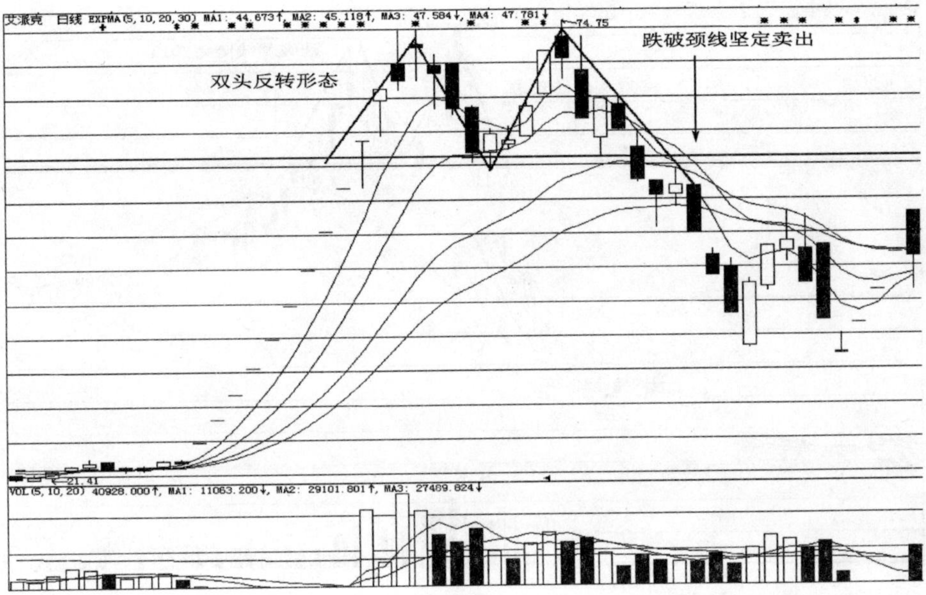

图 6-3

图 6-4 是宝硕股份（600155）2014 年 1 月至 2014 年 6 月的 K 线走势图。股价在前期的大涨后，出现双头的反转形态，股价转向预期强烈。此后股价快速回调跌破颈线，下降趋势明确。在股价跌破颈线形成下降趋势后，投资者必须尽快离场，免遭损失。

头肩顶、双头、圆弧顶等形态是典型的见顶形态，当股价在高位形成上述形态时，投资者必须引起重视，做好离场准备。当股价在后期的回调中跌破颈线，就是投资者必须离场的时刻，也是投资者最后的离场时机，晚则贻害无穷。

下面我们看均线的止损位置，如图 6-5。

图 6-5 是永泰能源（600157）2015 年 2 月至 2015 年 7 月的 K 线走势图。股价在此区间是一个长期上涨趋势，出现了大幅度的上涨。股价走到高位后，出现了滞涨的走势，随后股价缓慢下行，

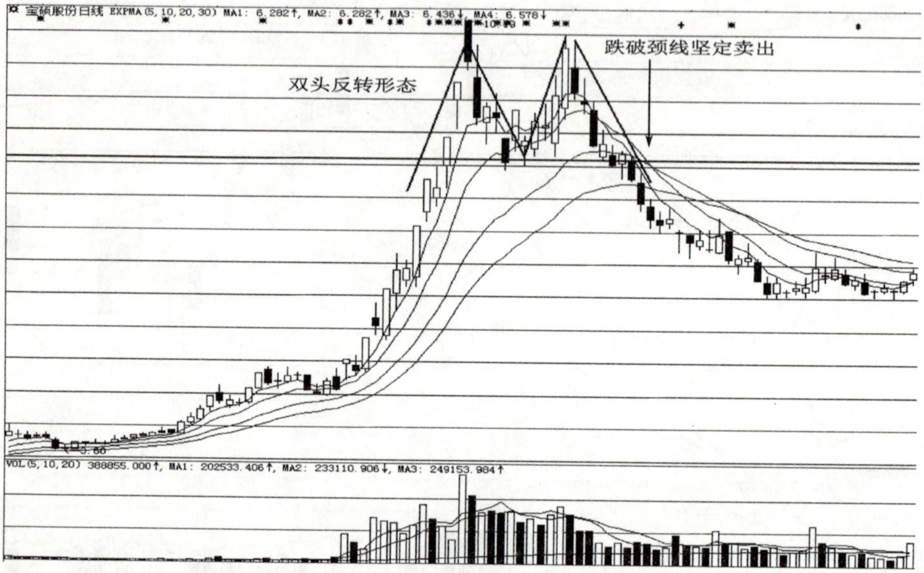
宝硕股份日线 EXPMA(5,10,20,30) MA1: 6.282↑, MA2: 6.282↑, MA3: 6.436↓, MA4: 6.578↓
双头反转形态
跌破颈线坚定卖出
VOL(5,10,20) 388855.000↑, MA1: 202533.406↑, MA2: 233110.906↓, MA3: 249153.984↑

图 6-4

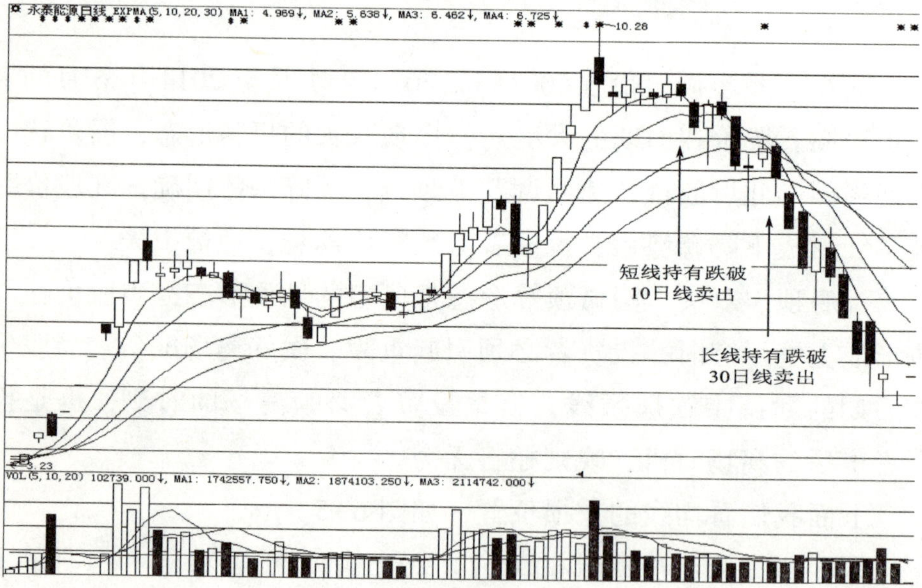
永泰能源日线 EXPMA(5,10,20,30) MA1: 4.969↓, MA2: 5.638↓, MA3: 6.462↓, MA4: 6.725↓
10.28
短线持有跌破
10日线卖出
长线持有跌破
30日线卖出
3.23
VOL(5,10,20) 102739.000↓, MA1: 1742557.750↓, MA2: 1874103.250↓, MA3: 2114742.000↓

图 6-5

跌破 5 日线、10 日线。股价跌破 10 日线后，短线持有的投资者就要作出卖出决定，短线持股条件不再。

此后股价继续下行，跌破 20 日线、30 日线。当股价跌破 30 日线时，长线持有的投资者也应提前卖出，留住到手的投资收益。

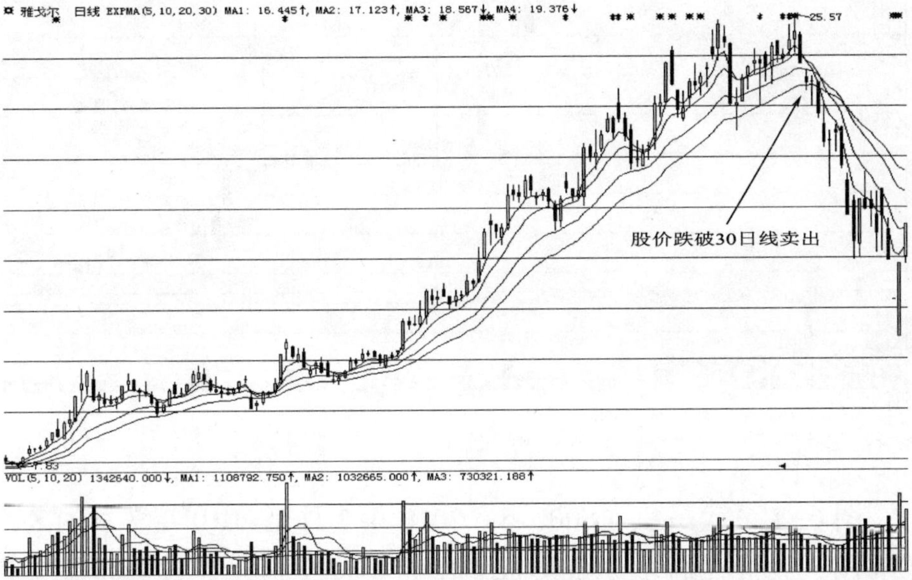

图 6-6

图 6-6 是雅戈尔（600177）2014 年 11 月至 2015 年 7 月的 K 线走势图。股价跌破 30 日均线后，出现大幅回落，没有及时离场的投资者面临的损失会非常大。

当然，我们看股价在前期的上升走势中，也能看到 30 日均线的意义。股价一直维持在 30 日线上方，即使有偶尔的跌破也会很快收回，30 日线支撑意义明显。当一条对股价起到长期支撑意义的均线被跌破后，也就意味着行情走势发生变化，投资者自然要做好离场的准备。

下面我们再看两个密集成交区被跌破的止损案例。

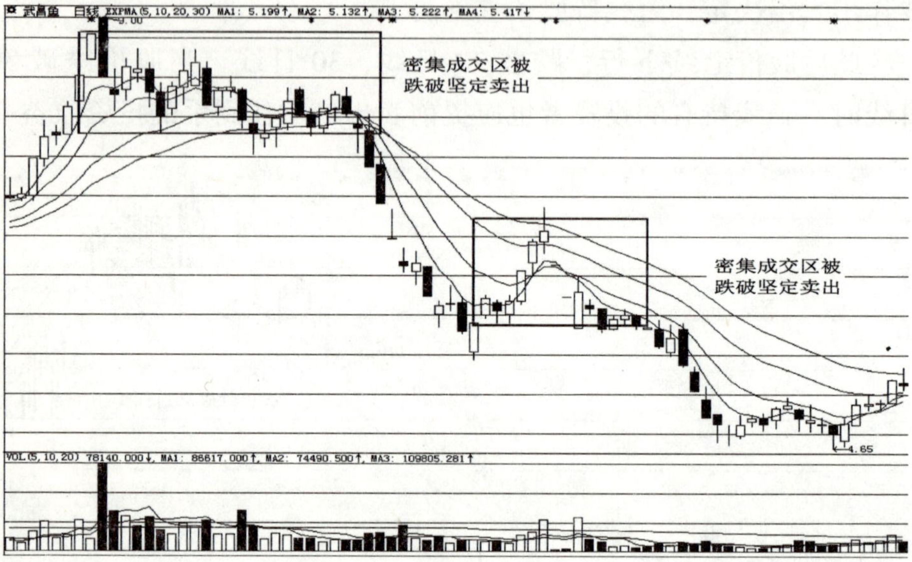

图 6-7

图 6-7 是武昌鱼（600275）2010 年 2 月至 2010 年 7 月的 K 线走势图。股价在高位放量形成一个密集成交区，一日股价跌破密集成交区，在高位形成的筹码堆积造成了很大的抛压，股价加速下跌。在下跌的中程又一次形成筹码的密集成交区，股价跌破后，再次出现加速下跌的走势。

筹码的堆积对大资金来说有两个方面的影响，一是筹码在此处形成的抛压；二是站稳之后形成的支撑。当股价形成密集成交区并再次下探时，说明主力资金正在离场出货，投资者自然要跟随主力资金行动。

当股价站稳密集成交区时，则说明主力资金在此大力吸筹形成筹码堆积，此后行情好转，又是积极买进的良机。不同原因、不同时段形成的筹码堆积有着不同的影响，希望投资者仔细分辨。

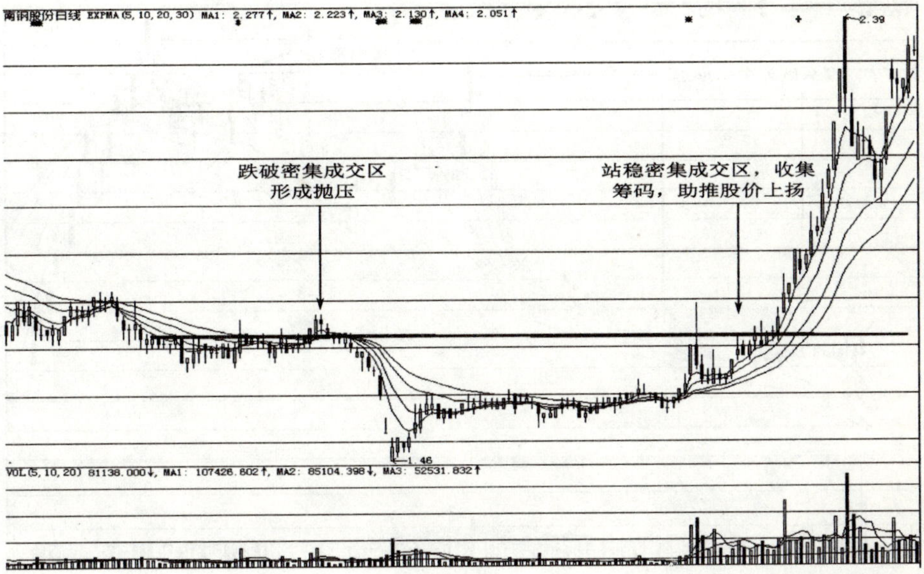

图 6-8

图 6-8 是南钢股份（600282）2014 年 1 月至 2014 年 9 月的 K 线走势图。密集成交区在此区间对股价形成不同的作用力。当股价跌破密集成交区时，大量的筹码形成的抛压进一步加剧股价的下跌，此时投资者必须及时止损，不然损失将更大。

等到后期，股价在底部慢慢攀升至密集成交区时，出现放量吸筹的走势，并站稳密集成交区。大资金在密集成交区完成了大量的筹码收集，此后股价自然快速拉升。此时投资者就要及时追进，不可错失机会。

这就是股市中的顺势而为，当由“时间”“形态”“量能”等因素构成的“势”出现转变时，投资者必须转变操作策略。因地制宜、因时制宜才是投资者的投资法宝。

我们再看看 K 线止损法。

图 6-9 是大恒科技（600288）2014 年 10 月至 2015 年 7 月的

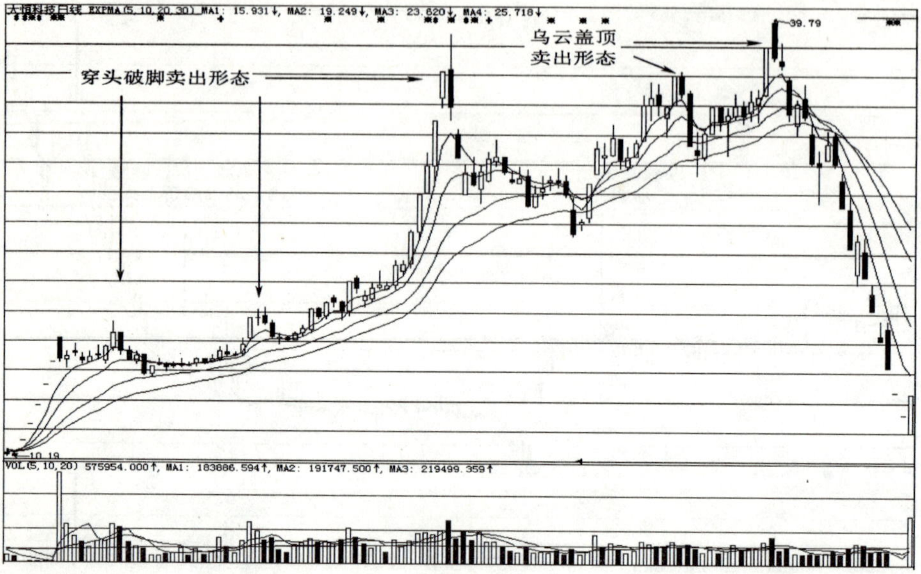

图 6-9

K 线走势图。股价在高点位置多次出现 K 线的卖出形态，投资者若能据此操作，不仅能避免后期的大跌，还可获得事半功倍的效果，这也正是短线操作的优点。

一些基本的 K 线卖出买进形态还是需要投资者掌握的，学习是进步的基础。

图 6-10 是中电远达（600292）2015 年 3 月至 7 月的 K 线走势图。股价在上涨过程中出现多次卖出形态，股价在卖出形态后也出现了回调。投资者若能根据卖出信号及早卖出，则可避免这些回调，在低位再次介入又可获得更多的收益。

K 线形态的卖出买进指示是相对于指标、均线等信号更灵敏的指示，因为其灵活性，所以在一些方面也会被大资金利用，做出不好看的形态，诱使投资者卖出。此时投资者可同时关注多个方面的卖出止损法，锁定收益，及时止损。

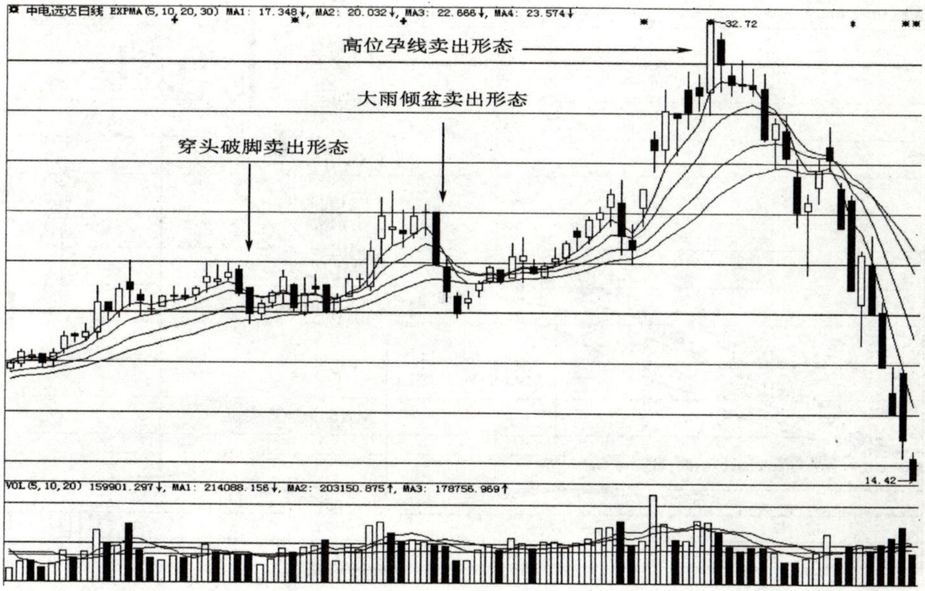

图 6-10

我们再看最后的指标卖出止损法。

图 6-11 是蓝星新材（600299）2015 年 2 月至 2015 年 7 月的 K 线走势图。股价的涨跌走势与 MACD 的金叉与死叉有着惊人的一致性，如果投资者根据 MACD 指标的金叉与死叉作出止损止盈的决定，也能够避免不必要的损失。

图 6-12 是西陇化工（002584）2015 年 2 月至 2015 年 7 月的 K 线走势图。MACD 指标在股价回调时发出了明显的卖出指示，投资者据此操作可以获利多多。如果忽视卖出指标的卖出指示，到头来将一无所获，只是坐了一次股市过山车，悔之不及。

我们在此介绍了多种卖出指标，来指示投资者及时卖出，做好止损工作。这些指标若在同一时间发出同一指示信号，那么卖出信号的可靠性将更加强烈。当然，有些指标偏重于灵敏性，也有些

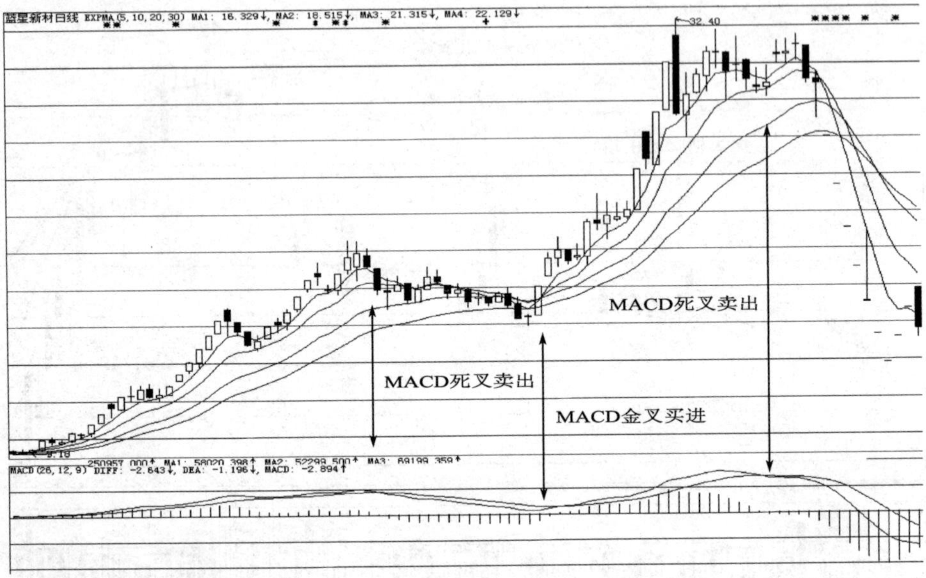
蓝星新材日线 EXPMA(5,10,20,30) MA1: 16.329↓, MA2: 18.515↓, MA3: 21.315↓, MA4: 22.129↓
32.40
MACD死叉卖出
MACD死叉卖出
MACD金叉买进
250957.000↑ MA1: 58020.398↑ MA2: 52299.500↑ MA3: 69199.359↑
MACD(26,12,9) DIFF: -2.643↓, DEA: -1.196↓, MACD: -2.894↑

图 6-11

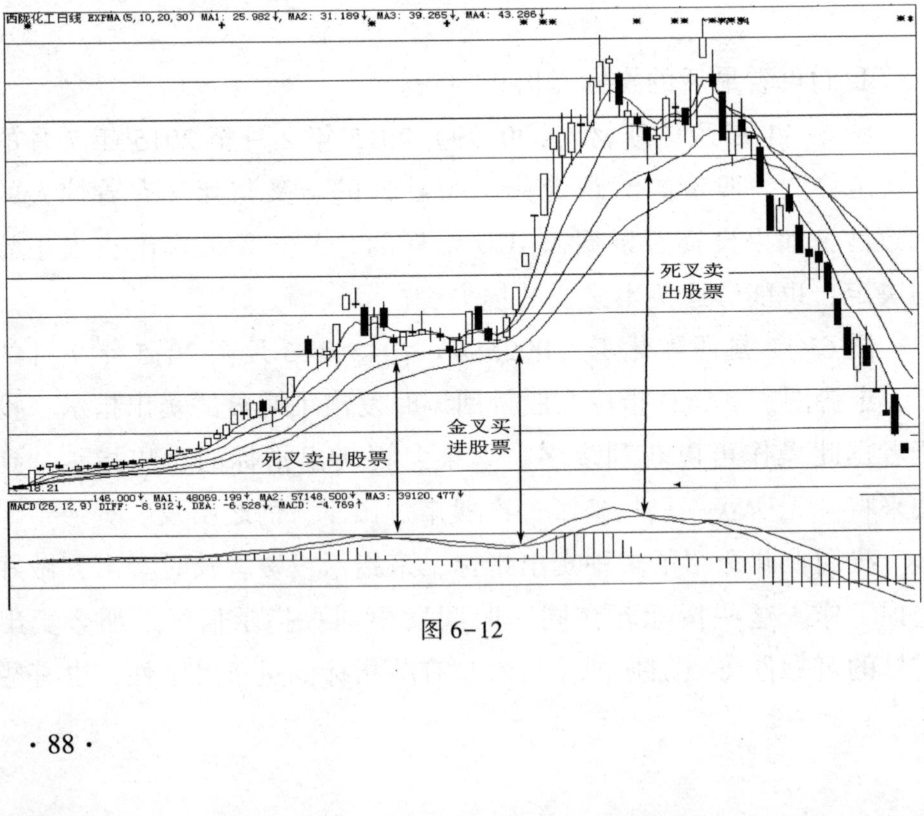
西陇化工日线 EXPMA(5,10,20,30) MA1: 25.982↓, MA2: 31.189↓, MA3: 39.265↓, MA4: 43.286↓
死叉卖
出股票
金叉买
进股票
死叉卖出股票
18.21
146.000↓ MA1: 48069.199↓ MA2: 57148.500↓ MA3: 39120.477↓
MACD(26,12,9) DIFF: -8.912↓, DEA: -6.528↓, MACD: -4.769↑

图 6-12

指标会出现滞后性，这就要求投资者综合利用这些指标，取长补短，为各位的投资大业服务。

二、等

“等”对一些优质股来说可能是解套的最好办法，只要公司的内在质地没有变坏，投资者便有咸鱼翻身的机会。大部分成长股就是最明显的例子。当然，我们要是回到经济学的根本也会明白，时间决定价值，时间才是一切的根本。

如果投资者买进的是一些内在质地差的垃圾股，那么一旦被套，有可能长达数年难以翻身，这就对投资者提出了更高的要求。不过有时也可以走一下回头路，回到“割”的道路上来。

三、补

一旦发现某只股票跌无可跌，股价安全着陆，就可乘机补仓。投资者在补仓时，需参考前文所讲的熊市行情买卖时机，必须做到推后买进，切忌在初跌期便急急忙忙补仓，这样只会旧伤未愈，又增新伤。

补仓的目的在于以更低的价格买入股票，使持有筹码的单位成本价格下降，这样可以减少损失或者快速回本。此方法适用于被套牢的热门股。

补仓的基本方法是：先根据重要点位来判定该股票反弹时所能达到的价位，包括高点、压力位、密集成交区等。再根据量价关系判断具体的买进时机。因为此时已有预定的账面损失，投资者在补仓时必须保证补仓的“稳”与“准”，以免放大损失。

四、换

即是将被套的个股斩仓，换成一只有潜力的个股，用新买进的个股去弥补上一只股票的损失。这也是投资者在股市中经常用到的方法，但是在操作时要注意大盘走势的整体影响。

一般来说，弱市行情中个股很难独善其身，往往会呈现随波逐流、顺势而下的走势，正所谓“倾巢之下无完卵”。这时盲目换仓只会徒添“新仇旧恨”，最终弄得伤痕累累。

投资者进行换股解套操作时，可以参考以下几个方面。

第一，以大换小。小盘股因盘子小，更容易被庄家选中，股性会比较活跃。又因股本扩张、容易重组等，走势表现常强于大盘。因此，在考虑换股时可以大换小或保留小盘股。

第二，以弱换强。弱势股的特征往往表现为跟随大盘的走势，如果大盘下跌调整，弱势股会跟随大盘回落，跌幅往往超过大盘；当大盘反弹时，弱势股即使跟随大盘反弹，其力度也会远远弱于大盘。

投资者一旦发现自己手中持有这类弱势股，要及时清仓，另选强势股。

第三，无庄换有庄。有庄股是指有主力介入的股票。主力凭借雄厚的资金实力，往往不理会大盘的涨跌起伏，不断推高股价，股价呈现出强者恒强的走势。而无庄股由于缺乏资金关注，很难有大行情。如果持有此类股票，趁早脱手就是最好的投资了。

第四，冷门股换主流板块。有些冷门股市场人气涣散，无人参与，很少有表现的机会。投资者持有此类股票，应趁早抛出，买入主流板块涨幅不大的个股。

五、拔

拔，即是在股价跌至半山腰时先低抛，待跌至山脚后再以更低的价格拣回。这需要高超的技巧，要能准确判断股价所处的阶段，哪儿是山腰？哪儿是山脚？哪儿是低点？哪儿是高点？这就是我们常讲的做 T。当然，具备如此独到眼光的投资者，理论上不会“套牢”，但是世事无常。

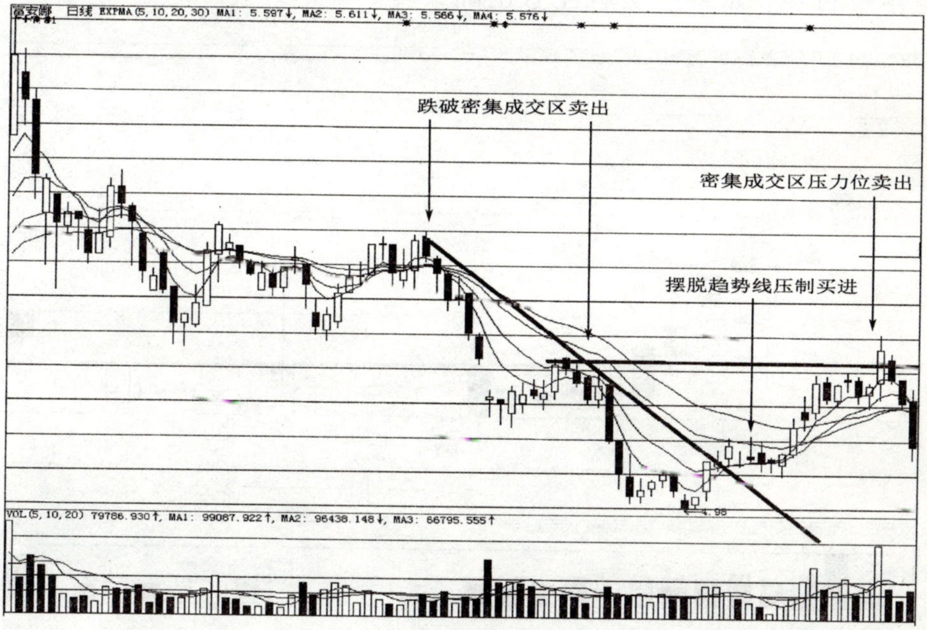

图 6-13

图 6-13 是富安娜（002327）2013 年 10 月至 2014 年 2 月的 K 线走势图。股价处于一个长期的下跌趋势中，在这一过程中会形成众多的套牢盘。如果投资者在下跌趋势中也保持良好的交易决策，也能在交易中不停地降低成本，甚至于实现盈利。

投资者可在股价跌破密集成交区时作出卖出决定，当股价在底部有企稳的迹象后再逐步介入。图中的参考买点是股价在底部回升并突破趋势线的压制提示的买点，投资者可以积极买进。当股价到达上方的密集成交区受到压制时，则卖出股票以回避下调。

利用后一段的盈利来弥补前一段的亏损，这只是其中的一段，投资者可根据个股波动特点作买卖决策。在此需要和投资者说的是：理性决策，做对的事。做到这一点也许很难，但赚钱从来都不是容易的事。希望投资者注意正确买卖。

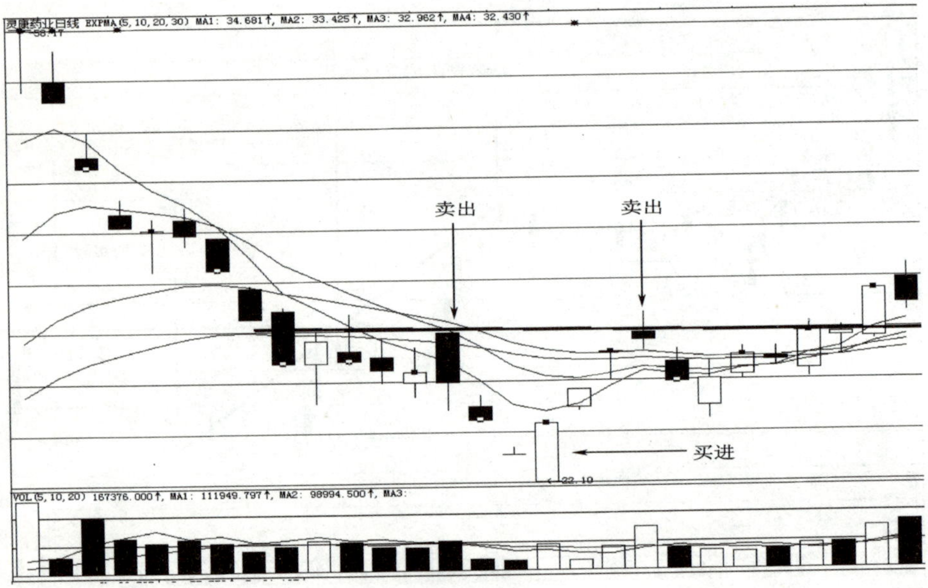

图 6-14

图 6-14 是灵康药业（603669）2015 年 6 月至 7 月的 K 线走势图。股价正处于一个下跌趋势，下跌趋势中仍要作出明智的卖出决定。在大阴线破坏股价微弱的反弹后，股价将急速向下探底，这是确定性事件，此时投资者需积极卖出。

股价在两个无量跌停后，出现一个放量的涨停，此时可以买进。抛盘不大，买盘积极买进，投资者可积极跟进。等股价上涨到上次的盘整区，可以卖出股票。上次盘整形成筹码堆积，会带来大量抛盘，不利于股价上行。前两天股价的上涨带来了一定的获利盘，也阻碍了股价的继续上涨，卖出决定清晰明确。

经过这样的操作，投资者就可以逐步降低持股的成本，减少损失。

同样，这对投资者的操作提出了更高的要求，希望投资者能在操作中学习各种技能，让自己对财富的追求取之有道。

止损解套法的优点是解套效率高，常常能一步解套，缺点是有一定的踏空风险。在时机操作中有两点需要注意：一是要果断坚定，不要错过止损的机会；二是要及时回补，以免踏空。有时当前股价的下跌只是上升前的一次洗盘，投资者过早做出卖出指令，就有踏空后市的危险，当行情快速向好时，要做到及时回补。

在实际操作中，投资者可以参考以下几个方面。

第一，上升途中的止损注意及时回补。上升过程中股价下跌，应视为对上升的回抽确认，这是短线投资者的买进机会，此时做出错误的止损，要注意及时回补。

第二，发现买入是一种严重的错误时，一定要当机立断，立即止损。

第三，当个股放量下跌，出现异常卖盘时，说明主力资金无力护盘或获利出货，应果断止损。

第四，如果股价快速下跌，未能及时出货止损，这时再恐慌杀跌，所起作用有限，可选择在股价反弹时止损卖出。

股市投资变幻莫测，投资者要想在股市盈利，就必须对自己的决定负责，人云亦云不是赚钱的好办法。在买进股票时，要有明确的买进理由。当理由不复存在时，要引起足够的注意。不要盲目地买进，然后不知所以地被套。

买进后必须设定止损点。凡是出现巨大亏损的仓位，都是由于投资者对损失不加限制造成的。设定了止损点，就必须严格执行，这样才能保住胜利果实，笑傲股市。

第七章

优选小盘：跟庄是获利的保证

股市的获利最终是通过买卖股票来实现的，那么什么样的股票应当成为投资者的必选？我们知道股价的上升是由资金的推动最终实现的，庄家资金的炒作就是这股推动力量中最重要的一环，跟庄操作是获利的保证。那么庄家资金会青睐什么样的股票？

较小的流通盘股票，就是庄家大资金的最爱之一。究其原因，恐怕不外乎以下几点。

（1）小盘股流通市值小，对资金要求不高，投入的资金量较小，不需要巨额资金，因此极受中小机构青睐。

（2）易达到控盘目的，坐庄的时间相对较短，风险可控程度高，能充分满足庄家的控制欲。

（3）小公司有机会发生突飞猛进的改观，股本扩张能力大，日后派发时可以借助高送配作掩护套现。

（4）易于改造及重组。规模小的企业遗留问题往往亦轻，即使产业转型或彻底改组，亦不需太费力气。

（5）利于长庄运作。许多小盘股主力运作时间长达两三年以上，通过波段式运作，将其作为提款机，数年下来累积的涨幅惊人。

一般来说盘子越小，所需的控盘资金量越少，日后的股本扩张能力也越大，就越有利于主力资金操作。主力资金的介入，会带动股价的上涨，同时刺激散户投资者跟风买进，进一步促进股价抬升。

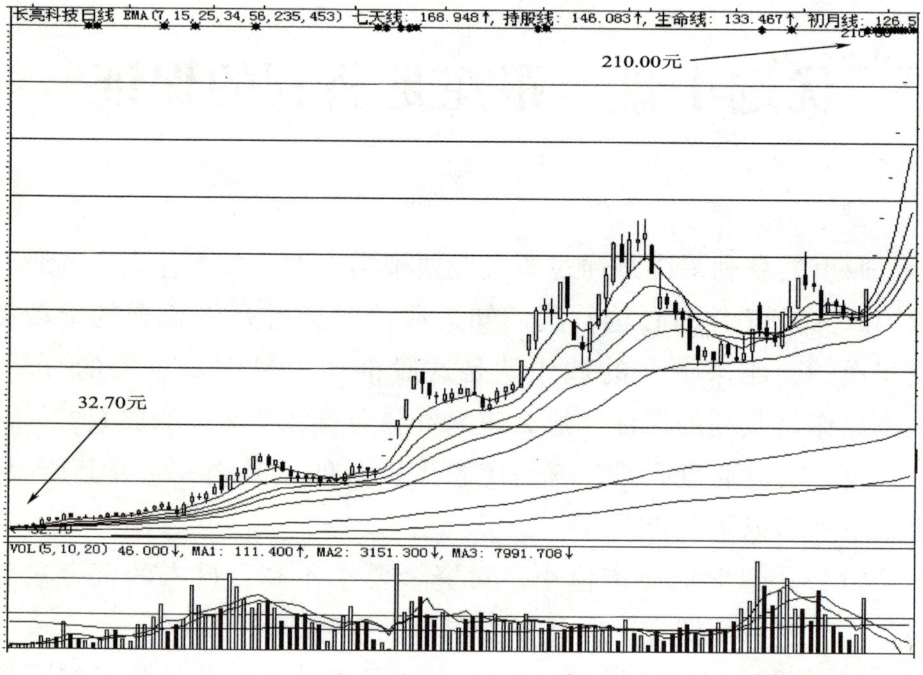

图 7-1

图 7-1 是长亮科技（300348）2014 年 5 月至 2015 年 5 月的 K 线走势图。股价在一年的时间内从低位的 32.70 元走到了高位的 210.00 元，升幅达 500%，主力资金获利巨大。

我们看这只股票的股本是多少？全部股本 0.56 亿股，流通股本 0.13 亿股。我们以 50%的控盘程度来估算，操控这样的一只股票所需要的资金是多少呢？以现在的 210 元计算，所需要的资金量是 13.65 亿元。如果我们以 32 元的起始价来估算的话，50%的控盘所需的资金量仅仅是 2.08 亿元。这样的资金量就是游资也是远远大于此的。

对于这样一只操盘资金量不太大，而又能获利巨大的股票，主力资金自然趋之若鹜了。而对于这样一只有强庄入驻，走势强健的股票，投资者又有什么理由白白放过呢？

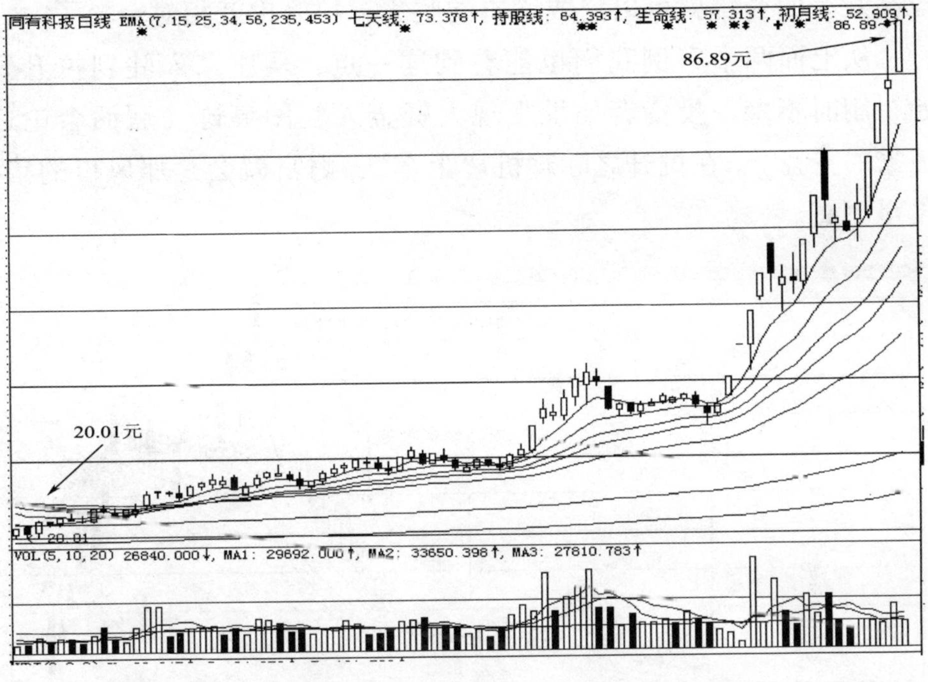

图 7-2

图 7-2 是同有科技（300302）2015 年 1 月至 2015 年 5 月的 K 线走势图。股价在 5 个月内从 20.01 元一路走高到 86.89 元，升幅达 281.26%，主力资金获利巨大。

我们看个股的股本数：全部股本 1.08 亿股，流通股本 0.60 亿股。我们仍然按 50%的控盘程度来计算，入驻这样一只股票所用资金也就在 6 亿元。即使我们放大它的成本和控盘量，所需资金也不出 10 亿元。

这就是主力资金对小盘股偏好的原因所在，小资金，大收益。投资者也可以利用这一点积极参与进来，庄家吃肉，你我喝汤。

在操盘一只股票所需资金不是太多的情况下，主力资金又是志在必得，吸筹就提上了议事日程。小盘股股本少，盘子小，打压、拉高几个回合，就可以完成筹码的收集，拉升也就相对轻松了。

从上面两个案例我们也能看到这一点，从庄家入驻到拉升开始，用时不多。投资者如果发现大资金入驻的痕迹（后面会论述庄家的控盘），在拉升之际趁机“上车”，财富就会是那风口的猪，飞得更高。

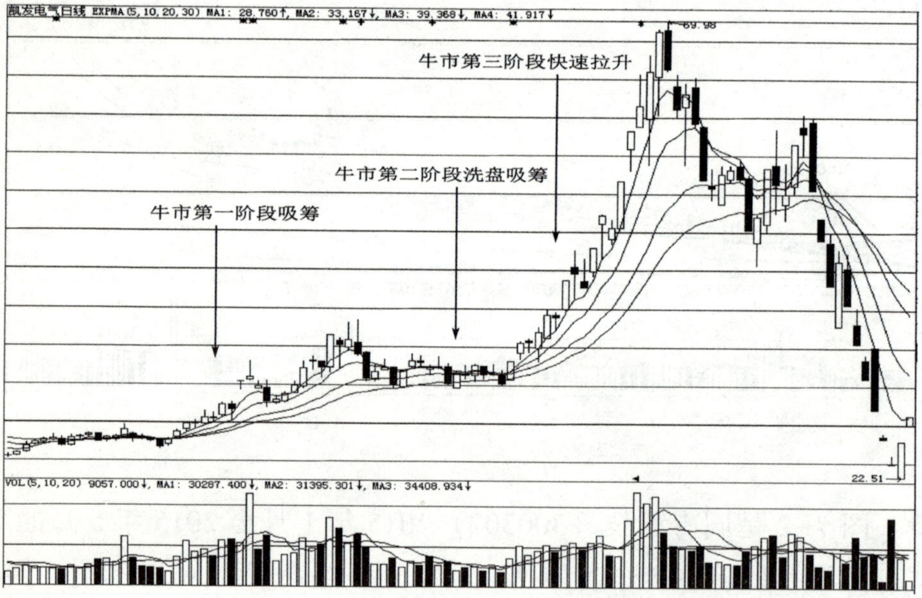

图 7-3

图 7-3 是凯发电气（300407）2015 年 2 月至 2015 年 7 月的 K 线走势图。股价走出了明显的牛市三部曲，吸筹、拉升一气呵成，

在短短的时间内，股价走出翻番行情，在早期买进的投资者获利不菲。

我们看个股的股本：总股本 1.36 亿股，流通股本 0.34 亿股，是十足的小盘股。这样主力资金只需动用不大的资金量就可以控盘该股，轻松拉升股价，何乐而不为？这样一个赚钱良机摆在面前，投资者自然要把握住机会，获取收益。

下面我们看一个股本扩张的小盘股案例，如图 7-4。

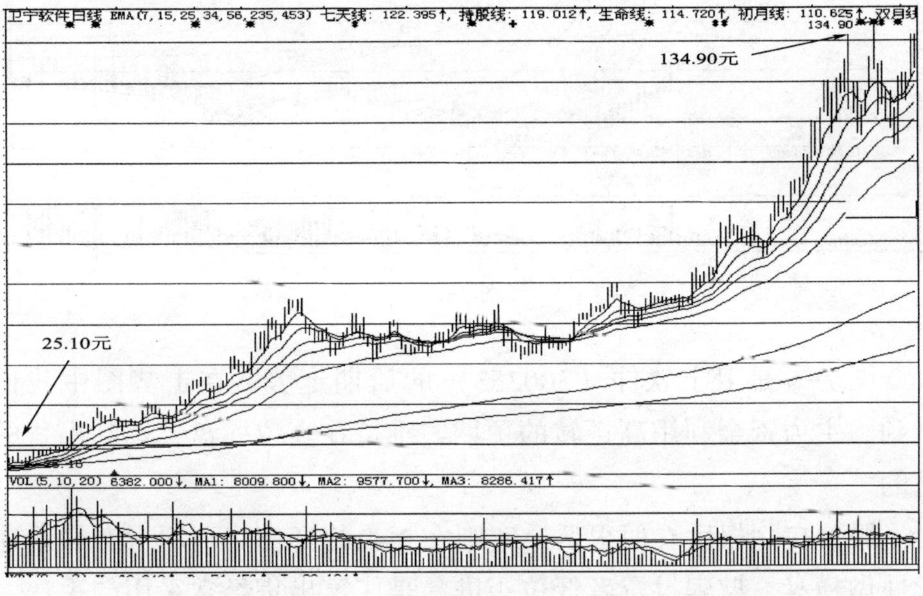

图 7-4

图 7-4 是卫宁软件（300253）2013 年 4 月至 2014 年 3 月的 K 线走势图。这只股票这一轮的行情一直持续了一年，股价也从 25.10 元走高到 134.90 元。此时摆在主力资金面前的是如何出货，把账面盈利转变为实际盈利。

卫宁软件此时的股本扩张和高送转就成了主力出货掩护的良机。我们看看股价的后期走势，如图 7-5。

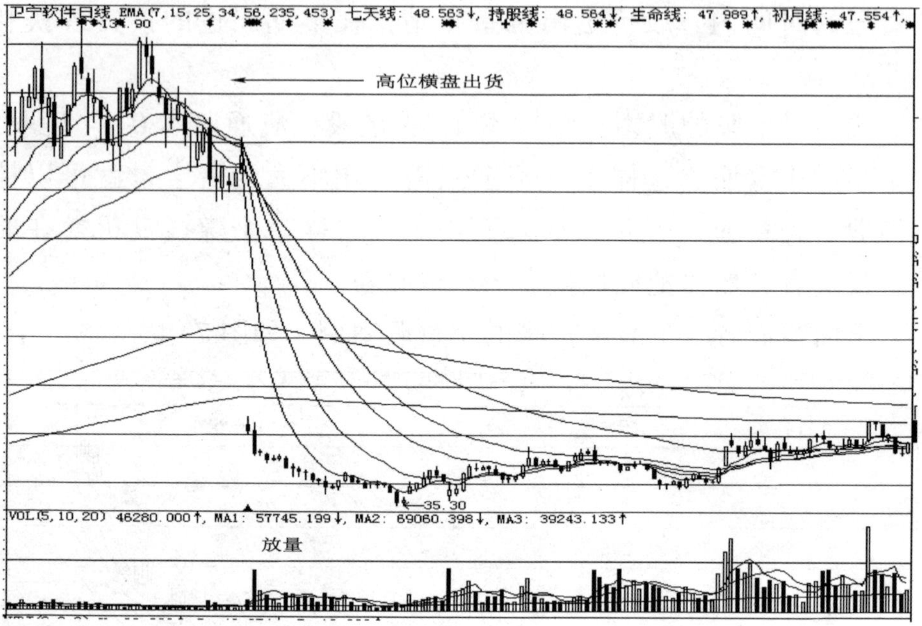

图 7-5

图 7-5 是卫宁软件（300253）的后期走势，在走势图中我们看到，主力资金利用高送转的预期，维持在高位横盘，达到出货的目的。

股价在除权后看似很低，实则在相当的高位。利用形态的非连续性做横盘，欺骗投资者低位买进，是庄家出货经常采用的手法。

小盘股的股本扩张即我们所说的高送转，在股市中是一个相当重要的投资热点，每年都会有一波相当不错的行情。在这一波行情中，投资者利用庄家拉升股价，获取收益。庄家利用投资者接盘，达到出货盈利的目的。投资者与庄家的博弈年复一年，如影随形。投资者在与庄家博弈的过程中必须时刻保持清醒的头脑，客观判断股价所处的位置，及时止盈止损，切不可沦为庄家的接盘侠，为他人做了嫁衣。

我们再和大家看一下股本扩张中的行情和出货，如图 7-6。

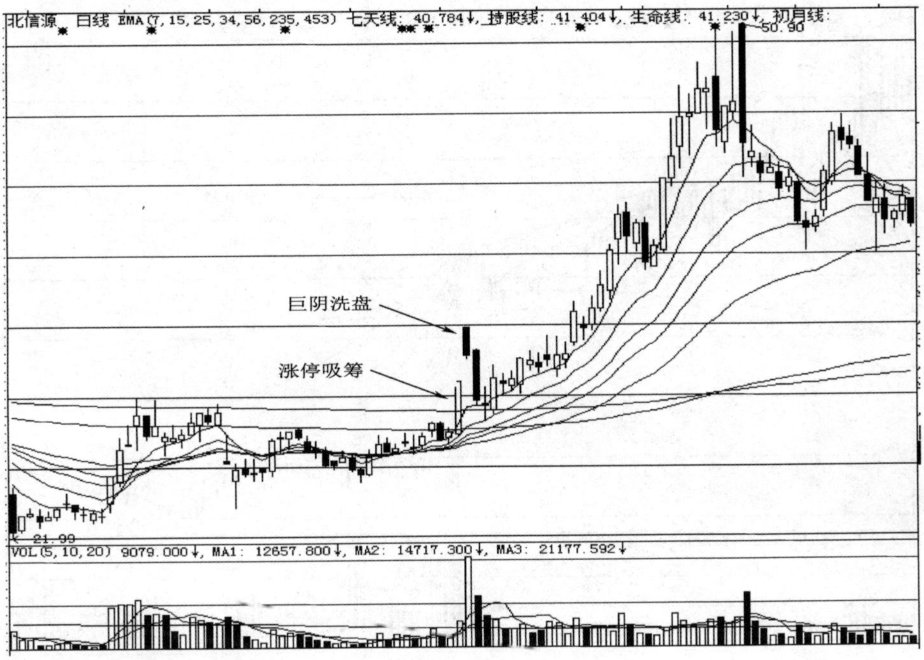

图 7-6

图 7-6 是北信源（300352）2013 年 10 月至 2014 年 3 月的 K 线走势图。在这一轮行情开始前，庄家用力打压股价，挖出一个深坑，造成散户的恐慌情绪，低位抛出手中的筹码，然后迅速以连阳的方式放量吸筹，股价此后进入一个盘整平台。

经过平台的拉升打压，庄家吸纳了相当多的筹码。在拉升前以一波涨停的方式强势吸筹，以连续巨阴的方式强势洗盘。庄家彻底完成筹码收集，此后股价稳步上升，不足半年的时间走出翻番行情，庄家账面盈利实现，投资者及早跟进的话也是获利颇丰。当然，进入高位以后，风险也伴随而生，高位出货变成庄家迫在眉睫的事情，提醒投资者要及早离场了。

我们看庄家是如何利用股本扩张出货的，如图 7-7。

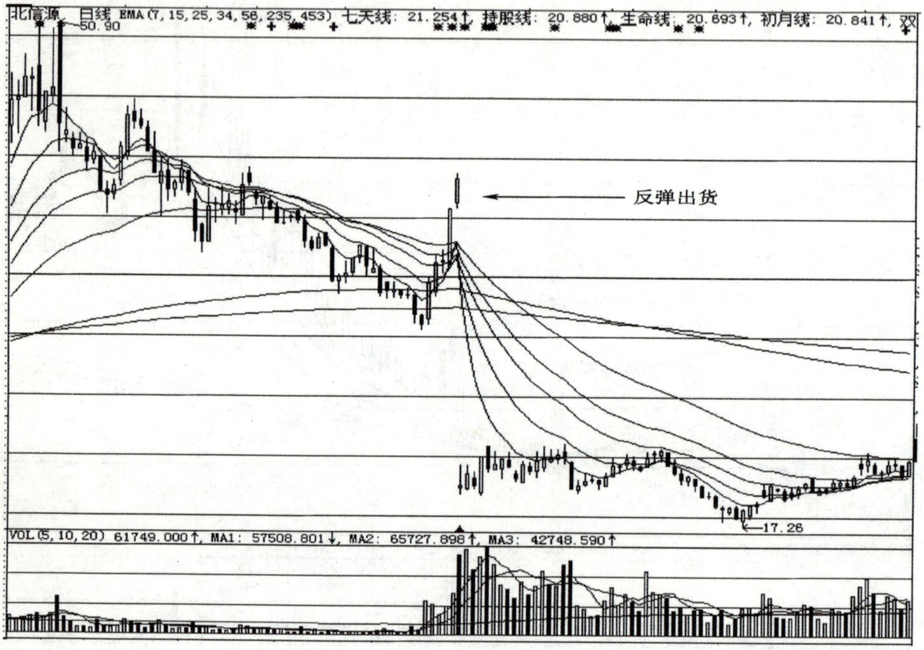

图 7-7

图 7-7 是北信源（300352）的后期走势图。股价创出高点后，进入缓步下行的走势，但此时量能并未放大，说明庄家并未完成出货。后期庄家利用股本扩张的预期做出一个反弹的走势，趁机出货。从图中除权后走势来看，庄家出货迹象明显。

庄家利用股本扩张走出的上涨行情，就是引诱投资者入市接筹从而达到出货的目的。这个过程既是庄家利用散户接筹的过程，也可以是散户利用庄家拉升股价的过程。在这一过程中，散户的介入时间不是不充分，离场时间不可谓不充足，而最后能够做到及时买进、及时离场的投资者都是最终回归到对“势”的判断上。把握了个股的运行方向、大的趋势，自然能够做到进退有度。

下面我们看一个长庄小盘股的案例，如图 7-8。

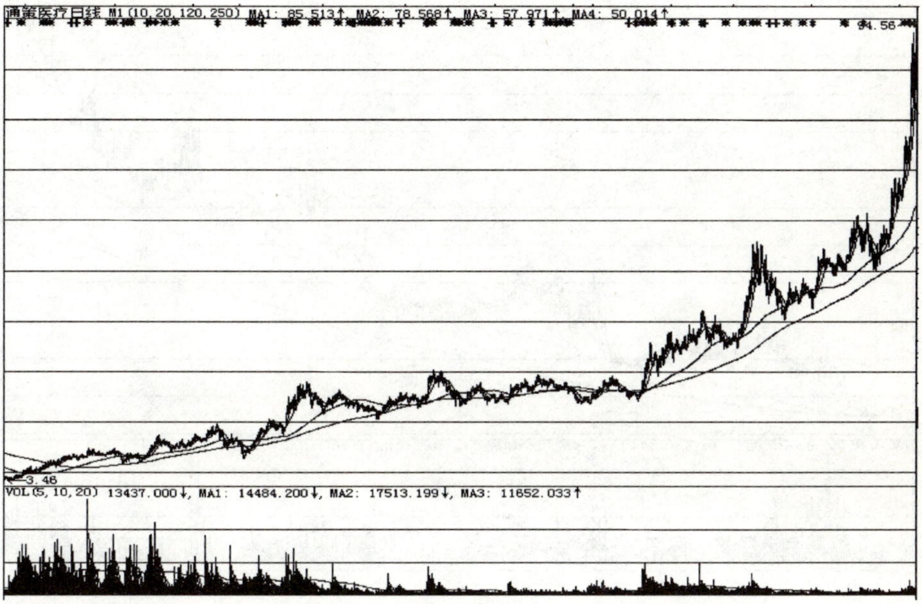

图 7-8

图 7-8 是通策医疗（600763）2008 年 10 月至 2015 年 4 月的 K 线走势图。从图中我们看到，上涨行情持续了近 7 年的时间，股价也从最初的 3.46 元一直走高到 94.56 元。这可是远胜十年十倍的大牛股。对这样的一只长牛股，不管是长线、短线投资者，都会有不错的收益，这就是投资小盘成长股表现出的优越性。

庄家入驻的长庄股，大多是成长性较好、业绩优良的中小盘股和盘子较大一些的白马股。这类股票的股价有业绩支撑，便于庄家的长期操盘，股价也不会作出深度的回调，投资者可长线持有，也可不停地做短线，获取短线利差。

下面请看一只长庄股的走势，如图 7-9。

图 7-9 是中储股份（600787）2013 年 7 月至 2015 年 4 月的 K

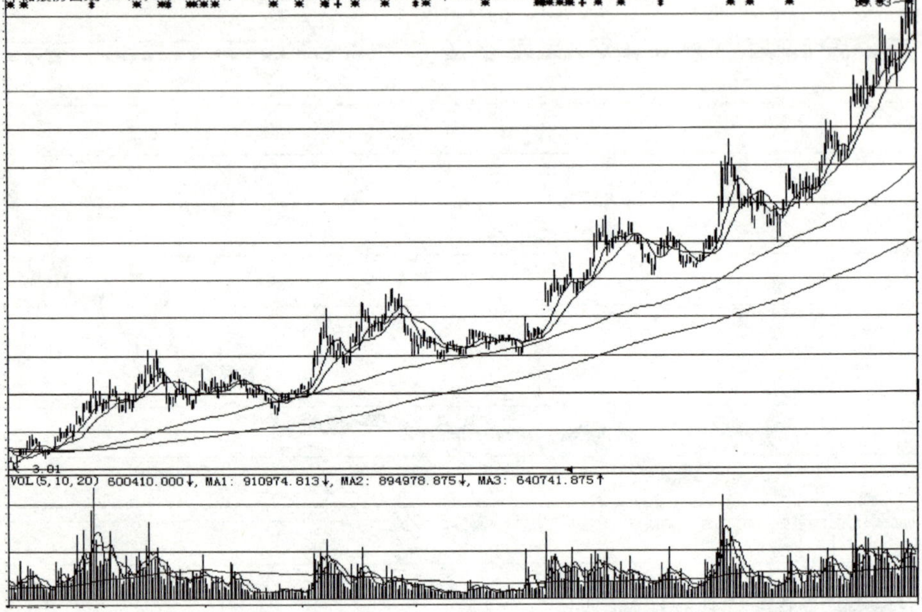

图 7-9

线走势图。股价一路震荡上行，从最低的 3.01 元一直上涨到 15.33 元的高位。上涨行情持续近两年的时间，股价上涨空间同样巨大。

该股股价在走高的过程中出现了明显的波段。庄家通过波段操作，把股市作为自己的提款机，不断地从中获取利润。在股价一路上升时，投资者也可以做短线积极参与，获取投资利润。需要指出的是，当股价在长期的上涨中偏离自身价值太多时，就会有回调的需要，此时投资者就应该注意操作风险了，要作好及时止损的准备。

我们看一个长牛股回调的典范，如图 7-10。

图 7-10 是辅仁药业（600781）2008 年 11 月至 2015 年 4 月的

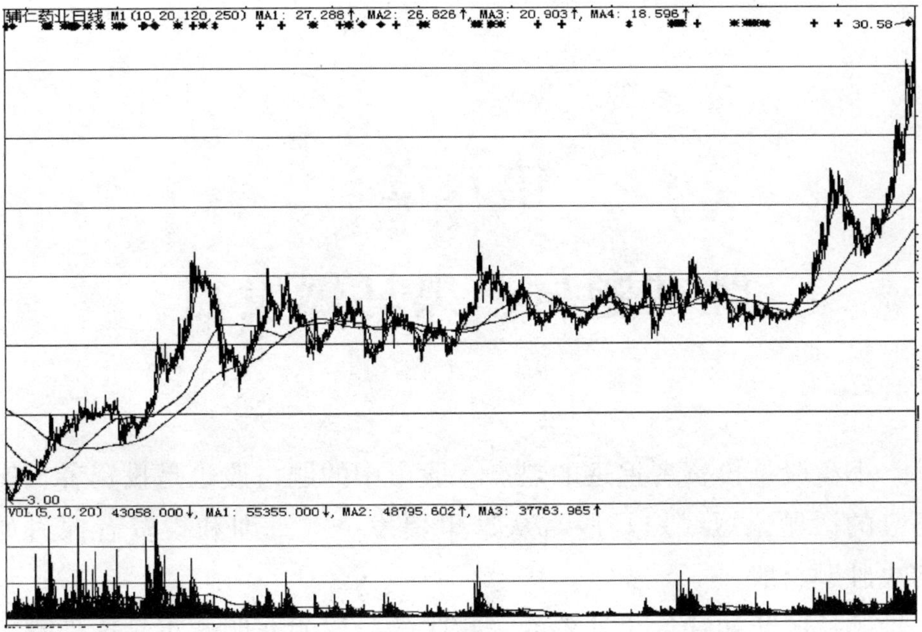

图 7-10

K 线走势图。这一轮行情持续了近 7 年的时间，股价也走出了十倍的行情。

在这只个股中我们看到，股价在高位时是通过横盘震荡消化前期浮筹的。股价并没有大幅滑坡，反映的是人们对股票价值的认可。而长期的横盘震荡走势又为庄家提供了持续的高抛低吸的利润来源，这也是一些长牛股回调很明显的特征。

投资者要根据走势的不同制定不同的投资策略。当股价快速拉升时，可坐享其拉升的胜利果实；当股价出现调整时，可选择暂时离场，或短线搏杀获取利润。

一句话，无限风险在股市，无限机会在小盘。希望投资者注意投资风险，把握住小盘股带来的投资机会。

第八章

胜在题材：黑马爆发点

小盘股是投资者追逐的热点，股市中的题材股也是投资者长盛不衰的话题，短线黑马股常从这里爆发。本章即和投资者探讨如何决胜题材股。

题材股起初往往是抽象的，朦胧的，似明非明。正是这份朦胧美吸引了股民的关注，给人以非常大的想象空间，使广大股民对后市发展充满希望。一旦完全看清了，消息得到证实，这类题材股的炒作也就接近尾声了。

题材股会表现出很强的时效性、阶段性，往往出现“过期不候”的走势。当然，一些题材也会出现一定的反复性、周期性。题材越独特，越新颖，越能引起市场的追捧。找到富有特色的题材，等于成功了一半。

正因为题材股具有巨大的炒作空间，所以就成了大资金瞄准的目标，一般投资者的机会也随之产生。根据笔者多年的炒股经验，题材股不外乎以下几种。

第一，收购或者控股题材。

第二，合资、合作或者股权转让。

第三，分红送配股题材。

第四，经营业绩有大的改观。

我们看闽福发A（000547）在收购利好题材推动下的连续涨停，如图8-1。

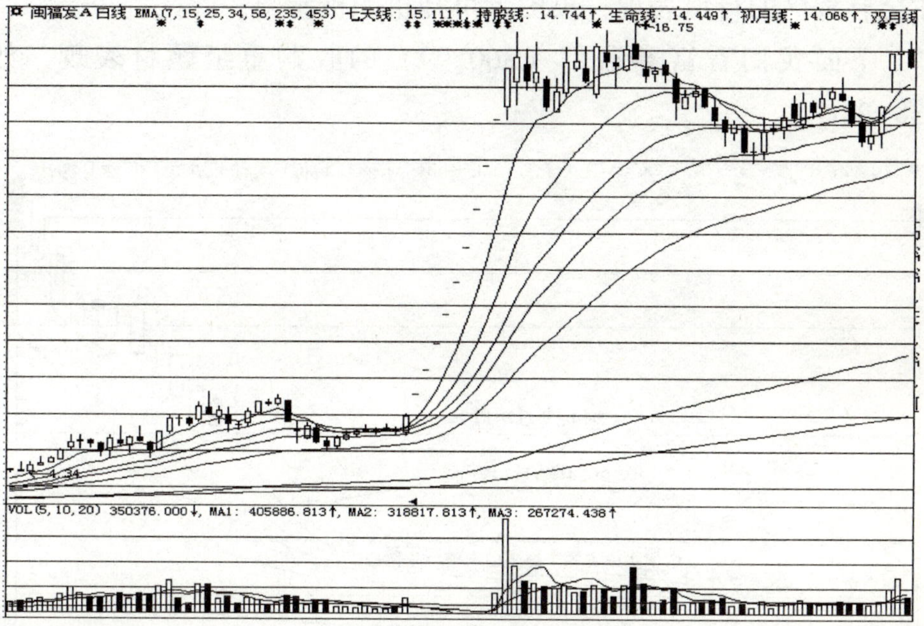

图8-1

闽福发A（000547）2014年9月22日开始连续涨停，我们看当时的消息面支撑是什么。

闽福发A拟以5.78元/股的价格，向南京长峰原股东发行股份，用于购买南京长峰100%股权，预计交易价格为19.65亿元。南京长峰主要从事室内射频仿真试验系统、有源靶标模拟系统和仿真雷达系统的研发、生产和销售，主要客户为中国人民解放军总装备部、空军、海军、二炮等装备采购部门，航天科工集团、航天科技集团、中航工业集团等军工集团下属的科研院所和部队下属的科研院所。

收购或控股会在短期内迅速改善公司的经营基本面，增厚公司的业绩，所以反映在股价上也会有直观的表现。主力资金乐于利用这些题材，投资者也不能错失投资机会。在题材推动下，股价往往会有翻倍的行情表现，投资者可择机积极参与。

下面我们看富春通信（300299）的收购重组题材表现，如图8-2。

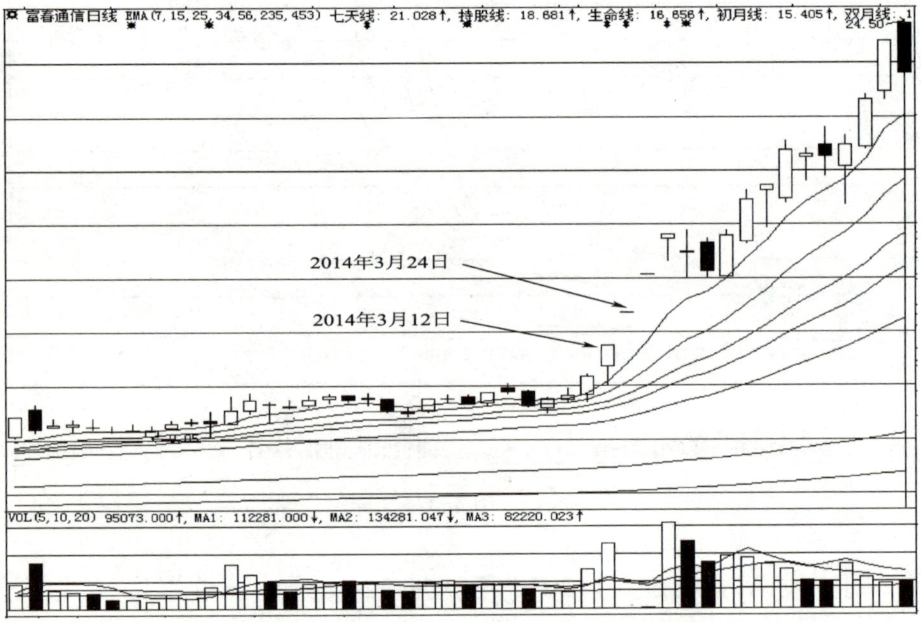

图 8-2

图 8-2 是富春通信（300299）2015 年 1 月至 2015 年 4 月的 K 线走势图。图中 3 月 12 日和 3 月 24 日对应的是停牌和副牌日期。我们看看当时的消息面支撑。

第一，2015 年 3 月 12 日：富春通信（300299）于 2015 年 3 月 12 日收到中国证券监督管理委员会通知，中国证监会上市公司并购重组审核委员会将于近日召开工作会议，审核公司发行股份购买资产事项。

根据相关规定，公司股票自 2015 年 3 月 13 日开市起停牌，待公司公告中国证监会上市公司并购重组审核委员会审核结果后复牌。敬请广大投资者注意投资风险。

第二，2015 年 3 月 12 日：富春通信（300299）3 月 12 日涨跌幅偏离值 11.08（%）；成交量 157441（手）；成交金额 28766.06（万元）；交易所公布交易公开信息。

第三，2015 年 3 月 24 日：富春通信（300299）公司于 2015 年 3 月 23 日收到中国证监会的通知，经中国证监会上市公司并购重组审核委员会于 2015 年 3 月 23 日召开的 2015 年第 20 次并购重组审核委员会工作会议审核，公司发行股份购买资产并募集配套资金暨关联交易事项获得无条件通过。

根据相关规定，经公司申请，公司股票自 2015 年 3 月 24 日（星期二）开市起复牌。

公司拟以 12.23 元/股定增 5666.39 万股+2.07 亿元现金收购上海骏梦 100%股权（估值 9.4 亿元，增值率 1277.84%），并以 12.23 元/股定增不超过 1520.85 万股，募集配套资金 1.86 亿元用于支付部分现金对价。上海骏梦主要从事网页网络游戏和移动网络游戏的研发和运营，2014 年 1-7 月、2013 年度净利润分别为 3623.05 万元、-3948.22 万元。交易对方承诺，上海骏梦 2014-2017 年度扣除非净利润分别不低于 6400 万元、8370 万元、11300 万元和 12430 万元。

从这三条消息中，投资者能得出什么结论呢？

结论一，公司筹备重大收购，对股价影响正面，这一点从复牌后的走势中我们也能看到。

结论二，股价在停牌前一天放量拉升，机构入驻明显。

结论三，从股价的运行形态上来看，股价在停牌前正是一个平台突破形态，买点非常明显。

其中，结论三中的买点就是我们想让大家注意的买点，此时买进，后期的连续涨停板也就板上钉钉了。股市中的内幕消息在此我们不会多谈，但它却是确定存在的。对技术分析来说，技术面的走势会反映一切消息。预先知道一些内幕的大资金，它们利用这些内幕消息获利的时候，难免会在形态上留下痕迹，而这正是散户需要捕捉的机会。发现机会，积极买进，可以坐享渔翁之利。

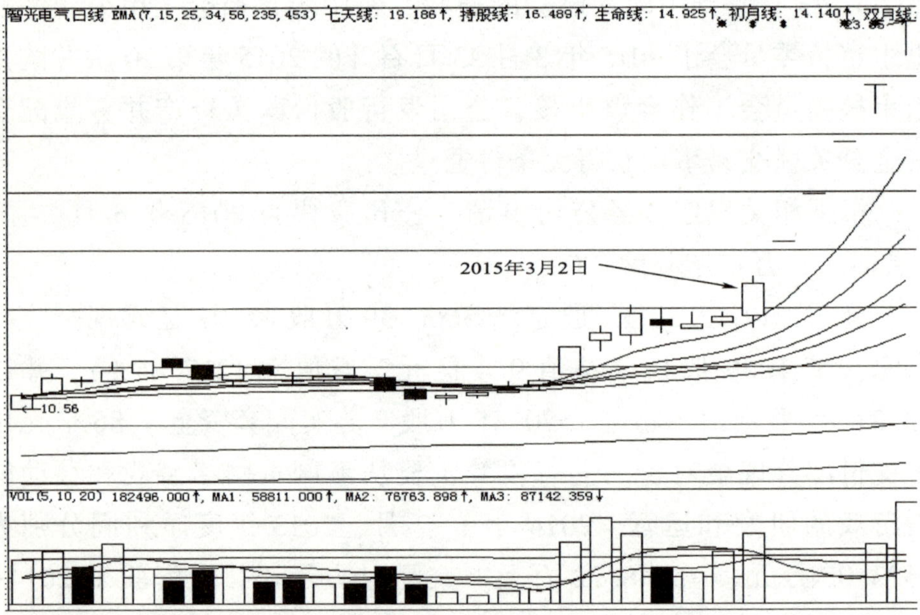

图 8-3

图 8-3 是智光电气（002169）2015 年 1 月至 5 月的 K 线走势图。图中出现了连续的涨停，我们来看看推动股价上涨的原因是什么。

2015 年 3 月 2 日：广州智光电气股份有限公司正在筹划重大

事项，为避免公司股价异动，保护投资者利益，根据《深圳证券交易所股票上市规则》和《中小企业板上市公司规范运作指引》的有关规定，经公司申请，公司股票（证券简称：智光电气，证券代码：002169）自2015年3月2日下午开市起停牌，待公司刊登相关公告后申请复牌。

2015年5月12日：智光电气拟以发行股份及支付现金方式收购岭南电缆100%股权，交易作价4.25亿元。之后智光电气一字涨停。

岭南电缆是专业从事高端电线电缆产品研发、生产、销售于一体的高新技术企业，产品主要应用于电力系统和大型工业企业，是专注于电缆系统综合解决方案的专业企业。

我们现在来看股价的走势。股价在拉升前的一段时间有一个明显的拉升吸筹，股价运行也走出了突破形态。当股价复牌后，股价的拉升也就难以分清是大资金所为，还是题材利好消息的刺激了。此时的题材利好完全成为大资金拉升股价的东风。

收购或重组利好会对股价拉升起到直接的催化作用，短期的升幅往往很大，但此类消息的发生多存在突发性，并会有长时间的停牌。当重组或收购失败时，也会对股价产生不利的影响。因此炒作这类题材对投资者的要求比较高，需要投资者时时关注股价的走势，认真分析股价的异动，并在市场作出方向选择时积极介入。

如果投资者通过股价走势判断庄家入驻，或者通过形态突破判断买卖点出现，就可以让突发性的利好消息对股价的影响降到最低，消除消息滞后对投资者的影响。

当然，我们说上市公司的收购重组并不是一蹴而就，毫无原因的，而是有着清晰的市场脉络。当我们认真分析市场时，就会发现市场的很多预期，这就为我们提供了广阔的市场空间，题材的朦胧美也正寓于此。

再看一下预期中的题材股的案例。

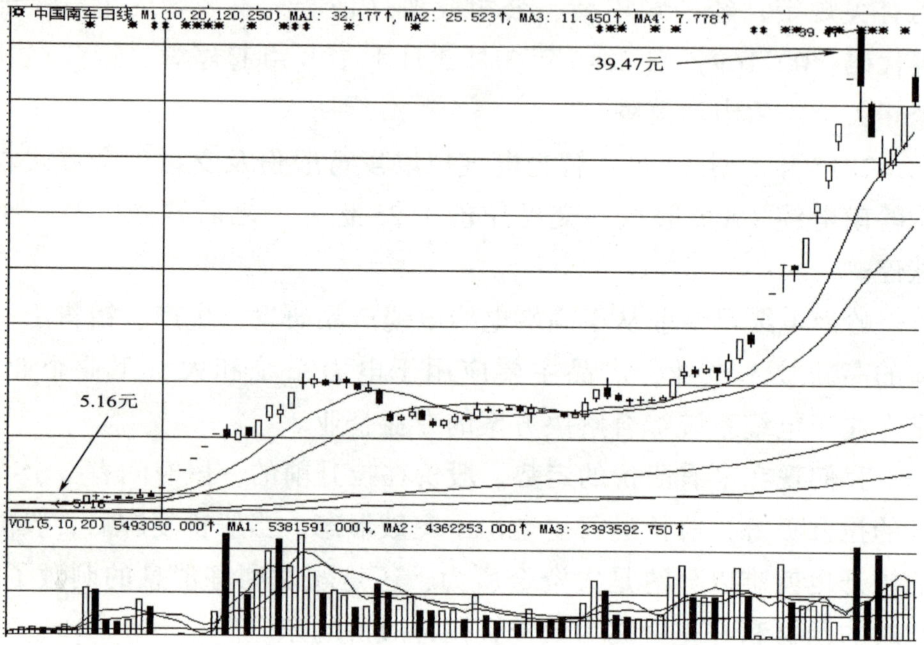

图 8-4

图 8-4 是中国南车（601766）2014 年 9 月至 2015 年 4 月的 K 线走势图。股价在不到一年的时间内，从 5.16 元走到 39.47 元，上涨了近 8 倍。我们来看推动股价上涨的题材消息面。

2014 年 9 月 3 日：近日从多个独立渠道获悉，国资委目前正在力推中国南车和中国北车重新整合为一家公司，以便中国的高铁技术更好地出口到海外。据接近交易人士称，合并一事由国务院主导，已基本定调，但目前还在初步阶段，双方尚未接触和谈判。

这一消息得到了来自中国铁路总公司、国资委、中国南车

(601766. SH)、中国北车（601299. SH）内部多位消息人士的证实。一位权威人士表示，南北车合并一事目前正在国资委改革局内部讨论，方案还在制定之中，两家企业怎么整合，员工和领导怎么安排，都尚在确定之中。但国资委对于整合态度明确，就是为了要在高铁走出去的过程中避免南北车恶性竞争。

2014年10月24日：中国南车（601766）公司拟筹划重大事项，鉴于该事项存在重大不确定性，为保证公平信息披露，维护投资者利益，避免造成公司股价异常波动，经公司申请，公司股票自2014年10月27日起停牌。

2014年12月31日：中国南车（601766）因公司筹划重大事项，公司股票已于2014年10月27日起连续停牌。停牌期间，公司根据有关事项的进展情况，及时履行信息披露义务，每五个交易日发布一次有关事项的进展情况。

2014年12月29-30日：公司第三届董事会第七次会议审议通过了《关于中国南车股份有限公司与中国北车股份有限公司合并方案的议案》等相关议案，并于2014年12月31日披露。

根据相关规定，经申请，公司股票自2014年12月31日起复牌交易。

2015年3月6日：中国南车（601766）公司第三届董事会第七次会议、第八次会议审议通过了公司与中国北车股份有限公司进行合并的方案及相关议案，并于2015年1月21日公告了《中国南车股份有限公司、中国北车股份有限公司合并报告书（草案）》及其摘要。

公司控股股东中国南车集团公司已于近日收到国务院国有资产监督管理委员会出具的《关于中国南车股份有限公司与中国北车股份有限公司合并有关问题的批复》（国资产权［2015］117号），

国务院国有资产监督管理委员会原则同意本次合并。

2015 年 3 月 27 日：中国南车（601766）收到通知，中国证券监督管理委员会上市公司并购重组审核委员会将于近日审核公司与中国北车股份有限公司合并之重大资产重组事项。

根据《上市公司重大资产重组管理办法》等相关法律法规的规定，经申请，公司股票将于 2015 年 3 月 30 日开市起停牌，待公司收到并购重组委审核结果后将及时公告并复牌。

2015 年 4 月 7 日：中国南车（601766）公司于 2015 年 4 月 3 日收到商务部反垄断局出具的《审查决定通知》（商反垄审查函［2015］第 19 号），公司与中国北车股份有限公司进行合并已通过商务部反垄断局的经营者集中反垄断审查。

2015 年 4 月 28 日：中国南车（601766）公司于 2015 年 4 月 27 日收到中国证券监督管理委员会出具的《关于核准中国南车股份有限公司吸收合并中国北车股份有限公司的批复》（证监许可［2015］748 号）。

从这个案例中我们可以看到以下几点。

第一，中国南车和中国北车的合并预期早在公告出来和停牌之前就已出现。

第二，停牌之前的一段时间，同样出现了机构庄家进场的 K 线形态信号。

第三，重组是对公司的彻底改造，股价的上升空间巨大，伴随的行情延续时间也会相当长。这就为投资者提供了多次介入的时间。

当然，以上这些我们也可以从合并对象的另一方看到，如图8-5。

图 8-5 是中国北车（601299）2014 年 9 月至 2015 年 4 月的 K

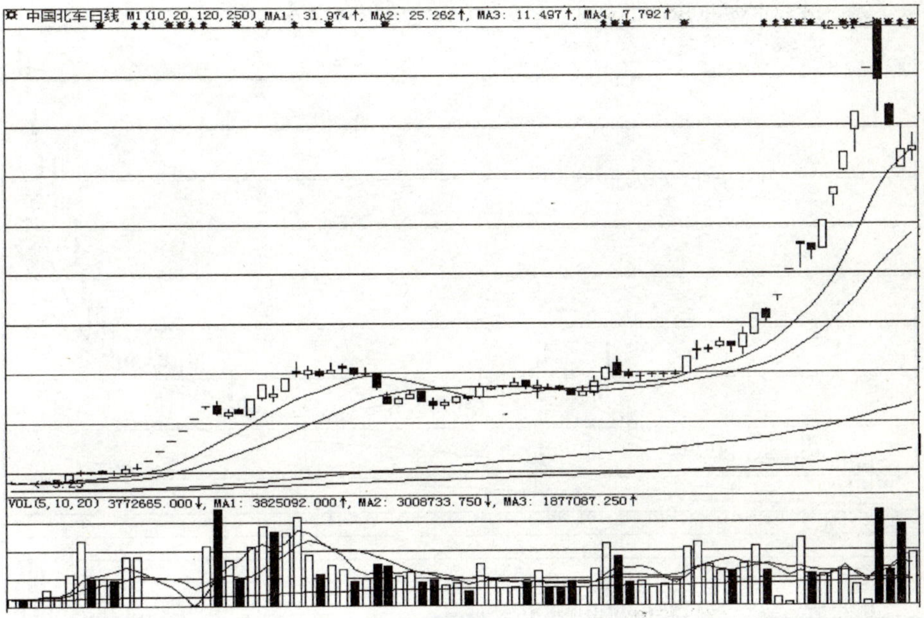

图 8-5

线走势图，中国南车和中国北车的走势如出一辙。庄家早在停牌之前就有了明显的介入信号，股价升幅巨大，出现连续涨停。

投资者如能对此类股票保持关注，不愁没有介入时机，不愁没有利润空间。

我们再看一个由预期合并整合题材带来股价上涨的案例。

图 8-6 是中海集运（601866）2014 年 10 月至 2015 年 5 月的 K 线走势图。这只个股告诉我们，在央企合并题材背景下，预期合并所拉动股价上升的空间有多大。

我们来看一下消息面。

2015 年 4 月 15 日：据悉，中海海盛 4 月 15 日晚间公告，公司接到公司控股股东中国海运（集团）总公司通知，中国海运（集团）总公司正在筹划与公司有关的重大事项。这一公告再次引起

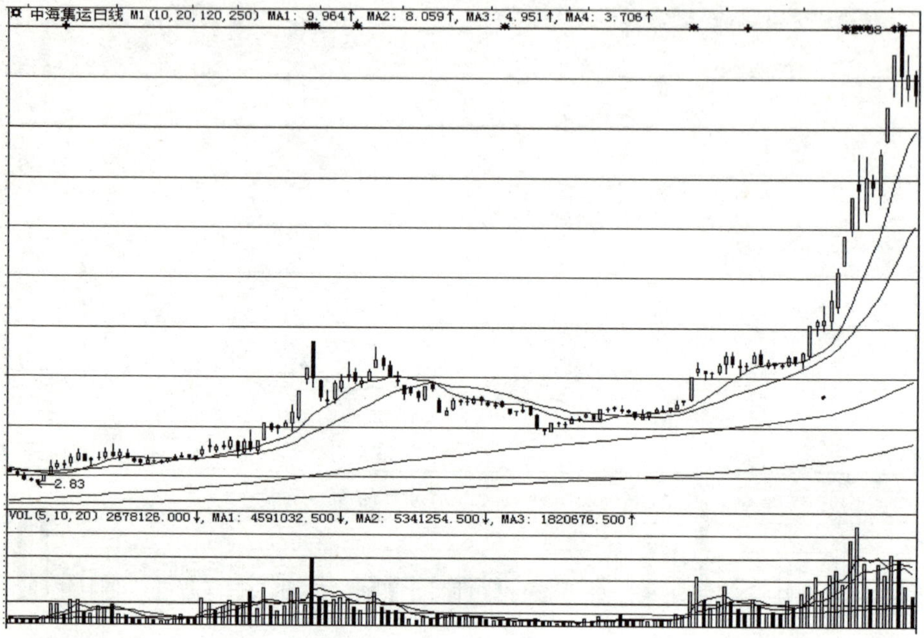

图 8-6

了市场对于四大航运企业整合的猜想。

据业内分析，在国企改革的大背景下，航运主业持续低迷，为行业提供了改革动力，不排除四大航运央企中国远洋、中海集运、中外长集团、招商局集团互相整合的可能。

我国四大航运央企业务多有重合，航运市场是充分竞争的国际市场，四大航运央企理当抱团一致对外。在行业持续低迷，企业持续亏损的情况下，在国企改革的背景下，不排除四大航运央企互相整合的可能，如果有所进展，或将成为航运股的又一催化剂。

2015 年 4 月 17 日：国务院发布改进口岸工作支持外贸发展的若干意见，统筹推进全国一体化通关改革，扩大内陆地区口岸对外开放，支持跨境电子商务综合试验区建设，建立和完善跨境电子商务通关管理系统和质量安全监管系统。受此影响，主营海洋运输业务的中国远洋、招商轮船、中远航运、中海发展、中海集运今日涨停。

2015年4月27日：目前国资委确定了下一步的国企改革重点，央企将在分类基础上进行大规模兼并重组，央企数量有望进一步缩减至40家。目前112家央企旗下共有277家A股上市公司。受此影响，拥有国资背景的股票纷纷飙涨停。

中海集运（601866）在央企整合重组题材炒作下，股价连番拉升，早期介入的庄家早已是获利丰厚，如果散户投资者及早介入的话，也能获得巨大的投资利润。

我们再来看此题材下的另一只个股，中远航运（600428）的表现，如图8-7。

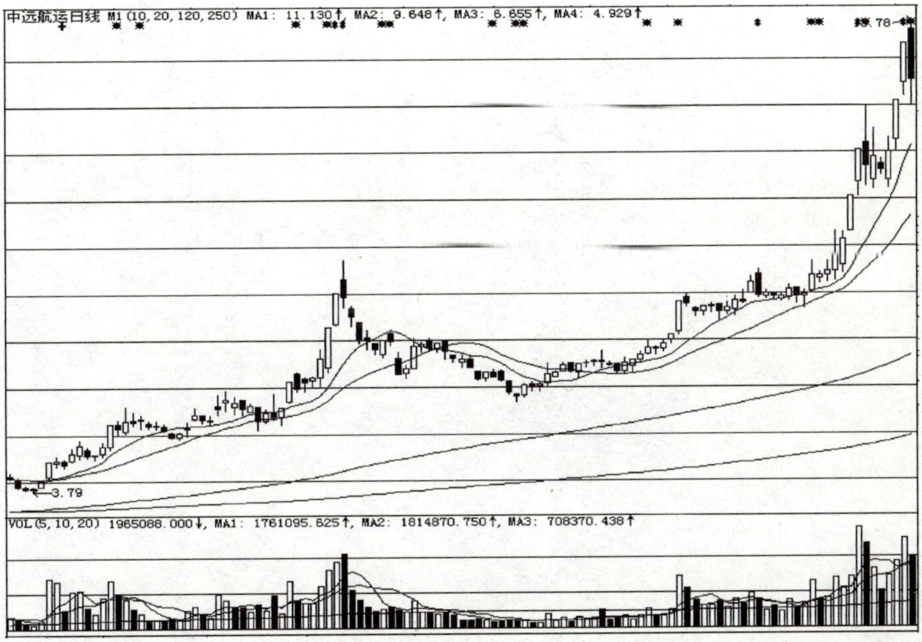

图8-7

图 8-7 是中远航运在同时期的市场表现，股价从低点时的 3.79 元一路上涨到 13.78 元，升幅巨大。并且两只个股的走势如出一辙，赚钱效应同样明显。在同一题材预期下，股票走势呈现出高度的同步性，这也是股市里的板块效应。

当股票出现单个的重组并购行情，此时的行情只是个股行情，当一个行业出现整合并购时，就演化成了板块效应和题材炒作。一个概念、题材可以聚合的股票越多，板块效应越明显，对投资者的吸引力也就越大，行情也就会越持久，也就成了市场的热点，进而演变为影响或带动股市上涨的龙头。

第九章

板块效应：把握热点的窍门

热点个股和热门炒作的题材股大而化之，就会形成“板块效应”。把握住“板块效应”，既可让投资者的投资更具准确性，又可让投资者参与更多的个股投资，放大收益。

“板块效应”是指同一板块内的股票之间因具有同一特点或同一题材而具有有机的联系，在市场运行中因这种“板块结构”形成的“板块连动”，呈现出同升同跌的走势状态。

当一只股票成为龙头个股而领涨大盘时，该股所在板块中的其他股票也会联袂走强；当某一只股票领跌于大盘时，该板块中的其他股票也将联袂下跌。

但并不是同一板块中的所有股票都必然会发生联动效应，这跟板块内个股的准确定位有关，因为有些个股的主要共性并不在这个板块内，而是因其次要的关联性而被分到该板块内。

一、板块效应要点

在出现板块效应下，有几点需要注意。

第一，时间会导致板块内部走势分化。

在板块行情启动之初，板块内个股的同步波动性最强，跟风最热烈，往往会出现“一人得道，鸡犬升天”的现象。此时投资者交易的安全性和盈利性均较高。

板块行情启动较长时间之后，板块内的个股因为质地不同、流通盘大小不同、资金参与程度不同等因素，将会出现分化的走势，此时交易者操作的难度和风险将加大。

第二，强者恒强，弱者恒弱。

最先发动攻势的个股往往是板块内的“领头羊”，一旦其题材、股票质地、流通盘等因素获得了市场的认同，则其在板块内的龙头地位就可以确立了。投资者应率先追逐这些股票，以获取最大的收益。

在板块行情启动之初，一些关联性个股往往会鱼目混珠，昙花一现，而另外一些“嫡系部队”则会因自身问题跟不上队，走势疲软。若投资者后期买入这些跟风股，风险会比较大。

第三，个股共振才能产生大行情。

如果一个板块整体走强，且出现多只同板块的强势股，并在后续交易中轮番领涨，就意味着该板块出现了热点持续的效应，通常会成为引领大盘爆发的龙头品种。

相反，如果一个板块整体走强时，没有形成多只同板块内的强势个股，或者在后续交易日内无法持续其市场热度，那么该行情往往是“短命”的行情。

第四，个股背离风险与机遇并存。

当出现领涨个股与板块整体走势相背离时，往往说明该股走势属于独立行情，与所属板块整体走势无关，投资者应放弃对其所属板块相关个股的参与。

当率先上涨的个股形成阶段性的趋势反转时，板块趋势也将形成整体性的反转。投资者操作仍在上涨的个股时，需注意板块风险的存在。

下面我们看看2015年最大的风口：互联网+，以此了解热点板块的相关基本原理。

2015年政府工作报告首次提出“制定互联网+行动计划”。政府工作报告这样解释“互联网+”：推动移动互联网、云计算、大数据、物联网等与现代制造业结合，促进电子商务、工业互联网和互联网金融的健康发展，引导互联网企业拓展国际市场。

互联网+包括互联网金融、电子商务、电子支付、在线教育、在线旅游、云计算、大数据、网络安全、物联网、车联网、移动医疗、云平台等。

二、案例分析

图9-1是中科金财（002657）2015年1月至2015年5月的K线走势图。我们看中科金财是如何在互联网+推动下走出这一波行情的。

2014年9月23日：互联网金融政策即将出台，互联网金融概念股中科金财封住涨停。

从9月20日举行的互联网金融创新与合作峰会上传出消息，由央行制定的《关于促进互联网金融健康发展的指导意见》已经完成了政策制定，正等待发布时机。据悉，央行对目前互联网金融行业持明确的支持态度，《指导意见》最快在10月份四中全会召开前，最晚在年底前出台，这将成为业内首个权威性规范文件。

2014年10月31日：上海市发布“陆九条”，扶持互联网新兴金融产业，如控制租金水平，“草根金融”企业“拎包入住”；给

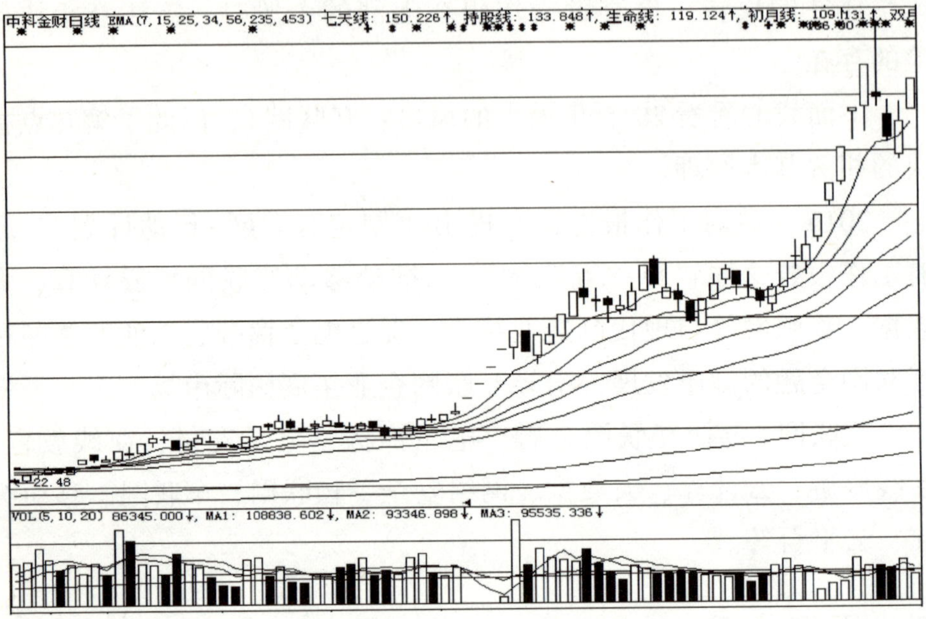

图 9-1

予绩效性落户补贴，经济贡献度补贴，提供“一揽子”政策扶持；成立互联网金融和新兴金融协会，探索行业自律等。

2014 年 11 月 18 日：移动支付已经成为互联网支付发展的重要方向。当前，近场支付的技术路线和标准是制约移动支付发展的最大瓶颈。从 NFC 和二维码支付的发展态势来看，打破瓶颈的时间窗口正在来临，移动支付将进入真正爆发式增长阶段。

中科金财：公司移动应用解决方案包括移动电子政务、移动金融和移动电子商务三个主要业务方向。移动电子商务解决方案包括移动支付、移动购物、移动阅读、移动旅游、移动机场、移动娱乐等解决方案，移动金融面向银行和保险等客户提供手机银行、信用卡手机伴侣、Living Bill 个性化账单、掌上保险等方案。

2014 年 11 月 24 日：今日小幅高开后迅速拉升，中科金财 10

点16分封住涨停。

证监会创新业务监管部副主任王欧在互联网大会上透露，我国互联网金融健康发展的指导意见正在制定，不久就会正式颁布。监管将以鼓励创新与防控风险并重，对平台的监管首当其冲。受此影响，中科金财今日涨停，该公司是国内领先的智能银行整体解决方案提供商，在所处细分领域的市场地位、核心技术、业务协同、政策扶持等方面已取得一定的领先优势。

2015年1月6日：首批征信机构现互联网企业身影，互联网金融概念股中科金财午后涨停。

央行印发《关于做好个人征信业务准备工作的通知》，在获得个人征信名单中，除传统的征信机构外，还有蚂蚁金服旗下的芝麻信用、腾讯旗下的腾讯征信等从事互联网征信业务的机构。受此影响，今日互联网金融概念中科金财飙涨停。

2015年3月31日：互联网金融安全服务领导厂商安全宝携手相关企业，共同发起成立了中国互联网金融开放与创新服务联盟。安全宝将与联盟成员达成深度合作，为互联网金融企业提供更多便捷、个性化的安全服务。

2015年4月30日：互联网金融扶持政策将出台，互联网金融概念股中科金财飙涨停。

据央行与银监会人士表示，一系列互联网金融政策即将陆续出台。监管部门将对传统金融与互联网金融监管保持一致性，并将以互联网金融监管为突破口，在金融管制和市场准入方面适当放松金融监管。受此影响，相关个股涨停，中科金财正建设互联网金融云中心、智能银行研发中心。

从2014年9月到2015年4月出现的互联网利好消息，推动中科金财股价持续上涨，从低位时的25元一直走高到160元以上。

股价在互联网+的风口上飞得更高。

在互联网金融的大背景下，互联网+的板块效应明显，我们看同属一个板块的其他个股表现。

我们看安硕信息（300380）的表现，如图 9-2。

图 9-2 是同期安硕信息（300380）的 K 线走势图。利好消息传出，由央行制定的《关于促进互联网金融健康发展的指导意见》已经完成了政策制定，正等待发布时机，央行对目前互联网金融行业持明确的支持态度。安硕信息主营的金融 IT 业务有望迎来新的发展机遇。

股价在此消息传出后逐步走高，呈现单边上涨走势，互联网+板块效应明显。

图 9-3 是全通教育（300359）2014 年 7 月至 2015 年 5 月的 K 线走势图。在 2014 年 9 月 19 日后，股价连拉三个涨停，打破原有走势，加速上涨。我们看看当时发生了什么。

2014 年 9 月 19 日：全通教育（300359）拟披露重大事项，根据本所《创业板股票上市规则》的有关规定，经公司申请，公司股票于 2014 年 9 月 22 日开市起停牌，待公司通过指定媒体披露相关公告后复牌，敬请投资者密切关注。

2014 年 9 月 19 日：公司于 2014 年 10 月 23 日召开第二届董事会第十次会议，审议通过了《关于投资设立全资子公司的议案》，同意公司以自有资金人民币 1 亿元出资设立全资子公司全通支付网络科技有限公司（最终名称以登记机关核准为准）。

当消息发布后，教育遇上互联网，股价也就一飞冲天了。

当然，在股价上涨的后期，我们看到股票的股本扩张，对应股票的股本也是相当小的，流通股本刚刚 0.79 亿股。当庄家的所有喜好都集于一身时，股价的走高也就不难想象了。这样的股票也

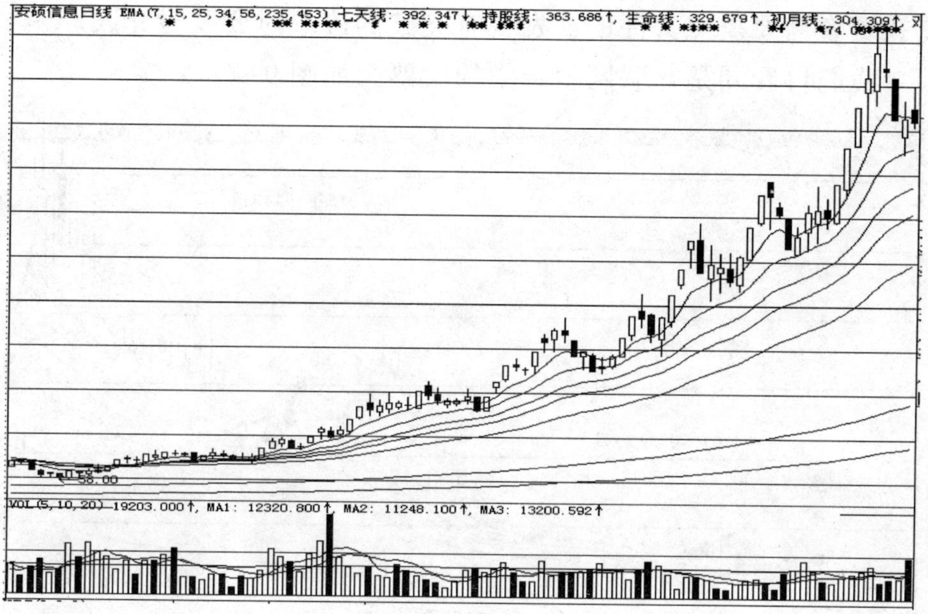
安硕信息日线 EMA(7,15,25,34,56,235,453) 七天线: 392.347↓, 持股线: 363.686↑, 生命线: 329.679↑, 初月线: 304.309↑
58.00
VOL(5,10,20) 19203.000↑, MA1: 12320.800↑, MA2: 11248.100↑, MA3: 13200.592↑

图 9-2

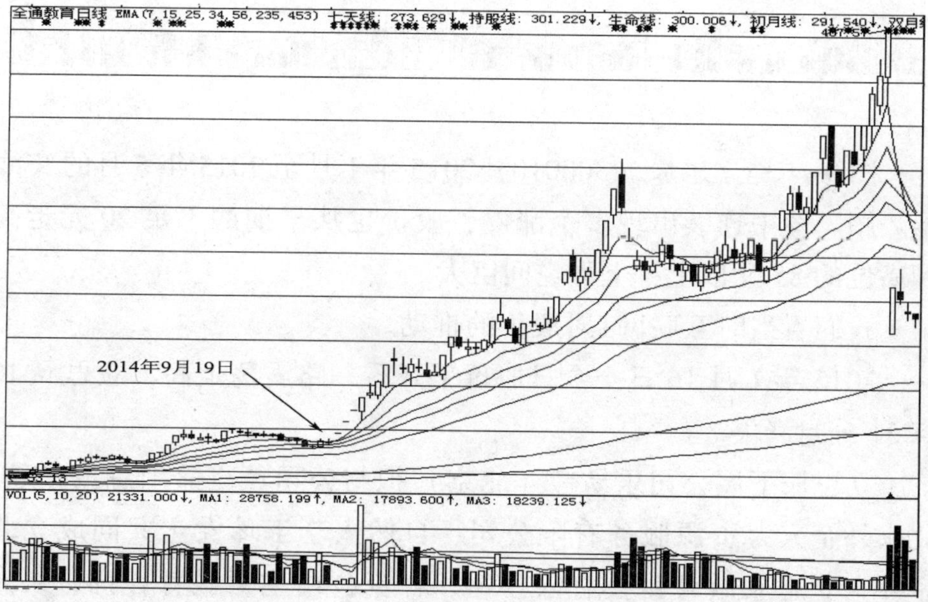
全通教育日线 EMA(7,15,25,34,56,235,453) 七天线: 273.629↓, 持股线: 301.229↓, 生命线: 300.006↓, 初月线: 291.540↓, 双月线
2014年9月19日
53.13
VOL(5,10,20) 21331.000↓, MA1: 28758.199↑, MA2: 17893.600↑, MA3: 18239.125↓

图 9-3

是投资者需要重点关注的，发现有突破的迹象时要及时介入。

我们再看同是互联网教育中的股票，如图 9-4。

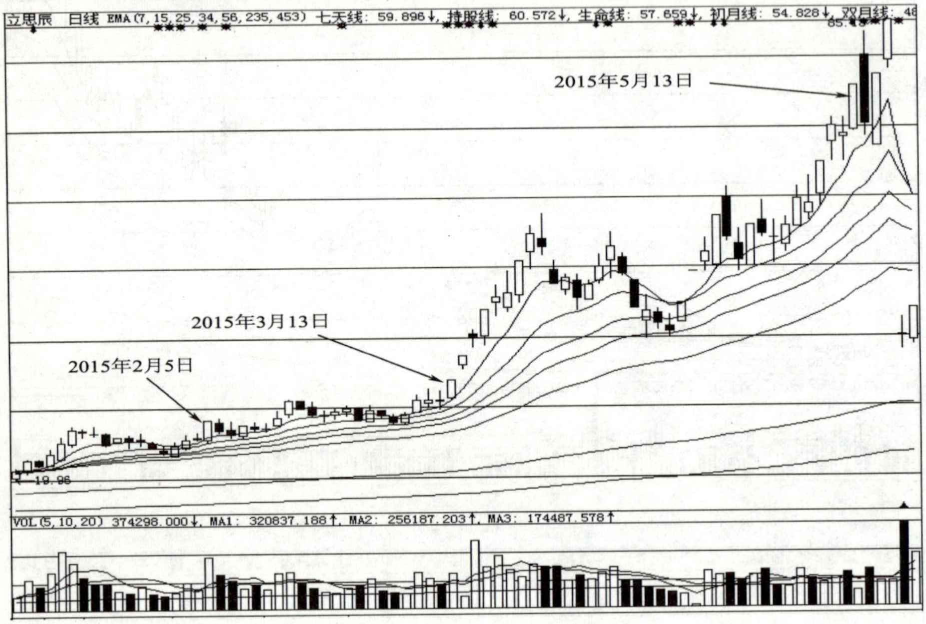

图 9-4

图 9-4 是立思辰（300010）2015 年 1 月至 2015 年 5 月的 K 线走势图。图中连续出现多个涨停，股价也从早期的不足 20 元走高到高位的 85 元以上，上涨空间巨大。

我们看当时互联网+对股价的推动。

2015 年 1 月 16 日：今日股价平开后一路震荡走高，立思辰 10 点 51 分封涨停。

立思辰下属公司乐易考（北京）拟与公司董事兼副总裁张昱、北京外企人力资源服务有限公司、自然人李玉珍女士共同成立北京外企立思辰教育科技有限公司。合资公司主营教育咨询、人力资源咨询、互联网在线教育平台等。

2015 年 2 月 5 日：今日股价小幅低开后一路震荡上扬，于 13 点整封住涨停。

立思辰控股子公司北京立思辰合众科技有限公司与安徽省安庆市教育局、安庆市发展投资有限公司签署《安庆市教育局与北京立思辰合众科技有限公司关于推进在线教育战略合作协议》。立思辰合众将在 1~3 年的时间内，计划在安庆投资 3~5 亿元，分期分项推进安庆在线教育的建设、实施和服务运营。

2013 年 3 月 17 日：据悉，自 2013 年以来，国内在线教育迅速成长，引发资本市场的投资热情。根据艾媒咨询统计，中国在线教育市场规模正以每年 30%以上的速度增长，到 2015 年市场规模将超过 1600 亿元，未来几年内将迎来一轮市场大爆发。

2015 年 3 月 25 日：据悉，教育部日前印发 2015 年工作要点，提出推进“三通两平台”建设与应用，力争基本实现学校互联网全覆盖。完善国家教育资源云服务体系，继续加大优质数字教育资源开发和应用力度，探索在线开放课程应用带动机制。

技术的成熟和政策的支持，使在线教育的高速发展成为一个大概率事件，未来将会有更多的上市公司介入到在线教育市场。2013 年以来，在线教育领域的投资案例达 20 多起，该领域的拐点已经到来，互联网教育将开启教育领域新的成长期。

经过多重利好消息的推动，立思辰的股价在短时间内翻了多倍，成为当时市场上涨的龙头。互联网+热点的启动，也聚集了大量的市场人气，在龙头股的带动下反过来又推动整个股市的活跃。

下面我们再看一下同一个板块不同股票的走势，板块效应同样明显。

如图 9-5，吉电股份（000875）的走势图。

图 9-5 是吉电股份（000875）2014 年 6 月至 2015 年 6 月的 K

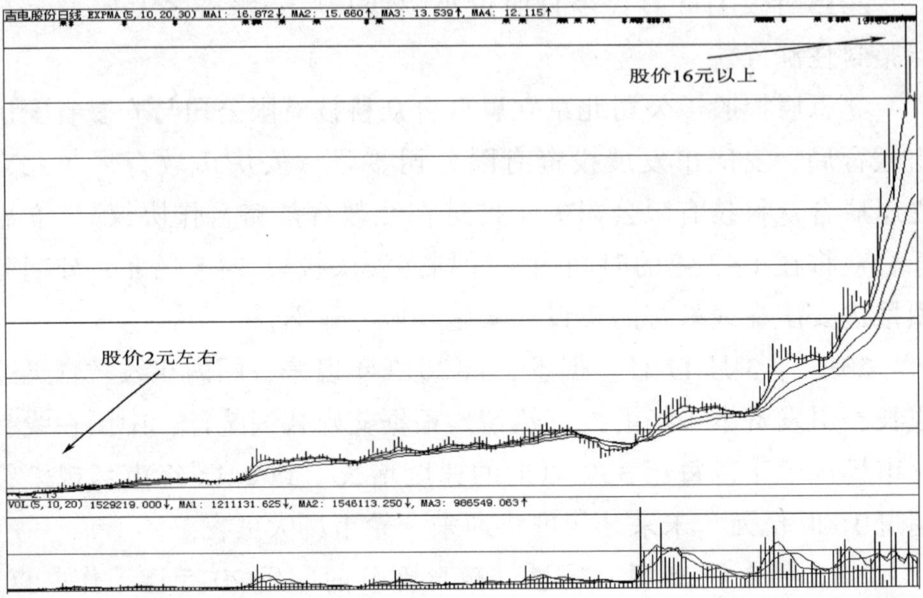

图 9-5

线走势图。股价在这一期间内从 2 元的低位一路上涨到 19 元的高位，短期升幅巨大。我们看股价上涨的各路利好。

2014 年 5 月 27 日：据中国之声《央广新闻》报道，国家电网今天召开了新闻发布会，向非国有资本开放分布式电源并网工程以及电动汽车充换电设施市场。

据了解，分布式能源主要包括发电设备和储能装置，概念股包括分布式光伏、余热发电、水电、风电等相关个股。

分析称，这是“电老大”首次向社会资本开放。分布式能源站建设项目提速，会对国内生产内燃机、发电机、锅炉等多个产业带来利好。

2014 年 8 月 7 日：据悉，《深化电力体制改革若干意见》第一稿已起草完成，直购电试点也显著加快。

发改委于上周再度召开新电改方案征求意见会。部分受邀参加的电力专家透露，未来电改将进行顶层设计，或成立独立于电力行政主管部门和电力企业及组织以外的专业化电改委员会。改革后，电网将实现公用事业化，输配分离将被列入改革盘子，网售分开也可能作为突破口。

另一方面，直购电试点已显著加快。

2014 年 9 月 12 日：广东启动电力直接交易深度试点，3 只电力改革概念股盘中直线拉涨停。

近日经广东省人民政府同意，国家能源局南方监管局与广东省有关部门联合印发了《广东电力大用户与发电企业直接交易深化试点工作方案》，正式启动广东省电力直接交易深度试点工作。吉电股份有望受益电改。

2014 年 10 月 20 日：国庆节前后，有关新的深化电力体制改革方案已起草完成的消息频见报端。消息称，方案已递交到国务院，有望于近期获批出台，新一轮电改再引热议。电改是一块异常难啃的“硬骨头”，而今年习近平总书记亲自过问，被业内外人士解读为新一届政府推进电改的决心。

中国人民大学经济学院教授吴疆对企业观察报记者透露：“国家发改委综合改革司早已编制《关于进一步深化电力体制改革的若干意见（征求意见稿）》，并广泛征求意见。其中最大的亮点是确立了电网企业新的盈利模式，电网企业不再以上网及销售电价差作为收入来源，而是按照政府核定的输配电价收取过网费。”

点评：今年是改革大年，电改一直是头等大戏，此次习主席发话，电改制度加快完善，改革进度亦有望加快，应关注电改概念股。

2015 年 3 月 19 日：据悉，19 日讯，电改新方案已经确定并下发，多名业内人士表示有所耳闻，但还未看到下发的文件。五大发电集团内部人士则表示，已经听说这个文件，但是还没有看到。

华能电力、华电国际、大唐发电、国电电力、长江电力、国投电力、上海电力、吉电股份等有望受益。

2015 年 5 月 4 日：能源局推进能源改革，11 只电力股飙涨停。

近日国家能源局发布 2015 年 24 项市场监管工作要点，其中提到推进电力等能源市场建设，力争 3 个月左右完成，最迟年底。受此影响，主营电力生产、销售的华电国际、华电能源、梅雁吉祥、国电电力、文山电力、桂冠电力、吉电股份、漳泽电力、华能国际、华银电力、滨海能源今日涨停。

吉电股份作为电力板块股票，在行业利好面前开启一段牛市，能够抓住此轮行情的投资者将获得不错的收益。在行业利好面前，任何一只电力板块股票都会出现不错的行情走势，这就是板块效应。我们再看其他几只个股的走势如何。

如图 9-6，国电电力（600795）的走势。

图 9-6 是国电电力（600795）2014 年 6 月至 2015 年 6 月的 K 线走势图。股价在这一期间又是走出多倍的翻番行情。股价都是由 6 月份开始起步，出现明显的同步性。我们再看当时的板块利好。

2014 年 7 月 31 日：业内人士认为，五大电力集团改革预期强烈，国电集团有望成为央企改革的下一批试点单位。近日召开的国电集团 2014 年年中会议透露，国电拟通过 3 年至 5 年时间的改革，最终实现股权结构多元化、公司治理现代化、经营机制市场化、运营管理精细化。

同日发布的另一则公告显示，国电集团将坚持整体上市战略，未来计划将国电电力打造为常规发电业务整合平台，逐步将火电

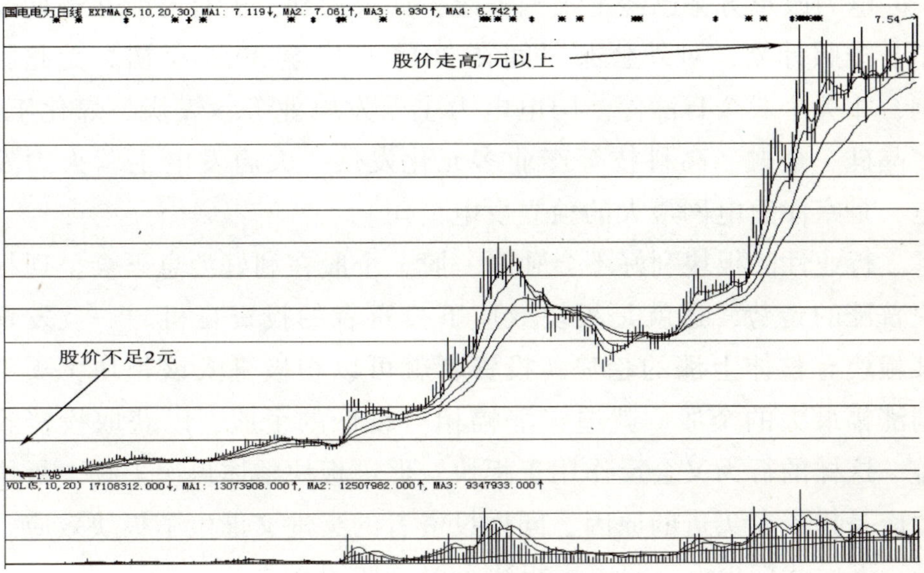

图 9-6

及水电业务资产注入。

2014 年 9 月 18 日：国资委正式启动首批央企改革试点后，国家开发投资公司、中粮集团等六家中央企业纳入首批试点。而央企改革第二批试点也有望在近期公布。

2014 年 10 月 30 日：10 月 28 日，国家发改委再次组织召开电力体制改革方案专家研讨会，研究改革思路。新的深化电力体制改革方案已起草完成，并递交到国务院，该方案有望于今年年内获批。国电电力是一家主要经营电力、热力生产的公司，主要产品包括电力、热力、化工等产品。华电国际是一家主要从事发电、供热及其他相关业务的公司，所发的电力主要输往各电厂所在地的电网公司。

2014 年 12 月 22 日：电改方案近期将公布，3 只电改概念股飙涨停。

电力改革方案已经上报国务院，如果顺利，极有可能在近期公布。按照计划，对外公布时间在2014年底至2015年初。受此影响，相关个股今日涨停。国电电力主营发电业务，煤炭、煤化工、多晶硅、金融、高科技等产业多元化发展。大唐发电主营火力发电，是京津唐电网最大的独立发电公司。

行业性的板块利好不会独厚一股，个股在利好消息下会呈现板块普涨的走势，这就是板块效应下投资者的投资良机。一旦发现某板块有整体上涨的趋势，投资者就可以积极进入该板块，买不到涨幅最大的个股，就追买涨幅相对较低的个股，以获取投资收益。这样的行为又会反作用于板块，促进板块整体再次上扬。板块效应是投资者买进的原因，同样投资者的买进又催生了板块效应。

下面我们再看一只电力板块个股，如图9-7。

图9-7

图 9-7 是华电国际（600027）2014 年 6 月至 2015 年 6 月的 K 线走势图。股价在此区间也走出了大幅飙升的行情，呈现出明显的板块同步性，板块效应明显。股价的上涨理由在此我们就不再赘述。

我们再看皖能电力（000543）的走势。

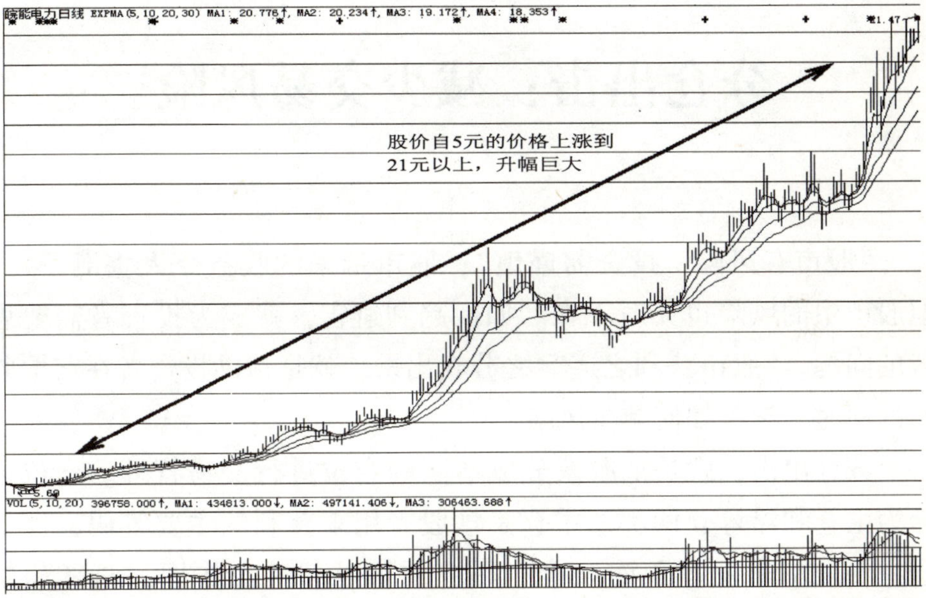

图 9-8

图 9-8 是皖能电力（000543）2014 年 6 月至 2015 年 6 月的 K 线走势图。这又是一只电力板块个股，个股走势与板块效应相得益彰，短时间走出数倍的升幅，买进的投资者将获利不菲。

个股走势会与板块走势形成互为因果的走势，个股走势会带动板块的整体走势，板块的整体走势又影响了个股走势的发展。当投资者对个股有了明确的板块识别，就可以根据板块的走势，利用其内在关联性作指导，做出买卖参考，避免盲目交易，让投资者的买进理由更加充分，提高买卖决策的正确性。

第十章

分仓出击：减少交易风险

“股市有风险，投资需谨慎”，股市带来的收益令人垂涎不已，但股市中的风险也无时不在。如何趋利避害，就成为投资者需要思考的问题。“股市获利之道”之分仓出击，就是帮助投资者在获取收益的同时，学习如何减少风险。

分仓出击，就是把股票分成不同的仓位进行交易管理。仓位多分为主仓和浮筹仓两类。主仓是炒股者用来获利的主要筹码，浮筹仓主要是用来发挥预防洗仓、震仓的回补、解套作用，两者相辅相成。

有时候主仓和浮筹仓同时出击，这就是我们说的全仓。有时候只有主仓而没有浮筹仓，这时我们叫做半仓；当然，还有时只有浮筹仓，我们叫做试仓或者轻仓。主仓和浮筹仓比率可参考6：4或者7：3。

每个人对于股票分析的买点不尽相同，但真实的走势却只有一个，这难免会让一部分投资者出现套牢的局面。轻易地全仓杀入会使投资者失去后手，丧失应变之力。而多次轻仓位介入，就可以让投资者的交易充满弹性，不至于进退失据。

当投资者看好一只股票时，可以在开始时轻仓跟进。如果股价的运行方向与预期一致，就可以继续买进，在两次或者三次的买进过程中达到满仓的效果。如果股价没有按照投资者预想的方向上涨，而是进入下跌走势，这样由于投资者此前介入仓位较轻，就可以及时止损，大大降低操作的风险。

当投资者在一只股票上获得丰厚的利润后，感觉股价有些虚高时，也可以通过分批减仓的方法，达到留存收益的效果。投资者可以根据股价的上涨情况，分多次卖出持有仓位，直到最后股价出现确定性下跌时清仓离场。相对于一次性卖出股票，这样操作既可以保留收益，又可以回避股价回调的风险，可谓一举两得。

下面我们通过案例来进行说明，如图 10-1。

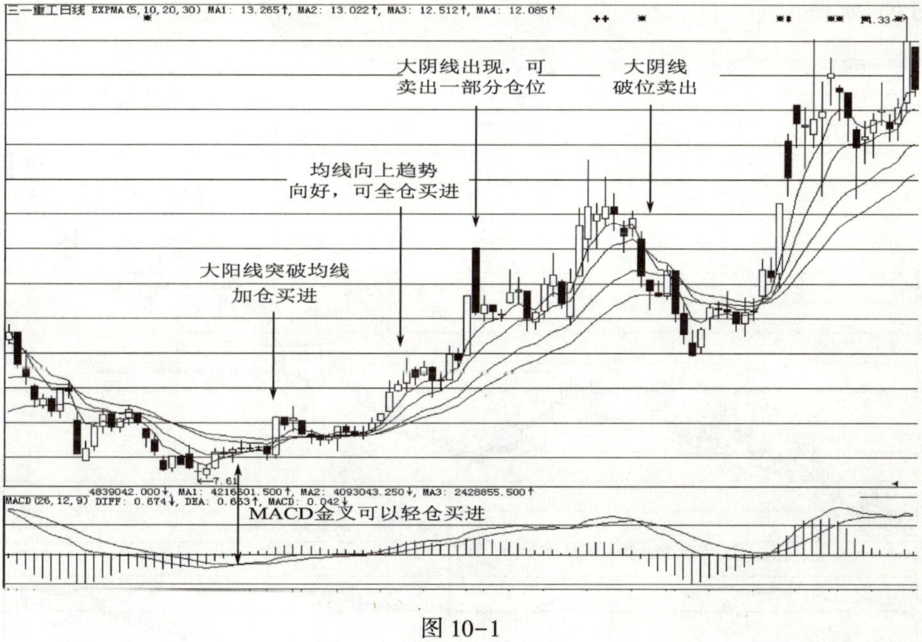

图 10-1

图 10-1 是三一重工（600031）2015 年 1 月至 2015 年 6 月的 K 线走势图。股价在这一期间走出一轮上升行情，但股价的上升并不

是一帆风顺的，在整个上涨过程中出现多次的买进回调点位和多次的卖出上涨点位。遇到这样的走势时，投资者就可以参照分仓买进的办法，多次买进卖出，以防股价运行方向的变化。

投资者可在 MACD 第一次金叉后买进一部分，此时出现的金叉显示为买进信号，但股价的上升趋势没有确立，全仓买进可能会造成很大的被动。投资者可选择在 K 线走出大阳线后加仓，此时股价摆脱均线压制，行情进一步向好。到股价出现连续的上升趋势，维持在 5 日线上时，可全仓介入，最大限度地获取收益。

股价在上升过程中出现大阴线，预示着持股风险增加，投资者可在此时兑现一部分收益。等到股价出现确定性的下跌时，则要及时离场。

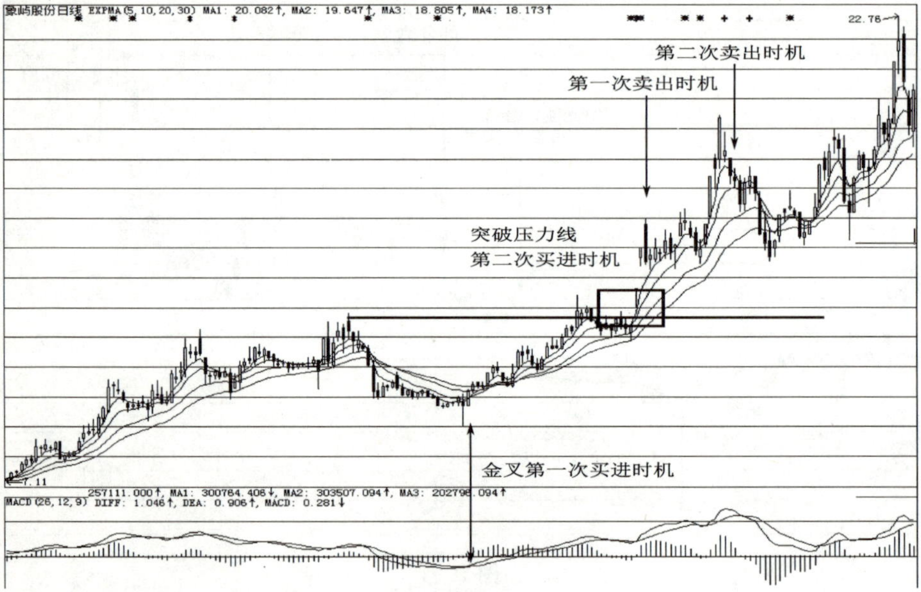

图 10-2

图 10-2 是象屿股份（600057）2014 年 9 月至 2015 年 6 月的 K

线走势图。股价在上升过程中多次出现买进的机会，投资者根据分仓出击的办法，既可获取收益，又可减少风险。

投资者可在 MACD 第一次金叉时作出买入决定，到股价突破压力线后作出加仓决定。此后的上升行情中出现卖点也可及时兑现收益。需要再次补充的是，股价虽然在上升中出现回调，但并未跌破均线系统，后期行情仍然看好，投资者可以择机轻仓介入。当股价跌破均线系统时，就要及时离场。

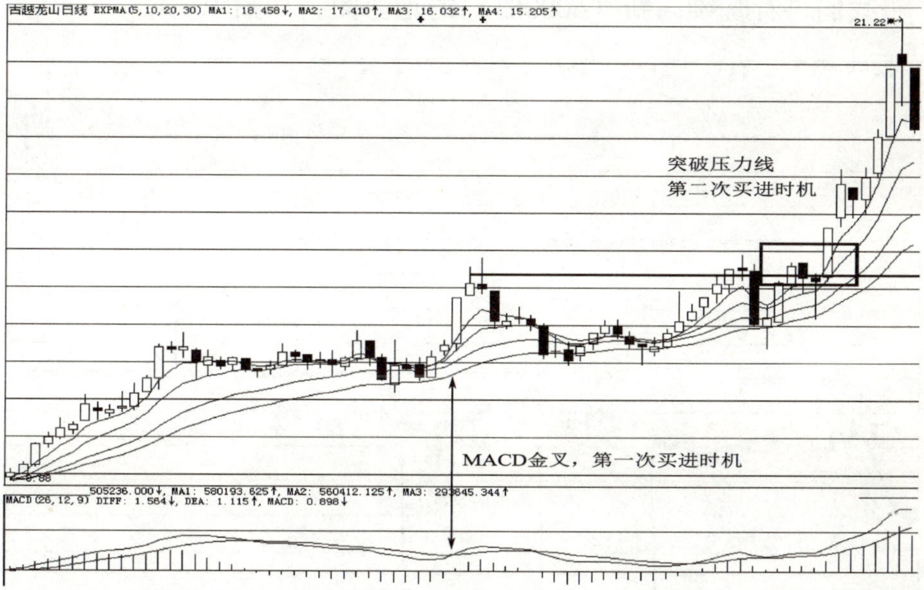

图 10-3

图 10-3 是古越龙山（600059）2015 年 3 月至 2015 年 6 月的 K 线走势图。投资者可以在 MACD 出现金叉后买进一些股票，在股价突破压力线后再次买进，以获取更大收益。

投资者看 MACD 金叉形成的买点，就会明白我们分仓出击的意义了。此时的买点形成了吗？不管是从 K 线形态，还是均线系统，

MACD 金叉告诉投资者这是一个很好的买点。但后来的股价走势是怎样的？是长时间的回调。

在第一个买点全仓买进的投资者，此时将进入两难的境地，因为持有的仓位较重，面临的损失越来越大，压力自然也随之增大。也许很多投资者会在此时卖出，损失一笔不小的利润。当投资者刚刚卖出，股价就再次上升，买进的决心又少了几分，利润又没有了。一步走错，步步走错，希望投资者谨慎而理智地作出买卖决定。

我们再看皖维高新（600063）的走势图，如图 10-4。

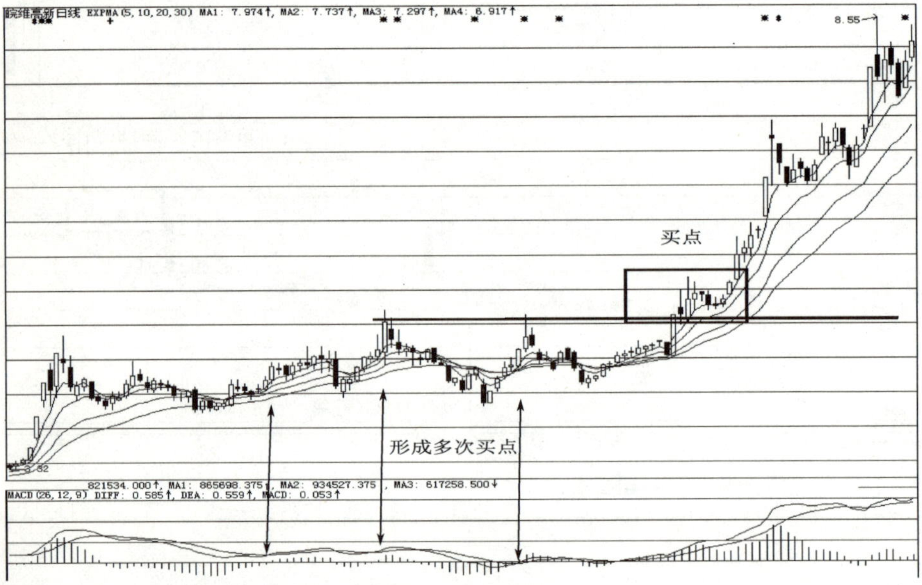

图 10-4

图 10-4 是皖维高新（600063）2014 年 10 月至 2015 年 4 月的 K 线走势图。股价在上涨前期多次出现买入信号，但此后股价的上涨走势并未出现太长的持续性。贸然地早早全仓介入，会给投资者带来很多不确定的因素。多次分批建仓则可将不确定因素降低，提高

投资的准确性。

股市存在无数的机会，但也存在更多的风险。只有当投资者避开更多的风险后，收益才会来临。

分仓出击在避免底部风险时有着不错的效果，我们再看看分仓出击是怎样避免顶部风险的。

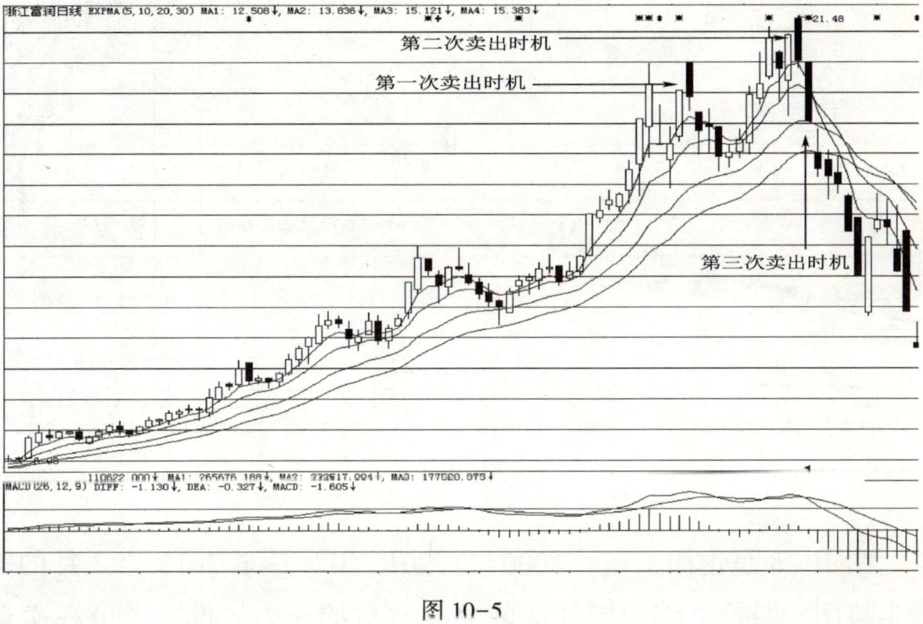

图 10-5

图 10-5 是浙江富润（600070）2015 年 3 月至 2015 年 7 月的 K 线走势图。股价经过前期的上涨后出现巨大的账面浮盈，此时兑现盈利成为投资者最关注的问题。投资者仍可采取分仓出击的办法，保住盈利又不错失机会。

投资者可在第一次出现大阴线时，选择兑现一部分盈利。当第二次出现大阴线时，兑现盈利的要求更加强烈，此时就要兑现大部分收益了。当股价出现连阴走势并跌破均线系统时，表明股价的上升趋势受到考验，此时可离场观望。当股价反弹无力，方向向下时，就必须坚持空仓的操作要求了。

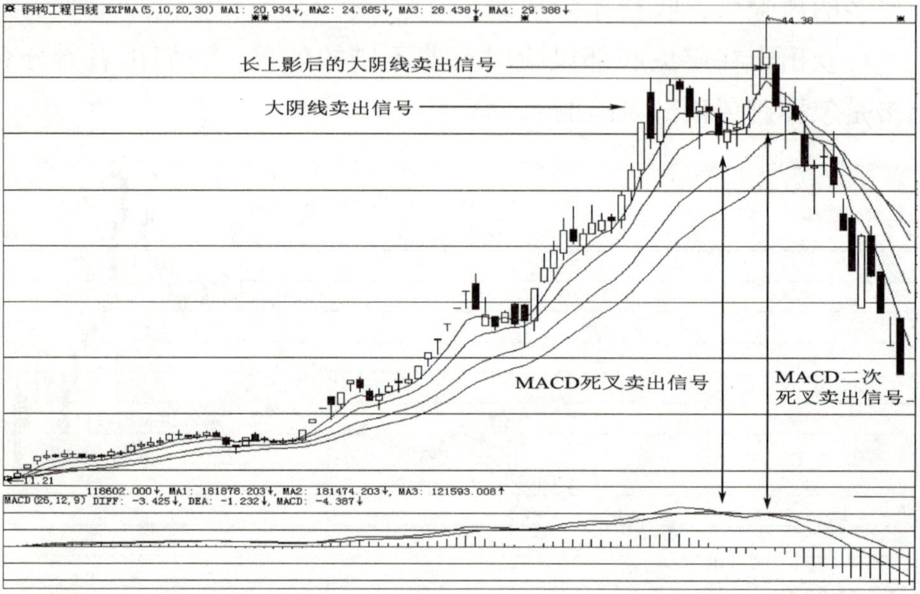

图 10-6

图 10-6 是钢构工程（600072）2015 年 2 月至 2015 年 7 月的 K 线走势图。股价上涨后同样面临兑现收益的压力，投资者可在卖点信号发出后多次分批离场。

从图中我们看到，股价在高位多次出现卖出信号，当卖出信号多次并高频发生，股价离下跌趋势也就不远了。出现这些卖出信号后，投资者必须尽快离场，不可置自己于危险之中。

分仓出击降低了持股的风险。投资者只有在买点得到了确认之后，才能在原有的仓位基础上加仓甚至全仓。用前期筹码的获利，作为抵御风险的法宝，使投资者在操作中立于不败之地。

后期买进的筹码成为净获利筹码，降低了投资者心理上的压力，使投资者能在平和的心态下，理智地作出买卖决策，这是投资获利的重要保证。

分仓出击是股市交易的重要原则之一，希望投资者在实际交易中好好领悟，做到进退有据，可进可退，立于不败之地。

第十一章

主力持仓：深入认识庄家

在“优选小盘股”一章中我们提到，股价的上涨是由资金推动并实现的。既然资金是股价上涨的原动力，那么如果投资者能把握这一动力的强弱走向，不就如找到了股市获利的钥匙，打开了市场盈利之门了吗？

本章将介绍几种主力持仓量及成本的计算方法，希望大家对此有所认识，以方便投资者在今后与大资金更好地进行博弈。

一、换手率计“量”之一

用换手率来计算庄家持股量，是一种最直接有效的方法。在低位成交活跃，换手率高，而股价涨幅不大的个股，通常为庄家或主力资金吸货，此间换手率越大，说明主力吸筹越充分。

换手率的计算公式为：换手率=成交量/流通盘×100%。

计算庄家或主力资金开始建仓到开始拉升这段时间的换手率，应该怎样确认庄家或主力资金开始建仓呢？投资者可以参考周K线图中均线系统由空头转为多头排列，这证明有庄家或主力资金介入。周MACD指标金叉可以认为是庄家或主力资金开始建仓的标志，可作为计算换手率的起点。

一般在股价上涨时，庄家或主力资金所占的成交量比率大约是30%。而在股价下跌时，庄家或主力资金所占的比率大约是20%。有时股价会呈现出上涨时放量、下跌时缩量的情况。假设放量/缩量=2/1，可以得出一个推论：前提假设为若上涨时换手200%，下跌时的换手应是100%，那么这段时间总换手率为300%，则可得出庄家或主力资金在这段时间内的持仓量=200%×30%－100%×20%=40%，即庄家或主力资金在换手率达到300%时，其持仓量才达到40%，即每换手100%时，其持仓量为40%/300%×100%=13.3%。

从MACD指标金叉的那一周开始，到你所计算的那一周为止，把所有各周的成交量加起来再除以流通盘，可以得出这段时间的换手率，然后再把这个换手率×（乘以）13.3%，得出的数字即为庄家或主力资金的控盘度。一个中线庄家或主力资金的换手率应在300%~450%之间，只有足够的换手，庄家或主力资金才能吸足筹码。

一般而言，当换手总率达到200%时，庄家或主力资金会加快吸筹，拉高建仓。因为这时低价筹码已经没有了，这是短线介入的良机。当换手总率达到300%时，庄家或主力资金基本都已吸足筹码，接下来庄家或主力资金会急速拉升或强行洗盘，这时可以从盘口去把握主力的意图和动向，切忌盲目冒进而被动地从短线变为中线。

在平时看盘中，投资者可以跟踪分析那些在低位换手率超过300%的个股，然后综合其日K线、成交量以及一些技术指标，来把握介入的最佳时机，必有厚报。

至于成本，可采用在所计算的那段时间内的最低价加上最高价，然后除以2。该价位即为庄家或主力资金的建仓成本区，庄家或主力资金的第一目标为：成本×（1+50%）。

现在我们来和大家一起看一个案例，如图11-1。

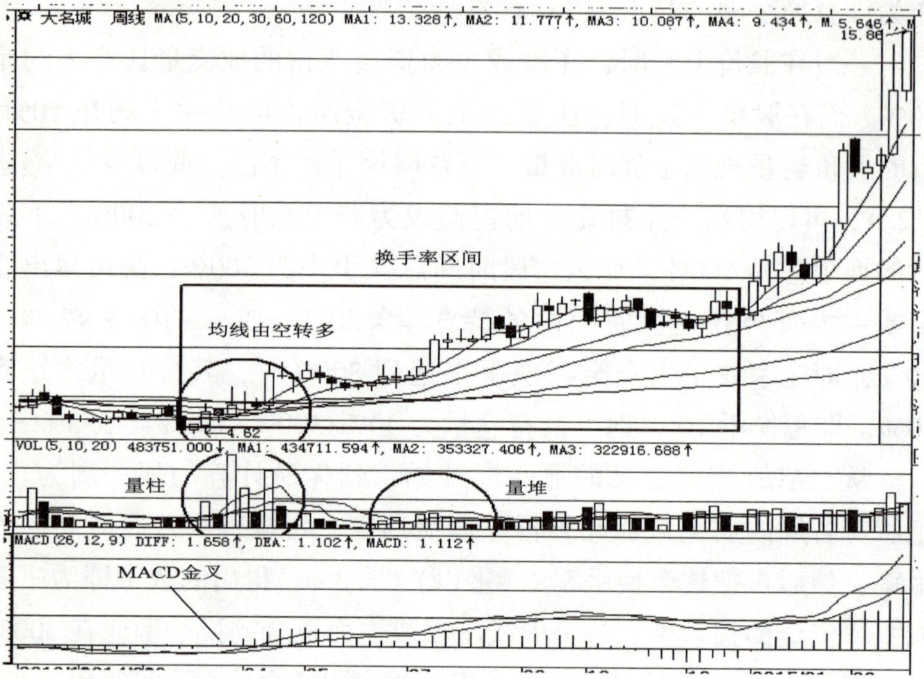

图 11-1

图 11-1 是大名城（600094）2013 年 12 月至 2015 年 2 月的周 K 线走势图。首先我们对股票的选取做了限定。第一，周 K 线图走势；第二，均线系统由空转多；第三，MACD 金叉。当然，在图中我们也能看到量能出现量柱、量堆。

随后我们对图中区间的换手率做了统计，统计结果如图 11-2。

从图 11-2 中我们可以看到，区间的换手率高达 459.9%，其结果是远大于我们给出的 300%的数量。从图 11-1 的 K 线走势上我们也能看出，股价的上涨幅度远远大于我们给出的预估目标价。当然，我们的目标价也只是第一目标价，针对股价的走势作出调整，是可能并且是必要的。

下面我们再来看另一个换手率计算主力持仓的案例，如图 11-3。

起始时间：2014-02-28
终止时间：2014-12-31
周期个数：45个
起始价：5.13
终止价：7.99
最高：8.72
最低：4.62
均价：6.83
涨跌值：+2.86
涨跌幅：+55.75%
振幅：88.75%
大盘对比：54.05%
行业对比：46.73%
总手：1192.52万
金额：81.40亿
换手：459.90%
该区间内股票排名
资金
换手率
涨跌幅

图 11-2

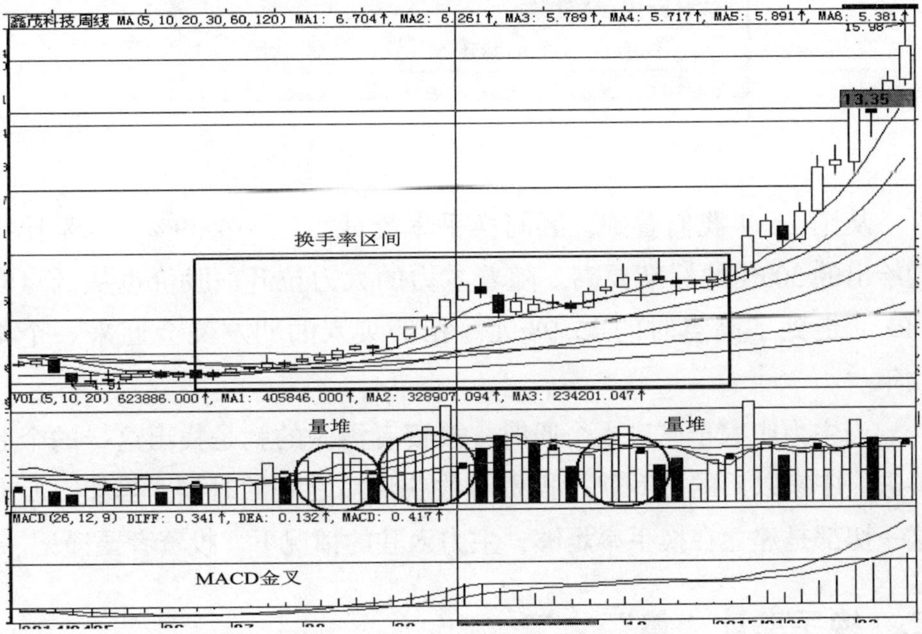
鑫茂科技周线 MA(5, 10, 20, 30, 60, 120) MA1: 6.704↑, MA2: 6.261↑, MA3: 5.789↑, MA4: 5.717↑, MA5: 5.891↑, MA6: 5.381↑
15.98
13.35
换手率区间
VOL(5, 10, 20) 623886.000↑, MA1: 405846.000↑, MA2: 328907.094↑, MA3: 234201.047↑
量堆
量堆
MACD(26, 12, 9) DIFF: 0.341↑, DEA: 0.132↑, MACD: 0.417↑
MACD金叉

图 11-3

图 11-3 是鑫茂科技（000836）2014 年 4 月至 2015 年 3 月的 K 线走势图。图中的 MACD 金叉依然存在，均线系统仍是由空转多。还有一点需要大家注意的是，K 线系统使用的是周 K 线。那么区间换手率的数值是多少呢？

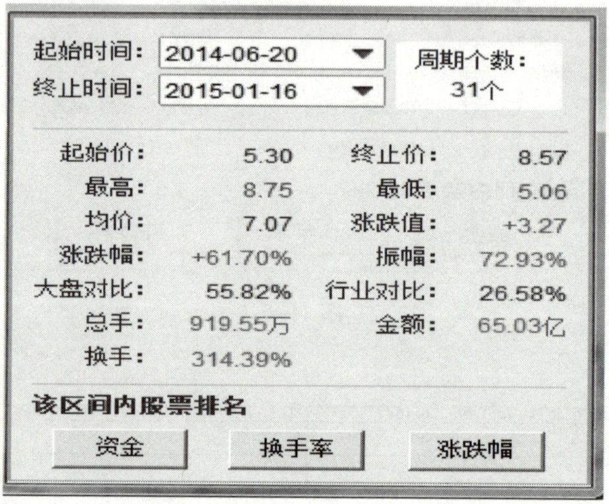

图 11-4

从图 11-4 我们看到，区间换手率统计高达 314. 39%，也是比我们给出的 300%的标准要高。随着主力的大力拉升，股价也从低点时的 5 元走到了高点时的 15. 98 元。相信买入的朋友又会迎来一个丰收年。

当主力庄家早已进入个股时，投资者需做的就是找出这样的个股买进，庄家以后的拉升就是投资者收获渔翁之利的时候。当然，所有这一切都是建立在换手率足够，主力入驻的情况下，投资者要谨记。

二、换手率计“量”之二

有时个股在低位出现成交活跃，换手率较高，而股价涨幅并不大（设定标准为阶段涨幅小于50%，最好为小于30%）的情况，通常为庄家吸货。此间换手率越大，庄家吸筹越充分，投资者可重点关注“价”暂时落后于“量”的个股。

我们的经验是换手率以50%为基数，每经过倍数阶段如2、3、4等，股价走势就进入新的阶段，也预示着庄家持仓发生变化。此时，利用换手率计算庄家持仓量的公式如下：

个股流通盘×（个股某段时期换手率-同期大盘换手率），计算结果除以3。此公式的实战意义是庄家资金以超越大盘换手率的买入量（即平均买入量）的数额，通常为先知先觉资金的介入，一般适用于长期下跌的冷门股。庄家一旦对冷门股持续吸纳，我们就能相对容易地测算出庄家手中的持仓量。

三、吸货期计“量”

对吸货期很明显的个股，简单算法是将吸货期内每天的成交量乘以吸货期，即可大致估算出庄家的持仓量。

庄家持仓量=吸货期×每天成交量（忽略散户的买入量）

吸货期越长，庄家持仓量越大；每天成交量越大，庄家吸货越多。因此，若投资者看到上市后长期横盘整理的个股，通常为黑马在默默“吃草”。有些新股不经过充分的吸货期，其行情难以持续。

另外，对底部周期明显的个股，我们的经验是将底部周期内每天的成交量乘以底部运行时间，即可大致估算出庄家的持仓量。

庄家持仓量=底部周期×主动性买入量（忽略散户的买入量）

底部周期越长，庄家持仓量越大；主动性买入量越大，庄家吸货越多。若投资者观察到底部长期横盘整理的个股，通常为主力资金在默默吸纳。庄家为了降低进货成本所以高抛低吸并且不断清洗短线客，但仍有一小部分长线资金介入。因此，这段时期庄家吸到的货，至多也只达到总成交量的 1/3 ~1/4。买入量可以计算为：总成交量×1/3 或总成交量×1/4。

公式：庄家持仓量＝阶段总成交量×1/3 或 1/4。为谨慎起见，可以确认较低的量。

现在和大家一起来看一个长吸货期的案例，如图 11-5。

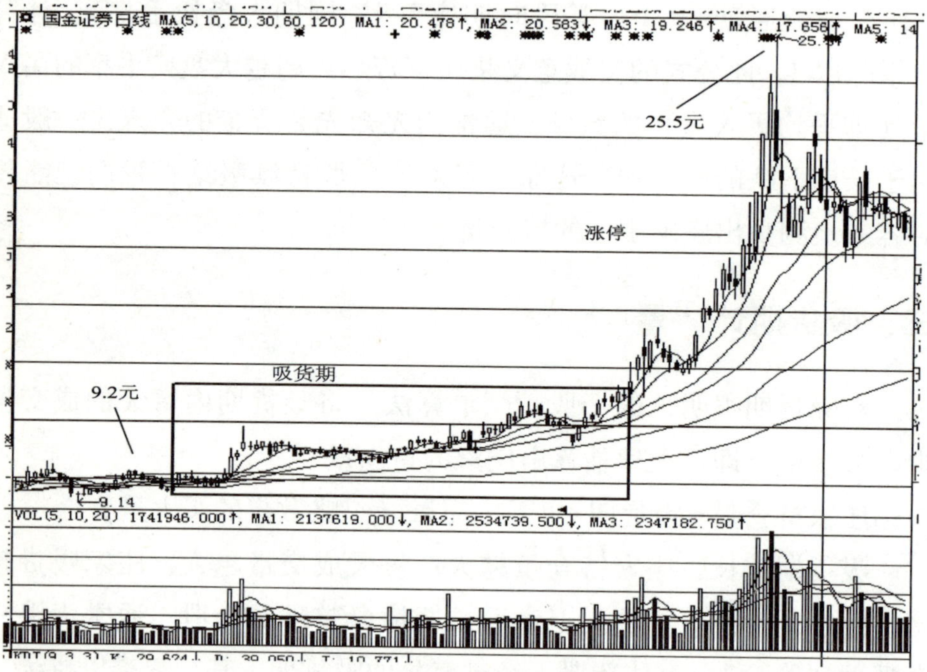

图 11-5

图 11-5 是国金证券（600109）2014 年 6 月至 2015 年 1 月的 K 线走势图。这只个股在拉升前经过了长达 5 个月的吸货期，当股价在吸货期完成吸筹后，股价也从最初的 9 元涨到了高点时的 25 元，升幅巨大。现在我们来看一下主力资金的持仓量，统计如下。

从图 11-6 中我们看到，在主力吸货周期内的总手高达 3549. 18

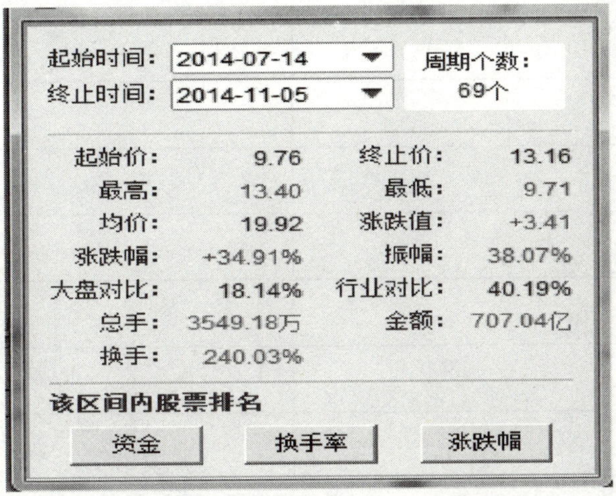

图 11-6

万手，对应的股票总的股本为 28.37 亿股。现在我们运用上面的公式计算，此时主力资金的持仓在本时间段内也就高达三成。从图中的换手率来看的话，也可以印证这一点。之后股票走出翻倍的行情也就不出意外了，而把握住买进机会的投资者则会获利不菲。

主力资金和散户的对比有无数优势，包括成交量方面，但也因为这一点，造成船大难调头的现象。当主力资金利用长时间完成吸筹布局后，就不会在短时间内悄无声息地退出，这是散户相对主力资金的唯一优势了，希望各位可以好好利用自身船小好调头的优势。

下面我们再看一个较长吸货期内吸筹的例子，如图 11-7。

图 11-7 是宝诚股份（600892）2014 年 1 月至 2015 年 3 月的 K 线走势图。我们在图中也可以看到一个漫长的吸货期。伴随着吸货期的结束，股价一飞冲天，从最低 12.38 元走到高点的 45.00 元整，股价上涨了 4 倍不止，早期介入的朋友收获颇丰。

我们再来看看主力资金在吸货期的吸筹情况，如图 11-8。

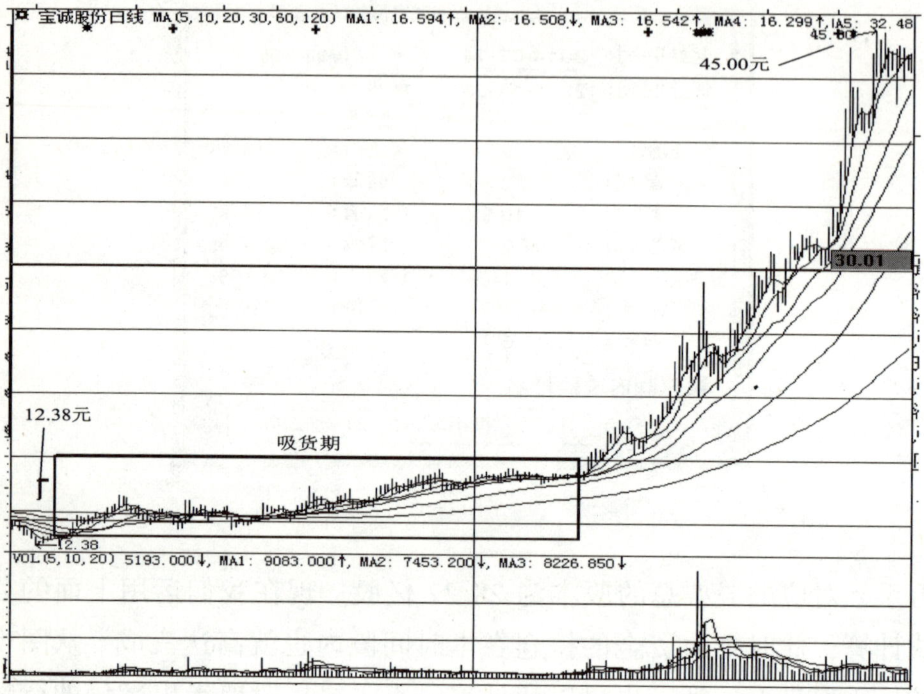

图 11-7

图 11-8 就是图 11-7 中吸货期的区间统计，我们看到总手数高达 119.81 万手。这个总手相对别的个股也许并不太高，不过对于宝诚股份这只个股就很高了。宝诚股份对应的总股本数为 0.63 亿股，这样的总换手已是近乎翻倍了。不管我们赋予它 1/3 还是 1/4 的主力资金持股量，都是一个相当高的持股仓量了。一般来讲，量价关系反映的是一个正相关的关系，越高的持仓量对应的将是更高的升幅，从这只个股中我们也能看出这一点。

最后，如果需要较为准确地计算庄家的持仓量，则计算过程较为复杂，可以使用我们多年经验总结出的“求和平均法”。根据即时成交的内外盘统计进行测算，误差较小。

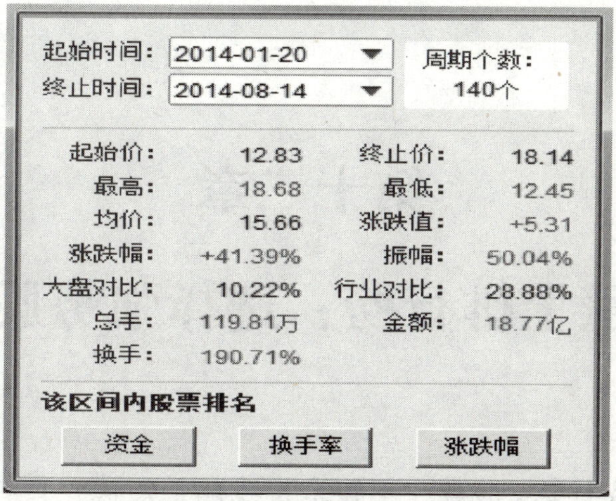

图 11-8

公式：当日庄家买入量=（外盘×1/2+内盘×1/10）÷2

然后将若干天进行累加，至少换手达到 100%以上才可以。所取时间段一般以 60~120 个交易日为宜，因为一个波段庄家的建仓周期通常在 55 天左右。该公式需要投资者每日对目标个股不厌其烦地统计分析。经过长时间实证统计，准确率极高，误差率通常小于 10%。

为了确保计算的准确性，将以上多个公式结果求和平均，最后得出的就是庄家的持仓数量。

一般来说，随着股价的上涨，成交量也会同步放大。但有些庄家控盘的个股会呈现出不一样的情形：随着股价上涨，成交量反而缩小，股价往往能一涨再涨。对这些个股可以重势不重价，在未放大量之前都可一路持有。这些也是建立在主力资金前期吸筹充分的基础上，投资者可多加关注。

第十二章
涨上排行榜：选择强势股

股市交易中买卖股票，不管是长线还是短线，只有股价表现强势，才最能为投资者带来收益。什么样的股票才是强势股？我们说股价不时出现在各类排行榜中的股票，就是摆在投资者眼前最好的强势个股。

在此我们介绍几种排行榜作为投资者买进强势股的参考，第一是涨幅排行榜，第二是量比排行榜，第三是换手率排行榜，第四是成交额排行榜，第五是行业涨幅排行榜。希望这几类排行榜可以为大家选股提供帮助，为投资获利打下基础。

首先我们看涨幅排行榜，如图 12-1。

图 12-1 是一天股价的涨跌幅排行榜，我们截取了排名靠前的一些个股。这些个股能够在 2000 多只股票中脱颖而出，进入排行榜的前列，无疑是当时的强势个股，风头一时无限。

这些排行榜靠前的个股，可以作为投资者选取强势个股的参考，当然也不仅于此。我们说股价上涨必须建立在成交量的基础之上，放量上涨才是一个可持续的上升行情。我们再看成交量又是如何体现的？我们给出的参考就是量比、成交额、换手率。

下面看量比排行榜，如图 12-2。

涨幅排名 | DDE排名 | 资金流向 | 主力增仓 | 财务数据

	代码	名称	涨幅%	现价	涨跌	涨速%	DDE净量	总手	换手%	量比	买入信号	利好	利空
1	002012	凯恩股份	+10.07	7.98	+0.73	+0.00	1.11	18.55万	3.97	1.10	3	有	无
2	002334	英威腾	+10.05	8.21	+0.75	+0.00	-0.04	4560	0.089	0.02	8	无	无
3	600846	同济科技	+10.04	10.19	+0.93	+0.00	4.92	110.6万	17.70	3.32	3	无	无
4	002070	众和股份	+10.04	14.25	+1.30	+0.00	0.39	36.78万	6.50	0.78	1	无	无
5	002145	中核钛白	+10.04	14.91	+1.36	+0.00	0.18	15.54万	8.26	1.34	7	无	无
6	000973	佛塑科技	+10.04	9.10	+0.83	+0.00	1.35	56.60万	7.33	1.83	3	无	无
7	002389	南洋科技	+10.04	15.35	+1.40	+0.33	0.66	43.01万	11.12	2.27	6	无	无
8	300247	桑乐金	+10.03	13.49	+1.23	+0.00	-0.22	11.05万	6.59	0.91	7	无	无
9	002058	威尔泰	+10.03	18.87	+1.72	+0.00	0.16	74139	5.17	1.53	2	无	无
10	002497	雅化集团	+10.03	7.57	+0.69	+0.00	0.52	75.53万	10.49	4.21	4	无	无
11	603169	兰石重装	+10.03	19.97	+1.82	+0.00	3.94	24.75万	15.47	2.05	2	无	无
12	300401	花园生物	+10.03	21.51	+1.96	+0.00	2.22	39145	8.62	0.81	2	无	无
13	600390	金瑞科技	+10.03	12.95	+1.18	+0.00	1.08	15.51万	4.06	1.04	3	有	无
14	600960	渤海活塞	+10.02	9.99	+0.91	+0.00	1.37	32.59万	6.35	2.25	7	无	无
15	000559	万向钱潮	+10.02	20.53	+1.87	+0.00	1.09	121.7万	5.31	1.31	2	有	无
16	002487	大金重工	+10.02	11.09	+1.01	+0.00	-0.90	21.39万	4.09	2.40	8	无	无
17	300037	新宙邦	+10.02	34.38	+3.13	+0.00	0.00	27414	2.52	1.34	4	无	无
18	002464	金利科技	+10.02	34.60	+3.15	+0.00	0.89	40877	4.41	17.22	0	无	无
19	002684	猛狮科技	+10.01	23.51	+2.14	+0.00	1.33	20.29万	9.54	3.17	5	无	无
20	002188	新嘉联	+10.01	25.16	+2.29	+0.00	-0.22	12.88万	8.66	1.89	2	无	无
21	603799	华友钴业	+10.01	19.45	+1.77	+0.00	5.45	20.54万	22.57	2.54	3	无	无
22	600961	株冶集团	+10.01	10.44	+0.95	+0.00	0.96	88524	1.68	0.67	4	无	无
23	300014	亿纬锂能	+10.01	21.98	+2.00	+0.00	0.58	11.47万	3.66	1.15	4	无	无
24	002594	比亚迪	+10.01	65.40	+5.95	+0.03	0.31	34.36万	4.60	1.80	1	无	无
25	002733	雄韬股份	+10.01	27.81	+2.53	+0.00	-0.01	91081	17.86	2.68	6	无	无
26	002270	法因数控	+10.01	13.96	+1.27	+0.00	0.09	3202	0.230	0.06	5	无	无
27	300068	南都电源	+10.01	14.73	+1.34	+0.00	1.15	37.87万	8.70	1.27	4	无	无

图 12-1

涨幅排名 | DDE排名 | 资金流向 | 主力增仓 | 财务数据

	代码	名称	涨幅%	现价	涨跌	涨速%	DDE净量	总手	换手%	量比	买入信号	利好	利空
1	002464	金利科技	+10.02	34.60	+3.15	+0.00	0.89	41401	4.46	15.72	0	无	无
2	002711	欧浦钢网	+10.01	29.13	+2.65	+0.55	-4.00	23.90万	18.52	8.41	0	无	无
3	300345	红宇新材	+3.27	42.05	+1.33	+1.45	-0.96	33.20万	41.42	7.39	1	无	无
4	600868	梅雁吉祥	+6.57	5.03	+0.31	-0.20	-3.18	470.6万	24.78	6.79	1	无	无
5	002164	宁波东力	+8.55	11.68	+0.92	+1.65	-2.67	50.71万	12.51	4.21	6	无	无
6	002497	雅化集团	+10.03	7.57	+0.69	+0.00	4.26	77.22万	10.73	3.86	4	无	无
7	300081	恒信移动	+10.01	37.16	+3.38	+0.00	-4.02	22.85万	25.06	3.83	11	无	无
8	300132	青松股份	-3.04	9.26	-0.29	+0.33	-0.55	39.43万	16.71	3.78	0	无	无
9	002268	卫士通	-5.63	64.82	-3.87	-0.28	-1.14	30.79万	8.94	3.57	2	无	无
10	600303	曙光股份	+9.94	7.74	+0.70	+0.00	3.02	67.01万	11.66	3.49	5	无	无
11	002580	圣阳股份	+10.01	16.49	+1.50	+0.55	2.77	27.89万	18.69	3.17	2	无	无
12	002560	通达股份	+9.99	21.57	+1.96	+0.00	0.43	15.06万	19.52	3.17	1	无	无
13	002326	永太科技	+8.13	17.95	+1.35	+0.56	-0.89	49.54万	11.93	3.15	0	无	无
14	300252	金信诺	+10.00	25.14	+2.65	+0.00	-0.36	13.14万	5.05	3.10	9	无	无
15	002484	江海股份	+10.01	19.79	+1.80	+0.00	0.63	15.07万	4.95	3.10	4	无	无
16	600846	同济科技	+10.04	10.19	+0.93	+0.00	5.04	115.4万	18.47	3.10	3	无	无
17	603616	韩建河山	+10.01	44.06	+4.01	+0.00	-7.57	28.09万	76.59	2.88	0	无	无
18	002684	猛狮科技	+10.01	23.51	+2.14	+0.00	2.26	20.49万	9.63	2.88	5	无	无
19	600563	法拉电子	+9.99	36.88	+3.35	+0.00	1.05	13.22万	5.87	2.86	3	无	无
20	000680	山推股份	+3.39	7.92	+0.26	+0.76	-3.33	157.9万	16.53	2.85	0	无	无
21	600730	中国高科	+10.02	23.60	+2.15	+0.00	-1.62	51.69万	17.62	2.83	5	无	无
22	000885	同力水泥	-7.15	13.89	-1.07	-0.07	-1.68	25.20万	5.91	2.76	0	无	无
23	300047	天源迪科	-7.47	19.83	-1.60	+0.71	-4.38	46.22万	20.10	2.73	3	有	无
24	000716	黑芝麻	-9.83	16.61	-1.81	+0.12	-9.10	35.70万	20.85	2.72	2	有	无
25	002213	特尔佳	+6.66	15.85	+0.99	-0.50	1.15	79465	5.79	2.63	3	无	无
26	000837	秦川机床	+5.46	17.59	+0.91	+0.06	-1.97	77.57万	30.35	2.62	0	无	无
27	600789	鲁抗医药	+7.79	13.42	+0.97	-1.18	-2.16	96.00万	16.49	2.62	1	无	无

图 12-2

图 12-2 是量比排行榜，反映的是当日成交量与前一日成交量的

比率。量比越大，当日成交量越大，说明此时股价的上涨是有支撑的。结合前面的涨幅排行榜，就可以让投资者的操作更有把握。

量比可以反映成交量的变化。从前文的换手率计算成交量，我们知道成交量的变化和筹码的转换是通过换手来完成的，换手率维持一定水准，才是成交活跃、股价强势的基础。当然并不是说换手越大越好，这一点投资者需要明白。

涨幅排名 | DDE排名 | 资金流向 | 主力增仓 | 财务数据

	代码	名称	涨幅%	现价	涨跌	涨速%	DDE净量	总手	换手%↓	量比	买入信号	利好	利空
1	603616	韩建河山	+10.01	44.06	+4.01	+0.00	-7.57	28.13万	76.69	2.79	0	无	无
2	603117	万林股份	+10.02	35.70	+3.25	+0.00	-13.50	39.20万	65.34	1.54	1	无	无
3	603026	石大胜华	+10.00	31.34	+2.85	+0.00	-4.84	30.50万	60.19	1.53	0	无	无
4	603300	华铁科技	+10.01	32.43	+2.95	+0.00	0.67	29.95万	59.10	1.78	0	无	无
5	002765	蓝黛传动	+7.87	35.90	+2.62	-0.22	-10.93	29.23万	56.21	1.28	1	无	无
6	002770	科迪乳业	+7.24	35.99	+2.43	+0.00	-10.62	38.30万	56.00	1.15	1	无	无
7	603085	天成自控	-7.41	56.12	-4.49	+0.04	-8.01	13.48万	53.94	1.21	0	无	无
8	603838	四通股份	-8.16	46.17	-4.10	+0.59	-11.49	17.51万	52.53	1.27	0	无	无
9	601968	宝钢包装	+8.26	19.66	+1.50	-0.25	-11.42	108.0万	52.20	1.14	0	无	无
10	603227	雪峰科技	+8.96	30.88	+2.54	-0.71	-9.96	42.17万	51.21	1.53	1	无	无
11	601368	绿城水务	+5.31	22.00	+1.11	-0.59	-8.07	72.96万	49.63	1.11	0	无	无
12	300480	光力科技	-10.00	68.55	-7.62	+0.00	-4.58	10.76万	46.79	1.61	0	无	无
13	603311	金海环境	+4.74	33.79	+1.53	-1.43	-10.98	24.45万	46.58	1.27	0	无	无
14	002755	东方新星	+4.12	47.50	+1.88	-0.08	-3.57	11.09万	43.78	1.36	0	无	无
15	300345	红宇新材	+4.86	42.70	+1.98	+0.35	-9.09	33.90万	42.19	7.27	1	无	无
16	603223	恒通股份	-10.00	40.69	-4.52	+0.00	-5.28	12.17万	40.56	0.78	0	无	无
17	300464	星徽精密	-6.41	42.93	-2.94	+0.19	-8.67	83535	40.41	0.89	0	无	无
18	300478	杭州高新	-2.00	54.43	-1.11	-0.04	-7.00	65394	39.23	1.42	0	无	无
19	002761	多喜爱	+10.00	44.99	+4.09	+0.00	1.67	11.44万	38.12	1.57	2	无	无
20	300475	聚隆科技	+2.02	34.40	+0.68	-0.17	-7.30	19.03万	38.07	1.08	0	无	无
21	300472	新元科技	-10.00	54.39	-6.04	+0.00	-7.31	59886	35.92	1.19	0	无	无
22	300487	蓝晓科技	-8.64	56.99	-5.39	-0.02	-3.38	64286	32.14	0.82	0	无	无
23	002407	多氟多	+10.00	28.28	+2.57	+0.00	5.25	58.50万	31.29	2.00	3	有	无
24	002760	凤形股份	-6.73	40.99	-2.96	-0.07	-3.42	68686	31.22	0.81	0	无	无
25	300481	濮阳惠成	-10.01	41.18	-4.58	+0.00	-3.11	62124	31.06	0.61	0	无	无
26	000837	秦川机床	+5.34	17.57	+0.89	+0.11	-1.81	79.26万	31.01	2.59	0	无	无
27	300486	东杰智能	-9.99	45.77	-5.08	+0.00	-1.92	10.76万	31.00	0.68	0	无	无
28	002772	众兴菌业	-7.51	44.49	-3.61	-0.02	-3.94	11.46万	30.77	0.69	0	无	无
29	300460	惠伦晶体	-5.63	37.52	-2.24	+0.03	-5.22	12.44万	29.56	0.86	1	无	无
30	002766	索菱股份	-7.91	35.30	-3.03	-0.08	-6.16	13.54万	29.56	0.73	0	无	无

图 12-3

图 12-3 是换手率排行榜。在股价表现特别强势的情况下，会呈现出换手率放大的现象。但我们也需要注意，放量出货时的换手率同样会呈现放大。换手是股价上涨的基础，但并不是股价上涨的必然。当然我们在股市中也不会去谈论必然性的问题。股市投资，尤其是短线操作，本身是一个概率问题，所以我们才从多个排行榜中选股，利用多个因素的共同作用，才能更好地把握住强势个股。当然，在此我们也就必须想到前文讲解的板块效应了。

下面给出行业排行榜，作为投资者买进的又一参考。

	板块名称	.	涨幅%	涨速%	DDE净量	DDE金额	量比	涨家数	跌家数	领涨股	5日涨幅
1	动力/锂电池	*	+5.70%	+0.07	6.48	+47.00亿	1.22	64	8	杉杉股份	+8.30%
2	新能源汽车	*	+4.65%	+0.10	3.23	+40.40亿	1.30	53	9	杉杉股份	+7.64%
3	氢燃料电池	*	+4.42%	+0.16	3.46	+7.62亿	1.35	14	2	同济科技	+2.87%
4	充电桩	*	+4.19%	+0.11	2.44	+9.44亿	0.97	25	2	比亚迪	+4.24%
5	白糖	*	+3.80%	+0.05	-1.43	-1525万	0.96	2	0	南宁糖业	-9.82%
6	氟化工	*	+3.48%	+0.07	3.29	+2.80亿	1.20	5	3	凯恩股份	+3.92%
7	特斯拉	*	+3.36%	+0.08	2.42	+17.93亿	1.03	30	14	杉杉股份	+7.13%
8	新材料		+3.04%	+0.12	3.14	+5.12亿	0.94	16	5	金瑞科技	+4.84%
9	汽车整车		+2.95%	+0.12	1.46	+10.07亿	1.46	15	6	比亚迪	+7.11%
10	稀土永磁	*	+2.88%	+0.21	0.74	+7.12亿	0.83	21	5	金瑞科技	+4.43%
11	公交		+2.20%	+0.16	3.52	+1.39亿	0.99	4	2	富临运业	-1.05%
12	石油矿业开采		+2.10%	+0.04	-0.04	+658.6万	0.56	3	3	宏达矿业	+4.67%
13	钛白粉	*	+1.83%	-0.26	-1.07	-693.9万	1.76	2	1	中核钛白	+9.75%
14	西藏		+1.77%	+0.17	-3.46	-3.35亿	0.96	6	4	西藏城投	+15.75%
15	柔性电子	*	+1.63%	+0.17	0.73	+9786万	0.89	12	3	金利科技	+5.11%
16	小金属	*	+1.43%	+0.14	0.49	+5.43亿	0.78	24	18	株冶集团	+1.13%
17	港口航运		+1.40%	+0.15	2.16	+12.58亿	0.87	16	6	连云港	+1.07%
18	核电核能	*	+1.40%	+0.03	0.20	+6.41亿	0.78	25	20	兰石重装	-0.33%
19	电气设备		+1.37%	+0.05	1.38	+17.21亿	0.93	80	45	南都电源	+0.50%
20	苹果概念	*	+1.30%	+0.16	0.99	+3.08亿	0.76	11	11	金利科技	+3.68%
21	新材料概念	*	+1.19%	+0.11	1.63	+12.47亿	0.91	45	41	杉杉股份	+1.98%
22	交运设备服务		+1.13%	+0.08	-0.12	+749.6万	0.88	5	4	漳州发展	+5.13%
23	智能电网	*	+1.12%	+0.07	-0.04	+2.34亿	0.80	42	29	猛狮科技	-0.78%
24	中韩自贸区	*	+1.02%	+0.24	2.90	+2.72亿	0.81	8	2	连云港	-1.82%
25	汽车电子	*	+0.98%	+0.13	0.88	+2.62亿	0.87	10	7	信质电机	-0.36%
26	国产软件	*	+0.98%	+0.04	0.21	+5383万	0.82	17	10	东方通	-3.97%
27	黄金水道	*	+0.98%	+0.10	-0.14	-3206万	0.47	3	2	重庆港九	-2.69%
28	煤炭开采		+0.91%	+0.05	-0.25	-5.71亿	0.91	27	6	兖州煤业	+5.89%

图 12-4

图 12-4 是各行业股票的涨幅排行榜。在股价上涨过程中，出现行业性的上涨后，此时股价的上涨理由更为充分。结合上文的多种排行找出最优的，更多榜单涵盖的股票，这样的个股就是我们要把握的个股。

如果我们对上文的流程进行总结的话，将呈现出以下几个一般步骤。

第一，从涨幅榜上寻找。

大盘上涨时，目标个股涨幅大于3%者。或大盘震荡调整时，目标个股走势强于大盘并出现异常波动者（强势特征明显）。

第二，在量比排行榜中，寻找量比放大 1 倍以上的股票，越大越要关注。在换手率排行榜上看是否出现换手率放大的现象。

第三，在确认个股符合条件后，打开目标个股日K线图检查。该目标股5日均线是否带量上扬，均线系统是否多头分布；K线形态是否完好，是否出现攻击形态；该股是否出现多次连续的放量。

第四，查看目标股的周K线图：目标股的周K线是否向好，均线系统多头发散，与日线系统指示一致。也可多参考其他指标。

第五，该股如符合所有设定，说明该股具备短线攻击条件，获利机会来临，投资者可以积极买进。

第六，若出现判断失误，要及时止损，不可放任损失扩大。

投资者可依据上文的步骤，在实战中检验并进一步完善操作。经过实践检验过的操作方法才是好的操作方法，适合自己的操作方法才是好的操作方法，希望投资者都能找到属于自己的好的操作方法。

第十三章
行情从量：以量看市

前文论述行情级别时，我们说可以根据股价的回调深度去判断股价的后市行情，但所有的一切都是建立在成交量基础上的，抛去成交量去谈论任何一种行情，都是纸上谈兵。现在我们一起来了解一下成交量的变化，以便为行情交易提供买卖基础。

成交量分析已经成为人们分析行情走势时必不可少的部分。成交量的变化，或多或少会泄漏出主力资金运作股票时的计划，而掌握对手的底牌，才能在博弈中寻找到制胜之道。

成交量的变化反映了人们对股价运行的认可程度。股票具有投资价值，自然会有人买入，买入则会引起量能放大。如果股价没有投资价值，人们自然不会买入，成交量自然也就稀疏平常。成交量的变化反映了供求关系的变化，涨时放量，跌时缩量，才是健康的量价配合，才可能为投资者带来较好的收益。

股价回调要求必须有成交量的完美配合，只有这样股价才会有再次上涨的动力。股价回调时对量能的要求如下：股价上涨时量能呈放大趋势，股价回调时呈缩小趋势。整个回调中量能由小变大的过程，正反映了人们从最初观望到最后积极入场操作的心理变化，说明人们对股价上涨逐步认可。股价有了这一基础，自然会开启新一段上涨步伐。

投资者在实际操作中，必须要把回调力度和回调量能配合起来使用，进行综合分析。对一些弱势回调，并在回调时有完美量价配合的个股，要做好随时迎接股价再次上涨的准备。而对一些深度回调并出现放量迹象的个股，需谨防主力资金出货。

下面我们通过一些案例来说明。

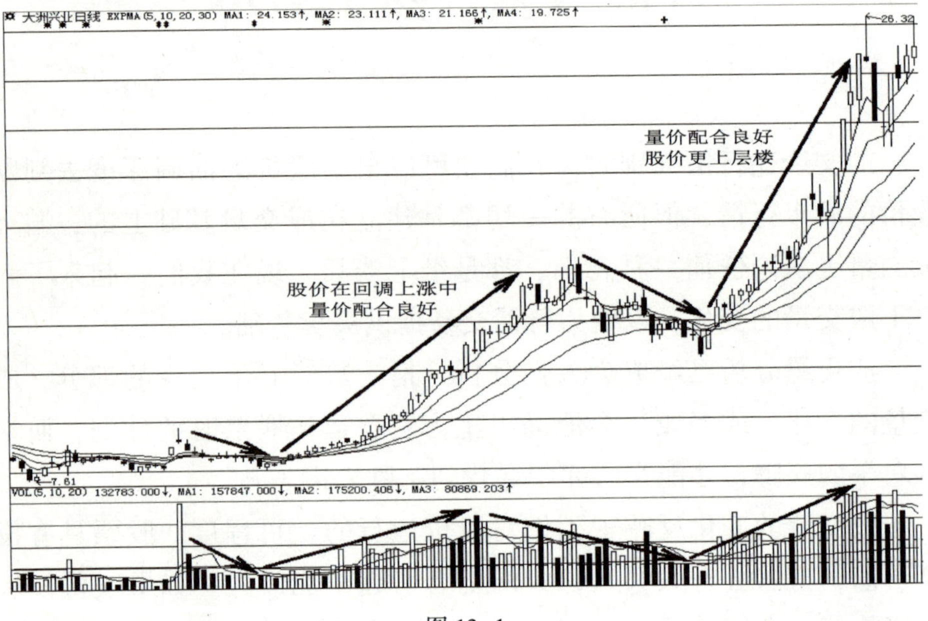

图 13-1

图 13-1 是大洲兴业（600603）2014 年 12 月至 2015 年 6 月的 K 线走势图，股价在上升过程中出现了两次回调。在回调过程中我们看到，都出现了完美的量价关系：股价回调时缩量，回调结束股价抬升时量能放大。这就告诉投资者，回调中抛盘不大，而积极追进的量能巨大，股价再次上涨的能量充足。投资者也可在此时积极追高买进，获取投资收益。

我们再看一个案例，如图 13-2。

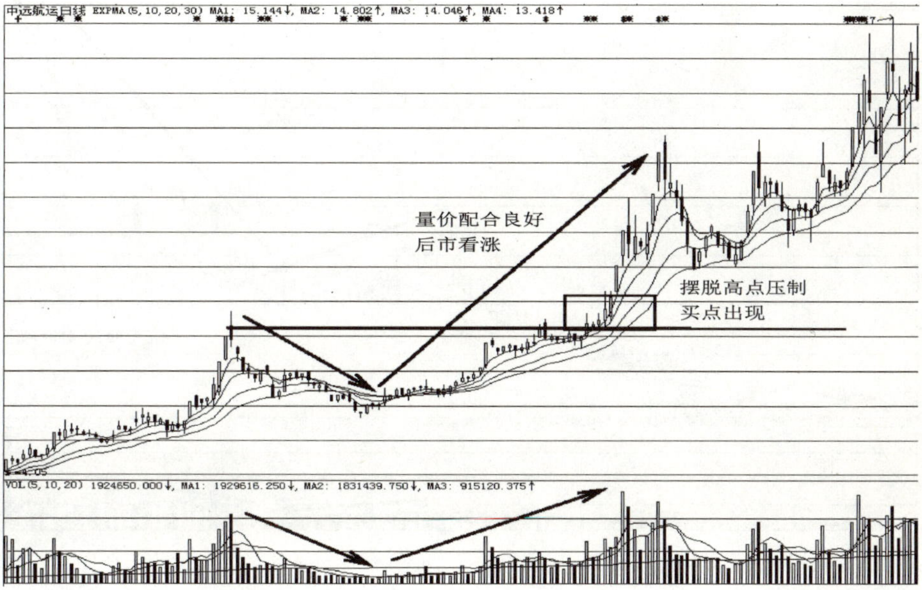

图 13-2

图 13-2 是中远航运（600428）2014 年 10 月至 2015 年 6 月的 K 线走势图，股价在上涨过程中出现了一个回调。在股价回调时，我们看到量能出现萎缩，说明买盘不多，惜售严重。当股价在回调后期出现上升走势时，这时的量能出现放大，表明买盘积极买进。这个过程完整地体现了主力资金的运作过程，股价在此处只不过是一个简单的调整，后市还将积极向上，投资者可以积极追进。

在图中我们也给出了买进的指示，股价摆脱高点压制，高点的压制将转化为支撑，助推股价再次上涨，买点再次出现。

图 13-3 是武汉凡谷（002194）2015 年 1 月至 2015 年 7 月的 K 线走势图。股价在上涨中出现弱势回调，调整幅度不大。同时，量能在回调的过程中出现萎缩，卖盘不多，后市行情积极看好。当股

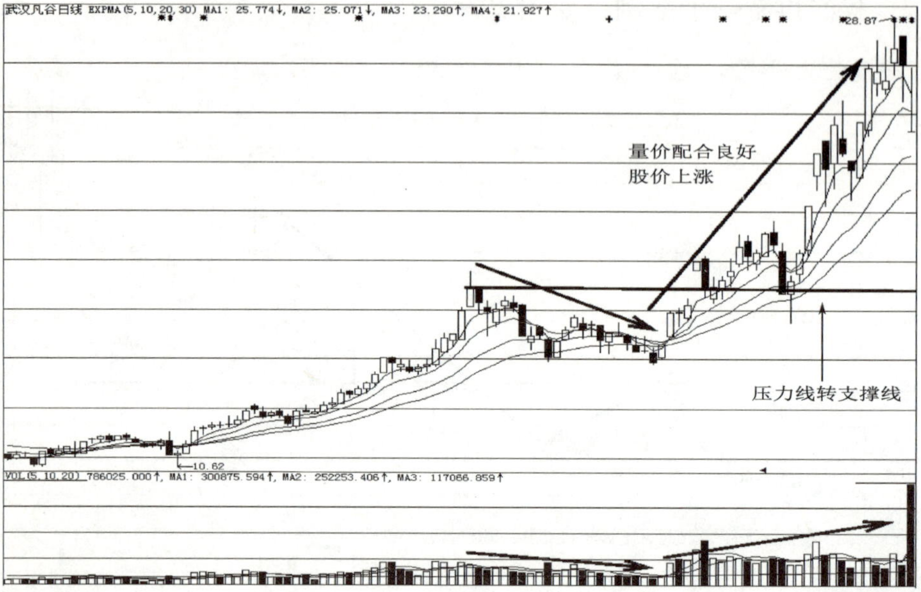

图 13-3

价出现放量上涨时，投资者就可以积极买进，坐等股价升值带来的投资收益。

在本案例中，投资者可以看到压力线转化为支撑线的情形。股价站稳压力线后，压力线转化为支撑线，当股价回调时，该线对股价起到了支撑作用。股价回调得到支撑后，股价进一步上涨。

图 13-4 是中国远洋（601919）2014 年 10 月至 2015 年 5 月的 K 线走势图。股价在上升中出现的缩量弱势回调明显，回调后出现一波大的升幅，短时间内股价上涨巨大。在此处买进的投资者将获得巨额的投资收益。

这个就是弱势回调与量能配合的例子。回调幅度不大，说明抛盘不多，主力资金志在长远。量能配合又为股价再次上涨注入新的动力，股价的后市行情值得看好。

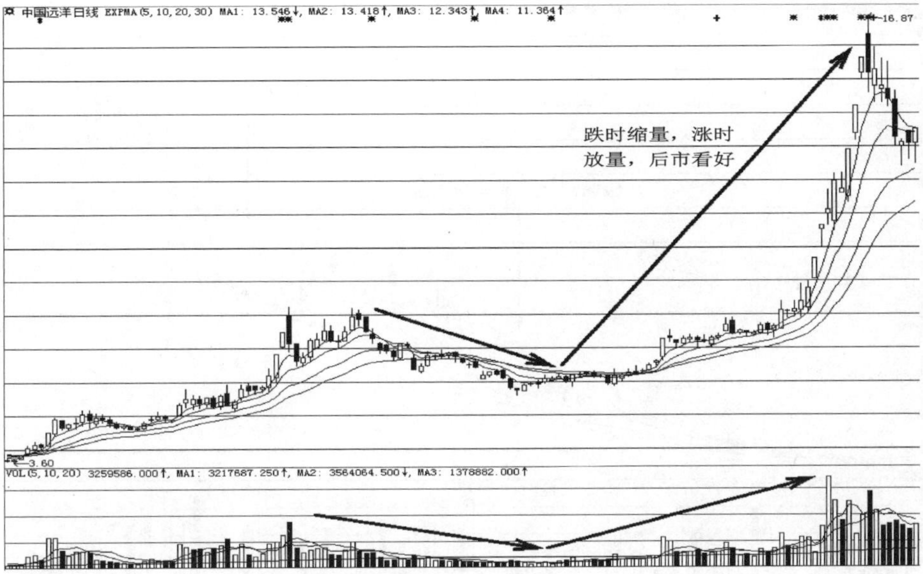

图 13-4

在此我们补充一种特殊情况。有时因为主力资金此前已经高度控盘，所以在回调后会出现无量拉升的情况。对于这种情况，投资者需特殊对待。

我们看下面的案例，如图 13-5。

图 13-5 是新国都（300130）2015 年 1 月至 2015 年 6 月的 K 线走势图。股价在上涨中出现两次回调，都呈现缩量的情况。但此后股价的上涨有所不同，股价直接无量涨停，升势很猛。

这样的走势多是主力资金高度控盘才会出现的走势。投资者在遇到这样的走势后，可积极参与，获取收益。

图 13-6 是华润万东（600055）2015 年 1 月至 2015 年 6 月的 K 线走势图。股价在上涨中出现回调，缩量回调的迹象明显，说明抛压很轻。但此后股价在上涨中量能并未有效放出，表明投资者追进的意愿不足。但股价就在这样的缩量回调与缩量上涨中走出了连续

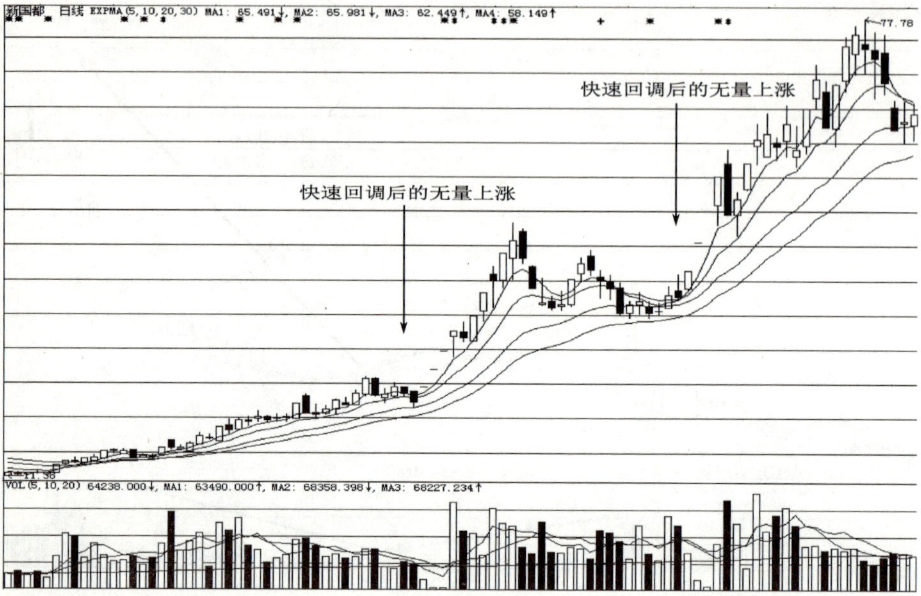
新国都 日线 EXPMA(5,10,20,30) MA1: 65.491↓, MA2: 65.981↓, MA3: 62.449↑, MA4: 58.149↑
77.78
快速回调后的无量上涨
快速回调后的无量上涨
11.36
VOL(5,10,20) 64238.000↓, MA1: 63490.000↑, MA2: 68358.398↓, MA3: 68227.234↑

图 13-5

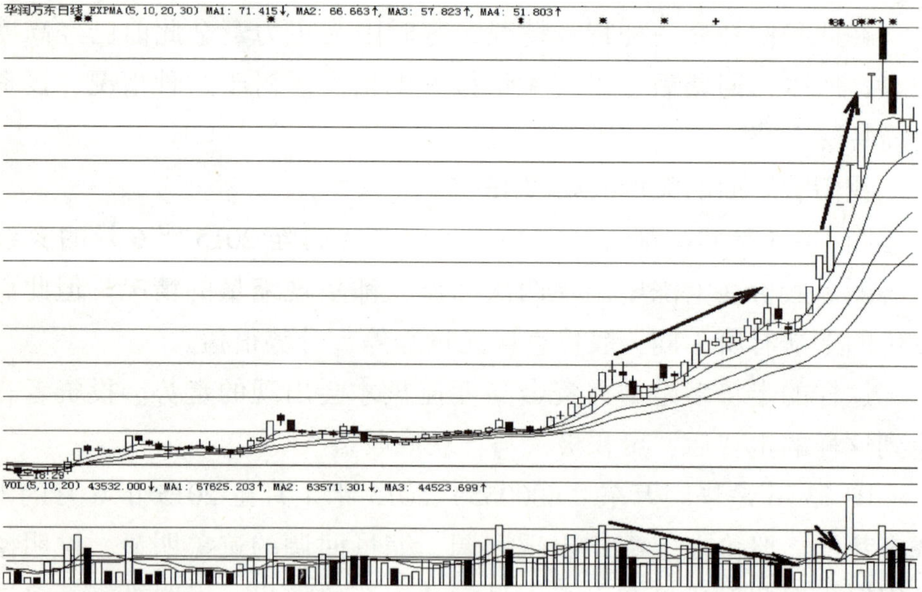
华润万东日线 EXPMA(5,10,20,30) MA1: 71.415↓, MA2: 66.663↑, MA3: 57.823↑, MA4: 51.803↑
VOL(5,10,20) 43532.000↓, MA1: 67625.203↑, MA2: 63571.301↓, MA3: 44523.699↑

图 13-6

飙升的行情，没有追进的投资者悔之晚矣。

当我们回过头来看股价之前的走势时，发现股价有一个漫长的吸货期，量能放大明显，主力介入迹象明显。主力资金有长时间的吸筹，早已完成筹码的收集，此后行情自然能够轻松进入快速拉升阶段。对这样的特殊走势，需要投资者特殊对待。

根据前文的三种回调强度，以及量价配合的情况，我们可以对股价走势作一些简单的分类。投资者也要根据情况的不同，作出不同的投资决策。

当股价弱势回调，并且量价配合时，股价上涨看好，投资者可积极操作；当股价弱势回调，而量价配合不完美时，股价上涨略有折扣，仍可积极参与；当股价出现中度回调，回调时量价配合，股价存在极大上涨可能，投资者操作时要谨慎乐观。当出现中度回调但量价不配合时，投资者操作就要注意风险；当股价出现强势回调，并且回调时量能配合良好时，投资者可以参与，但须注意股价随时有可能转向；最后，当股价强势回调，量价不配合时，投资者就要回避操作了。

以上的回调强弱与量价配合，会随着股价走势的变化而不断地变化，并需要据此作出新的判断，投资者在操作中要不断地去完善。本着防范风险的原则，当出现量价不配合的现象时，投资者就要注意回避，尽量寻找那些拥有完美上涨形态的个股去操作。短线机会无处不在，所以投资者在操作时一定要注意：宁缺毋滥。

第十四章

行情有度：预判行情的法门

我们一直强调股价行情的连续性，股价的上涨和下跌都有其持续时间，不是一日之功。能在股价的早期上涨中得出股价以后的行情走势，是每个投资者都孜孜以求的。结合前文的行情级别与行情从量，我们在此介绍一种研究行情持续性的办法——行情有度。

首先我们讨论上升行情中的行情有度。我们说的行情有度，就是股价上升的角度问题，它是指股价经过一波上涨出现回调后再次上涨时的角度。在已有的行情走势中，根据后期的一些不同走势，去判断最终的行情走势。

一、上升行情中的角度

股价在原有的走势中会形成一个角度，我们可以把这一角度作为标准来判断后期的行情走势。当股价再次上涨时角度出现变化，上涨角度越陡峭，其后市的上涨空间也将越大。当个股走势呈现更大角度的上涨时，也就充分证明走势强势的到来，而这个时候正是投资客入场的好时机。

更大的上涨角度说明市场拉升的冲动不可遏制，相反的是走势出现角度更小的情况，则是股价疲软的表现，表明投资者对后市看法出现分歧，此后行情也就不会太乐观。

我们对此做一个简单的划分，可分为三种情况。

第一，极度再上涨角度。股价回调后再次上涨时，角度远远大于前一波股价上涨时的角度。这种情况出现后，股价很容易出现涨停走势，也是投资者最好的买进机会。

第二，中度再上涨角度。股价回调后再次上涨时，角度约等于前一波股价上涨时的角度。在这种走势情况下，股价将延续原有的走势，投资者可继续买进或持有。

第三，弱度再上涨角度。股价回调后再次上涨时，角度小于前一波股价上涨时的角度。出现这种情况，表明股价上升力度转弱，后市上涨空间减小。投资者在短线操作需时刻注意股价回头。

股价上涨角度减小，说明股价上涨的推动力减少，后市上涨空间将严重受限。出现此种情况，投资者应回避操作。正确把握最强的走势，才是投资者在股市中的盈利之道。

下面我们看一些案例。

图 14-1 是中国远洋（601919）2014 年 8 月至 2015 年 5 月的 K 线走势图。股价在之前的上升过程中形成一个既有角度，此后股价出现一段时间的回调。当股价再次上涨时，表明股价以更大的角度开启新一轮上涨。在这一波行情中，股价升势更猛，上升空间巨大。

投资者在买进此类个股时，可参考前文的买卖时机，作出买卖判断。此处可在突破高点压制后选择买进。

图 14-2 是动力源（600405）2014 年 12 月至 2015 年 6 月的 K 线走势图。股价在最初阶段的上升中形成一个既有角度，此后股价进入回调阶段。当股价再次上升时，则以更大的上涨角度形成新的上升趋势。股价在最初表现出强势时，投资者就可以积极买进，获取

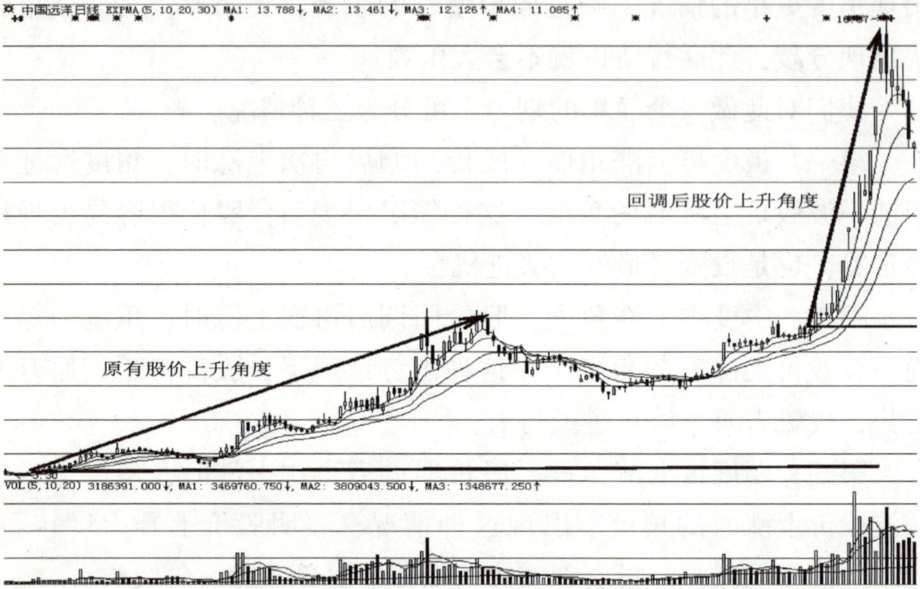
中国远洋日线 EXPMA(5,10,20,30) MA1: 13.788↓, MA2: 13.461↓, MA3: 12.126↑, MA4: 11.085↑
回调后股价上升角度
原有股价上升角度
VOL(5,10,20) 3186391.000↓, MA1: 3469760.750↓, MA2: 3809043.500↓, MA3: 1348677.250↑

图 14-1

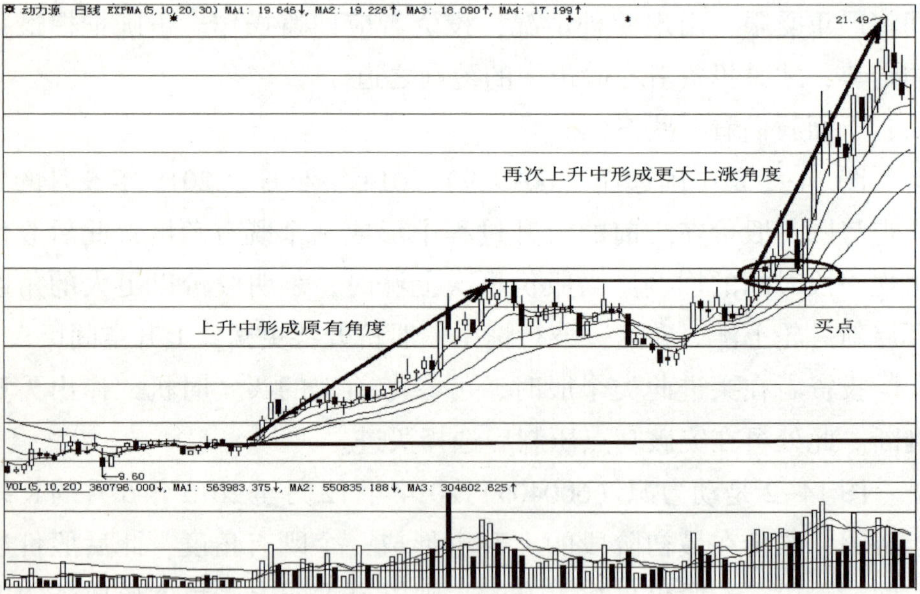
动力源 日线 EXPMA(5,10,20,30) MA1: 19.646↓, MA2: 19.226↑, MA3: 18.090↑, MA4: 17.199↑
21.49
再次上升中形成更大上涨角度
上升中形成原有角度
买点
9.60
VOL(5,10,20) 360796.000↓, MA1: 563983.375↓, MA2: 550835.188↓, MA3: 304602.625↑

图 14-2

收益。此处参考的买点仍是突破高点的压力位，如图中所示。

在这些案例中，投资者也可以对应前文的回调强弱和量价表现来判断。二者同时发出买进指示，行情启动的准确性会更高。

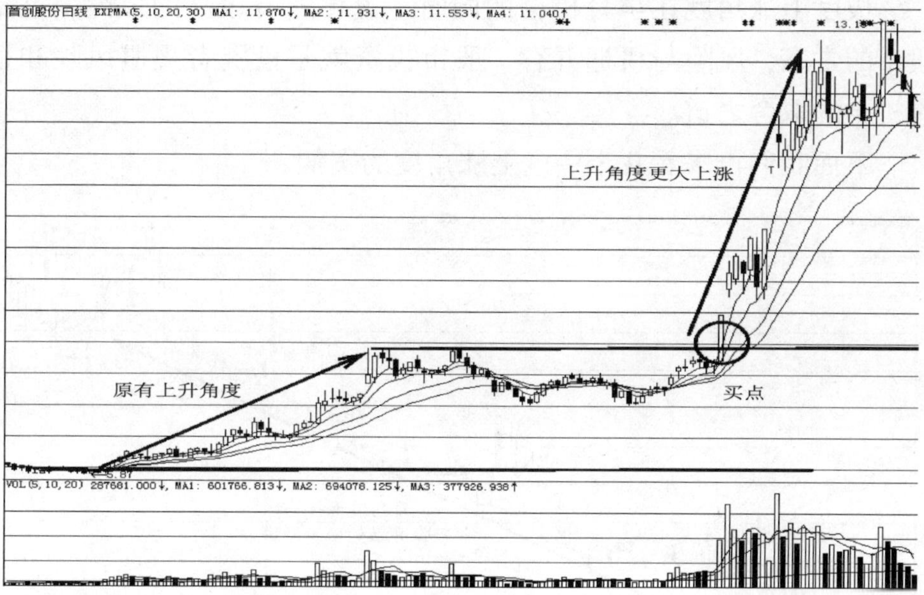

图 14-3

图 14-3 是首创股份（600008）2014 年 7 月至 2015 年 1 月的 K 线走势图。股价在上升过程中形成明显的角度变大的走势。股价在后半程出现急速拉升的走势，短时间内升幅巨大。

对应的买点位置同样在突破点位，投资者可以重点关注。

在此值得一提的是，当股价上升中出现极限角度时，则需谨防风险的产生。极限角度是走势中最后一波上涨，股价强势发挥到二浪极致，此后行情无力更进一步，转弱也是必然的选择。

出现极限角度，有两种情况可供投资者参考。

第一，股价以长阳方式出现极限角度，并伴随成交量最大，极有可能走出涨停走势。

第二，当极限角度出现位置较高，同时成交量最大，行情一旦出现疲软，就一定要及时卖出。

极度上涨角度在孕育机会的同时，也伴随着较高的风险，这是股市的常态，风险与机遇并存。股市投资就是投资者规避风险和把握机会的取舍之道。

下面我们再来看几个中度上涨角度的案例。

图 14-4

图 14-4 是包钢股份（600010）2014 年 11 月至 2015 年 5 月的 K 线走势图。股价在上涨趋势中上升角度保持一致，股价走势虽没有出现加速的情况，但力度也没有出现弱化的情况。股价的上升趋势保持一致。在这样的走势中，每一次的回调都可以成为短线投资者买进的良机。

图 14-5

图 14-5 是安泰科技（000969）2014 年 4 月至 2014 年 9 月的 K 线走势图。股价在运行中又是走出一个连续的上升行情。股价回调深度不大，维持股价强势，回调后继续以原有的步伐上涨。我们把这样的股价走势称为“青云梯”。投资者把握住了这样的行情走势，就如搭上一部青云梯，收益也必将随之上升。

上面两个案例就是典型的中度再上涨角度案例，继续以原有的步伐上涨，对这样走势的个股，投资者仍可积极买进。

我们重点看一下弱度再上涨角度走势，这时投资者就需要控制投资风险了。

图 14-6 是中原高速（600020）2015 年 2 月至 2015 年 7 月的 K 线走势图。股价在该期间出现多次上升行情，但我们仔细对比，又发现其中有许多不同。前两波的涨势很猛，上升角度很大，但随后

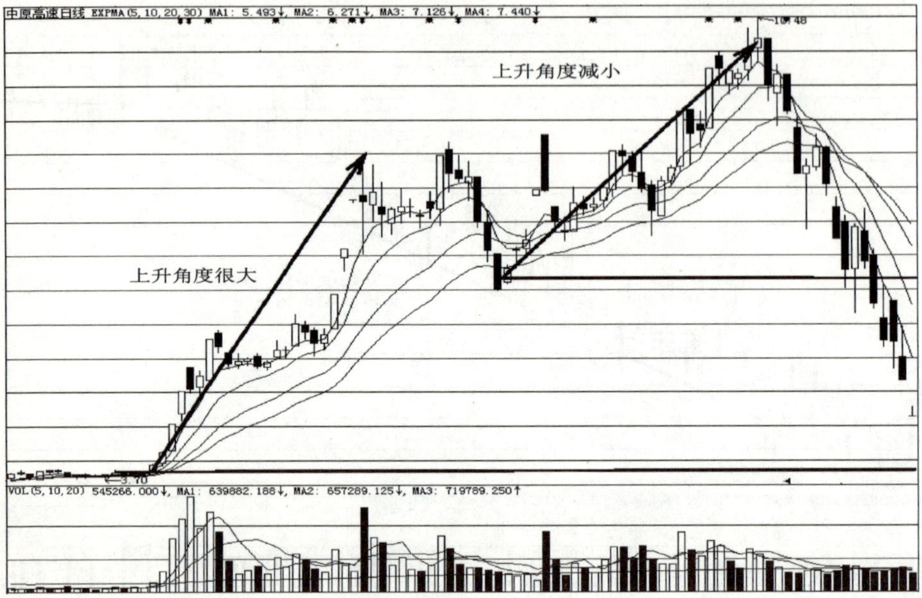

图 14-6

的上升行情中出现变化，股价升势减弱，上升角度变小，直至此后的行情反转。反转后行情跌幅巨大。

股价再上升角度变小，说明上涨力度减弱，再联系前期的升幅，此后行情不应看好。

对于下跌中的卖点，投资者可在股价跌破均线系统时卖出，此时股价下行趋势确立，必须及早离场。

图 14-7 是新华制药（000756）2015 年 2 月至 2015 年 7 月的 K 线走势图。股价在前期的上升趋势中走出了升势很猛的快速拉升行情，股价上升角度很大。在股价回调后的再上升阶段，上涨势头变缓，再上升角度变小。这些特征表明股价上涨动力不足，投资者需要注意行情反转的风险。

对于卖出点位，投资者可以选择在股价跌破均线系统时，此时

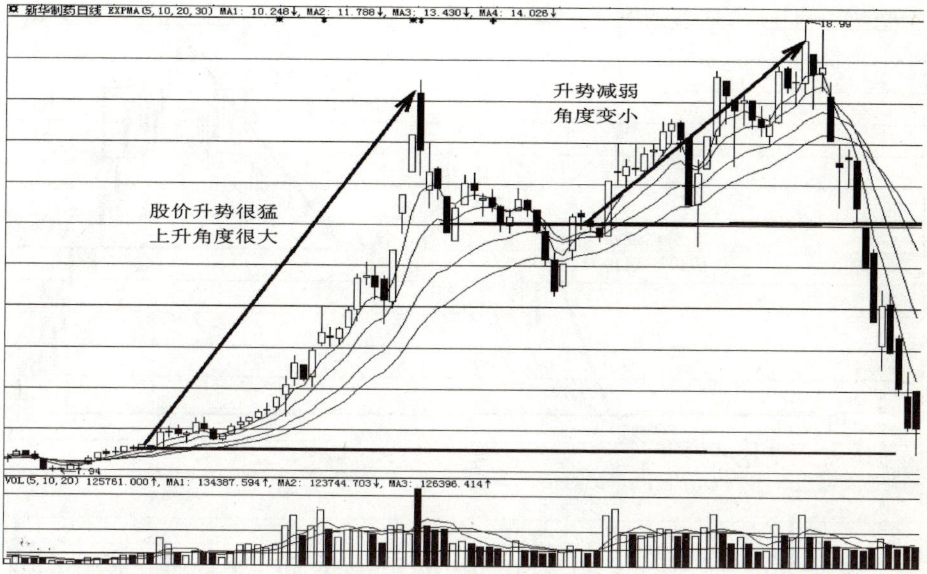

图 14-7

股价下跌趋势确立，必须尽快离场。

我们再看远光软件走势中的弱度再上涨角度问题，如图 14-8。

图 14-8 是远光软件（002063）2015 年 1 月至 2015 年 7 月的 K 线走势图。从图中我们看到，股价在前期的上涨中走出了快速拉升的走势，上涨角度很大，上涨动力强劲。但在回调后的走势中却出现疲软的态势，上涨角度变小，股价上升动力减弱。之后行情没有维持多久就出现快速下跌走势，没有及时离场的投资者将损失严重。

股价在上涨角度变小的情况下，早已告知投资者股价拉升动力不足的事实。能够透过这一表象看透本质的投资者，就可以及早预警，及早离场。

股价跌破均线系统就是最后的离场机会，投资者不可错失。

股价上涨角度从一个侧面反映了市场中投资者对股价上涨的认可程度。股价不断以更大的角度上涨，说明投资者愿意出高价进行

图 14-8

追涨，股价的后市行情自然看涨。当股价的再上涨角度出现减小时，则是对现有股价的分歧变多，买盘不足造成的，后市行情自然不会高到哪里去。风险与机遇就在一线之间，请投资者认清行情，把握机遇，规避风险。

二、下跌行情中的角度

了解完了上升行情中的再上涨角度，我们再看与此相对应的下跌行情中的再下跌角度。

角度的内在本质是力度的变化，股票再下跌时的角度相对平缓，是下跌力量弱化的表现。再下跌时形成的角度越陡峭，则下跌力度越大，再下跌的空间也会很大。当出现近乎垂直的下跌角度时，说明市场中空方不计成本地抛售，投资者在此时也应当尽早离场为是。

下跌行情中的角度划分仍可分为三种。

第一，极度再下跌角度。股价反弹后再次下跌时形成的角度，远大于前一波股价下跌时的角度。当出现这种情况时，投资者要尽早离场，因为更大的跌幅可能就在眼前了，股价暴跌的风险很高。

第二，中度再下跌角度。股价反弹后再次下跌时形成的角度，约等于前一波股价下跌时的角度。出现这种情况后，股价将延续之前的走势继续下跌，仍有巨大的下跌空间。投资者此时仍应以避险为主。

第三，弱度再下跌角度。股价反弹后再次下跌时形成的角度，小于前一波股价下跌时的角度。出现这种情况后，预示股价跌势减缓，有逐步筑底的可能。此时投资者可参考熊市推后买进的原则，延后作出买入决定。

知道了下跌行情角度的三种变化，我们再通过案例来具体认识一下。

图 14-9 是昌红科技（300151）2015 年 2 月至 2015 年 7 月的 K 线走势图。股价在此期间中走出了一波牛市，自底部算起到高点，股价短时间内升幅巨大，也就出现了回调的需要。股价在高位出现短时间的震荡走低，主力资金在高位出货。

当一些投资者发现股价上涨无力，并出现反复下跌浪时，也积极加入到出货的大军中，股价从此一蹶不振，出现直线下跌的走势，股价的下跌角度随之放大。

放大的下跌角度意味着更迅速跌势的来临，投资者必须尽早离场。在图中我们给出了两个离场点位。股价于顶部收出放量巨阴，说明出货明显，投资者可离场观望。第二个就是当股价跌破均线系统后，表明股价下行趋势确认，这是投资者最后的离场机会，投资者必须离场。

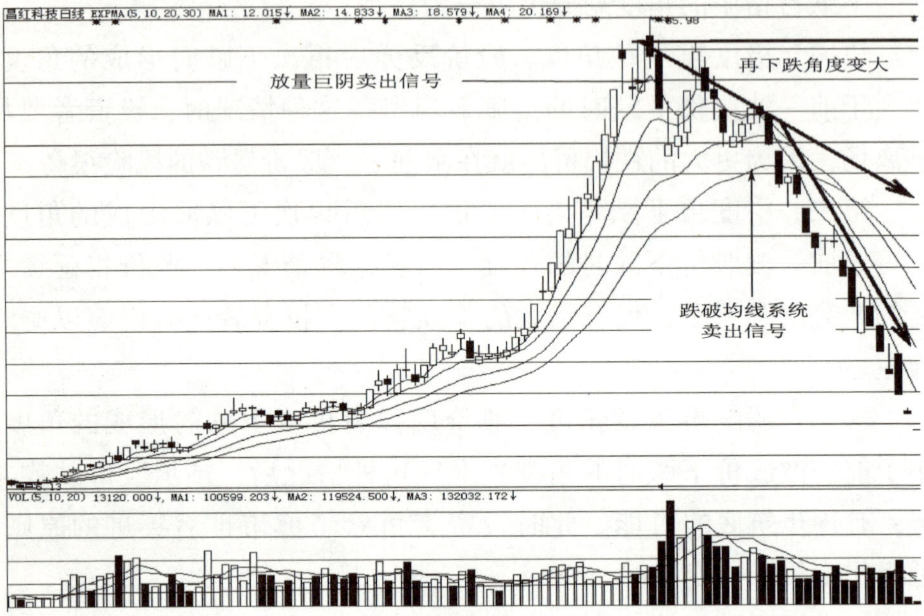

图 14-9

我们再看一个再下跌角度放大和加速下跌的个股走势。

如图 14-10，欧比特（300053）的走势。

图 14-10 是欧比特（300053）2015 年 1 月至 2015 年 7 月的 K 线走势图。股价在前期出现一波上涨后，在顶部收出大阴线，股价进入回调阶段。

开始时的回调，股价在均线上还能遇到一点抵抗，但多次反弹都不能站稳均线后，股价出现加速下跌走势。股价回调加速，下跌角度特别大，意味着更大的跌幅随之而来。

个股的卖出点位仍可选择在跌破均线系统时卖出。如果投资者对比股价的前后走势，也能发现一些端倪。股价在前期的上升中一直维持在 5 日线和 10 日线上方，强势特征明显。到之后的回调阶段，股价反弹难以站上 5 日线或 10 日线，股价疲软明显。投资者若

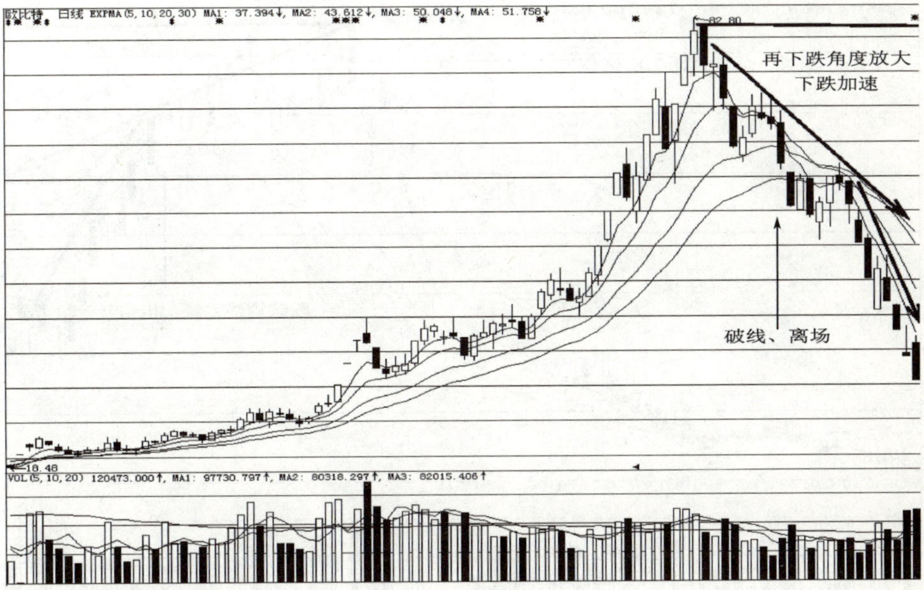

图 14-10

能尽早发现，及早离场，则可避过这轮下跌。

我们再看东方网力（300367）中的下跌角度。

图 14-11 是东方网力（300367）2015 年 1 月至 2015 年 7 月的 K 线走势图。股价在上涨后出现的回调中走出了极度再下跌走势。股价下跌角度放大，跌势加速明显，这预示着新一轮的更大下跌就在眼前，投资者要尽早离场。

此后个股走势中仍出现不少明显的离场信号。高位的放量大阴，离场信号明显；股价跌破均线系统，离场信号明显。股价在走出最高点后出现一个反弹，反弹的高度不过前高，股价正在构筑头部，此时也是一个很好的离场点位，投资者需把握机会。

极度再下跌角度反映的是下跌加速的情况，它体现的是下跌力量的一种变化过程。股价回调首先是由先知先觉资金引起的，随后

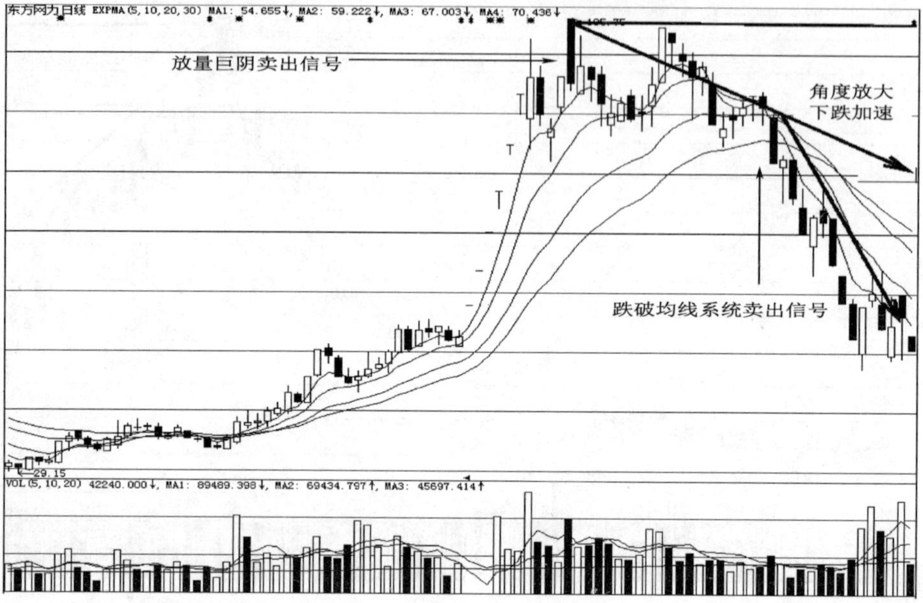

图 14-11

一些资金发现这些变化，加入卖出盘中去，从而引发出更大抛盘，带动价格迅速下跌。出现这样的走势角度变化后，投资者要避免深陷其中，注意规避风险。

对于极度再下跌角度，我们的讲解就到此为止了，下面再来看一下中度再下跌角度。

如图 14-12，航新科技（300424）的下跌走势。

图 14-12 是航新科技（300424）2015 年 4 月至 2015 年 7 月的 K 线走势图。股价在上市后走出连续的一字板走势，短时间走出翻多倍的行情，升幅巨大。在这么大的升幅下，就隐藏着股价反转的危机，获利浮筹兑现，随后股价出现放量下跌，走势反转。

股价在下行趋势中，虽出现反弹走势，但不改股价的运行趋势，股价继续以其自有的节奏持续而缓步地下跌。下跌大概持续月余的

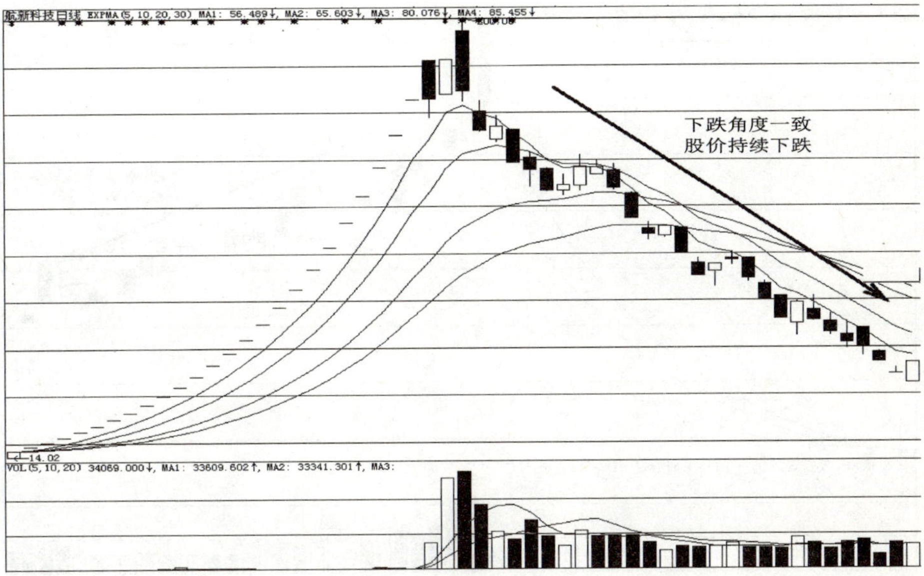

图 14-12

时间，股价跌幅近半，回调幅度很大。

这就是中度再下跌角度走势，股价在反弹后继续以原有的方式下行。这反映的不是抛盘没有变大的情况，而是抛盘很大，无法在短时间兑现，从而拉长出货时间。此后行情将继续向下，投资者需尽早离场，不可贸然买进。

我们再看广生堂（300436）的中度再下跌角度，如图 14-13。

图 14-13 是广生堂（300436）2015 年 4 月至 2015 年 7 月的 K 线走势图。股价在回调途中呈一路下跌的走势，下跌途中虽有反弹，但在反弹后继续延续原有的趋势，下跌角度不变，下跌趋势不变，主力资金在一路阴跌的过程中持续出货。

对于这样的个股，投资者必须尽早离场，避免积少成多，造成重大亏损，悔之不及。

中度再下跌角度是一种持续性的行情走势，以后的行情走势仍

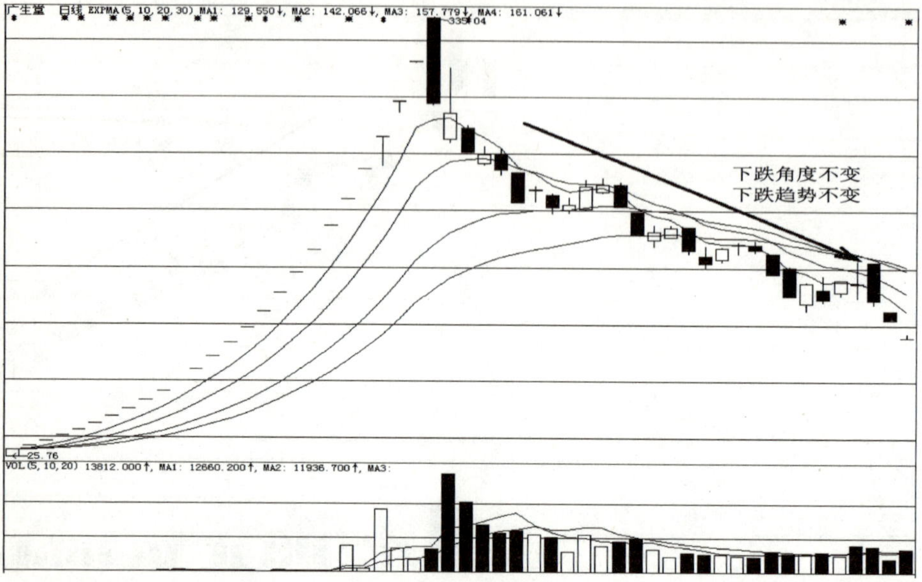

图 14-13

将是一路下跌。投资者遇到这样的个股走势时，及早离场是最明智的选择。

下面我们接着看弱度再下跌角度。

图 14-14 是陕西黑猫（601015）2014 年 11 月至 2015 年 3 月的 K 线走势图。股价于 2014 年 12 月 3 日出现一根放量的大阴线，此后股价下行，进入下降趋势。股价快速下跌后，短时间做空量能得到释放。反弹后，股价虽然呈现继续下跌的走势，但趋势放缓，出现筑底的走势。

我们在案例中看到，在弱度再下跌角度发生后，股价仍有回调的走势。投资者在买进时仍需以谨慎为主，注意再探底的风险。

图 14-15 是辽宁成大（600739）2013 年 11 月至 2014 年 7 月的 K 线走势图。在这样一个下跌趋势中，我们标出了股价运行与角度关系的整个变化图。根据这些变化发生的过程，可以判断股价现时

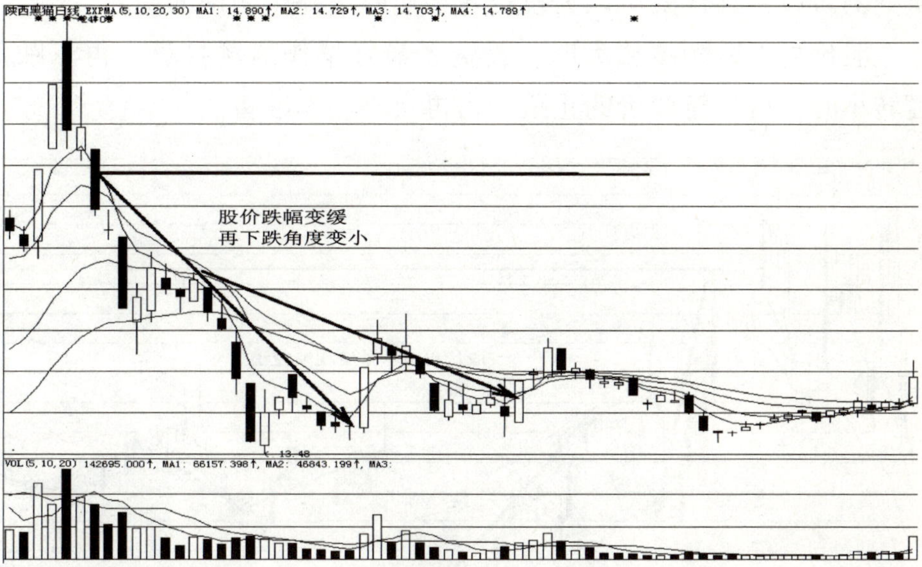
陕西黑猫日线 EXPMA(5,10,20,30) MA1: 14.890↑, MA2: 14.729↑, MA3: 14.703↑, MA4: 14.789↑
股价跌幅变缓
再下跌角度变小
13.48
VOL(5,10,20) 142695.000↑, MA1: 66157.398↑, MA2: 46843.199↑, MA3:

图 14-14

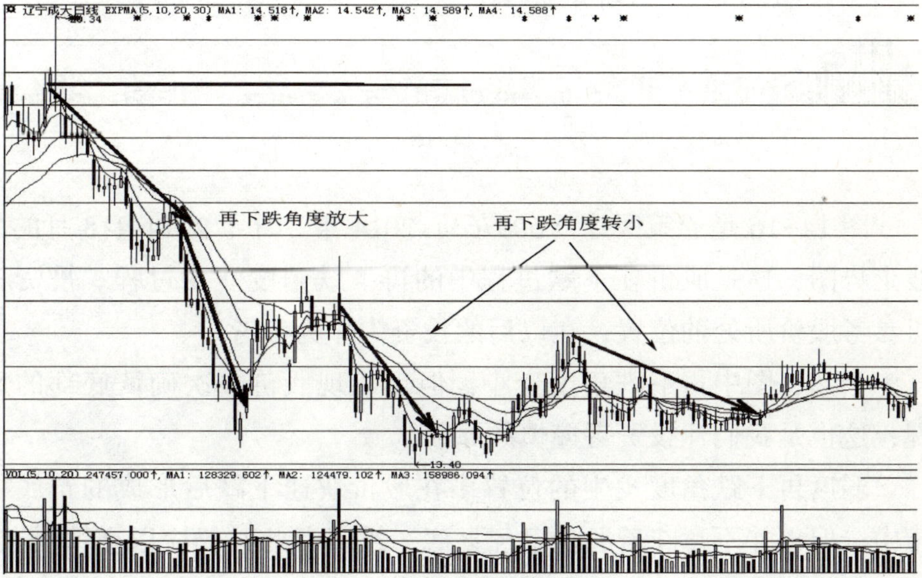
辽宁成大日线 EXPMA(5,10,20,30) MA1: 14.518↑, MA2: 14.542↑, MA3: 14.589↑, MA4: 14.588↑
再下跌角度放大
再下跌角度转小
13.40
VOL(5,10,20) 247457.000↑, MA1: 128329.602↑, MA2: 124479.102↑, MA3: 158986.094↑

图 14-15

所处的阶段，这样就可以为投资者买卖股票提供明确的参考。

股价再下跌角度放大时，投资者最好早作离场打算。再下跌角度转小时，可注意股价的止跌，为再次进场作准备。

图 14-16

图 14-16 是通策医疗（600763）2014 年 2 月至 2014 年 8 月的 K 线走势图，这是股价在下跌过程中的再下跌角度演变过程。投资者可参考股价所处的位置，在以后的投资中作为参考。

当然，图中再下跌角度变小，但也出现股价再次确认底部的情况，这也是我们让投资者谨慎的原因。

弱度再下跌角度发生的位置多在股价快速下跌后形成的筑底行情中，但也并不意味着股价已经见底，投资者此时仍应以谨慎为主，不可贸然抢底。在确定底部时还可以参考均线、背离、见底形态等，不可片面轻率地作出判断。

第十五章

超买超卖：经典指标运用法则

KDJ 指标作为应用最广泛的经典指标之一，在中短期趋势分析方面有其独到之处，本章我们讲述利用 KDJ 指标来实现股市盈利。

KDJ 指标又叫随机指标，是根据统计学原理，通过一个特定的周期（常为 9 日、9 周等）内出现过的最高价、最低价及最后一个计算周期的收盘价，以及这三者之间的比例关系，来计算最后一个计算周期的未成熟随机值 RSV，然后根据平滑移动平均线的方法来计算 K 值、D 值与 J 值，并绘成曲线图来研判股票走势。

KDJ 在实战中的操作技巧如下。

第一，K 值与 D 值永远介于 0 到 100 之间。D 大于 80 时，行情呈现超买现象。D 小于 20 时，行情呈现超卖现象。

第二，KD 指标可通过交叉突破发出买卖信号。上涨趋势中，K 值大于 D 值，K 线向上突破 D 线时，为买进信号。下跌趋势中，K 值小于 D 值，K 线向下跌破 D 线时，为卖出信号。

第三，KDJ 指标多用于短期波动较大的行情中，对于一些趋势性行情，超买超卖不太适用。

第四，当随机指标与股价出现背离时，一般为转势信号。

第五，K 值和 D 值上升或者下跌的速度减弱，倾斜度趋于平缓，是短期转势的预警信号。

知道了指标的使用技巧和范围，下面就用几个案例对具体的买卖作出判断，帮助投资者更好地掌握此要点。

一、超买超卖

如图 15-1，锦江投资（600650）的 K 线走势图。

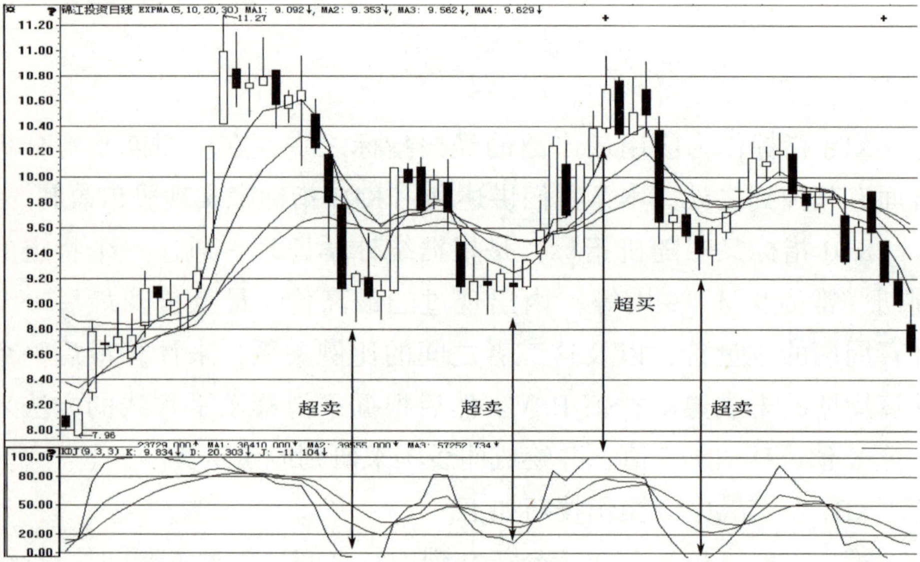

图 15-1

图 15-1 是锦江投资（600650）2014 年 1 月至 2014 年 4 月的 K 线走势图。在这段震荡走势中，KDJ 指标多次指示股价有超买超卖的迹象，股价也在这些指示后出现反向运动。投资者若能据此操作，也能获取不错的投资收益。

我们还要强调一下，超买超卖指标的使用要求是震荡市，若非震荡市，结果可能不同，在后面我们会详细说明。KDJ 指标在超买超卖后出现金叉，可以作为投资者的买进点位。

下面我们再看一个案例。

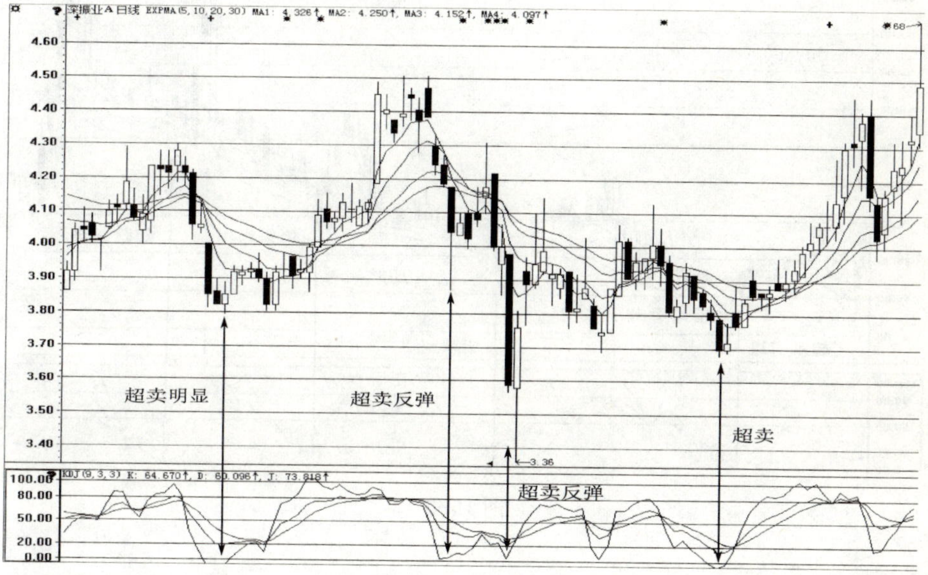

图 15-2

图 15-2 是深振业 A（000006）2013 年 3 月至 2013 年 8 月的 K 线走势图。股价多次出现超跌反弹走势，KDJ 指标显示明显超卖。投资者若能在 KDJ 指标超卖时买进，超买时卖出，则能获取不错的短线收益。

图 15-3 是富邦股份（300387）2014 年 7 月至 2014 年 12 月的 K 线走势图，股价在此期间走出震荡上升的趋势。在这样的一种走势中，长线投资者若不是买在最低点，卖在最高点，就很难有收获。而对短线投资者来说，这样的波动则是不错的获利机会，投资者可以根据 KDJ 的买卖法则操作，积少成多，获取利润。

超买超卖指标是在震荡市中博取利润的操作指标，投资者在买进时，要对股票的大势有所判断，任何一种单边市场行情都会使指

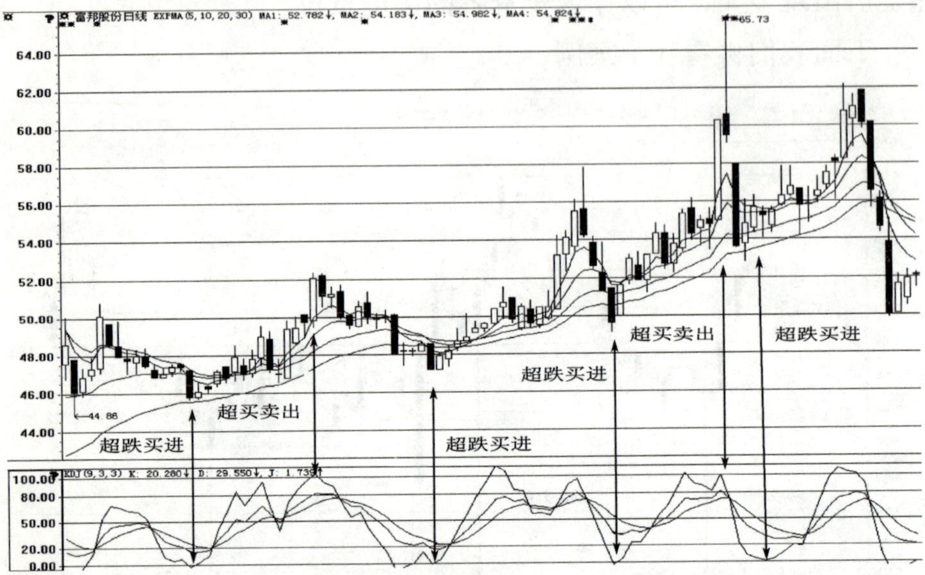

图 15-3

标失灵，据此操作最后得不偿失。在震荡市中，由于利润空间较小，也就很难在金叉死叉时买进卖出，这又增加了投资者的操作风险。所以当市场行情不如预期时，要及时转变操作思路。

我们通过案例来说明，如图 15-4。

图 15-4 是双象股份（002395）2015 年 2 月至 2015 年 7 月的 K 线走势图，股价前期处于单边上涨的走势中。在股价上涨中，KDJ 指标虽多次出现超买，但股价并未回调，而是继续上行。此时不能正确把握大势的投资者，若不改变操作策略的话，将白白错失赚钱的大好行情。在后期的单边跌势中，投资者若是贸然买进的话，也将损失惨重。

这个案例明确地告诉投资者 KDJ 指标的适用性。任何指标都不会解决所有的问题，在什么阶段，什么指标发出的指示是正确的，这需要投资者在操作中重点注意。

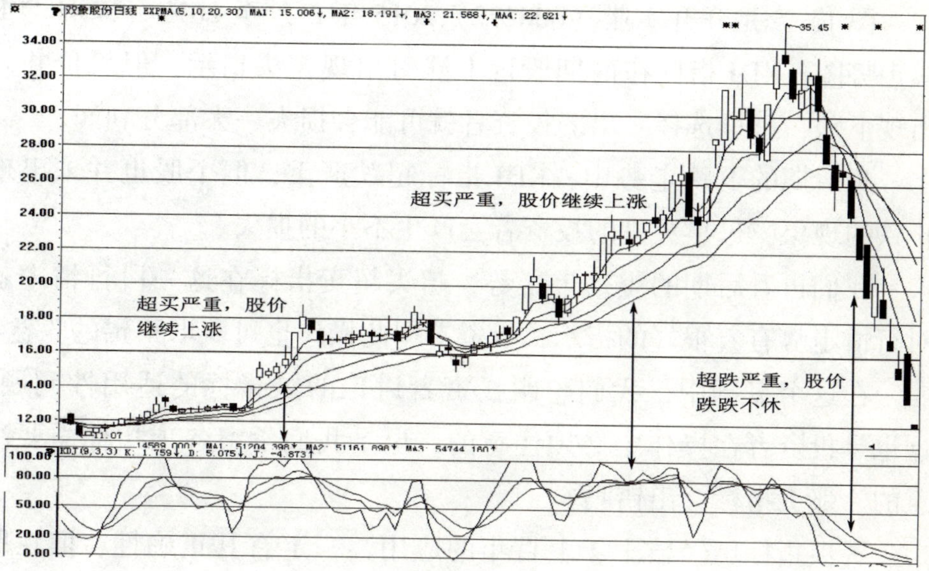

图 15-4

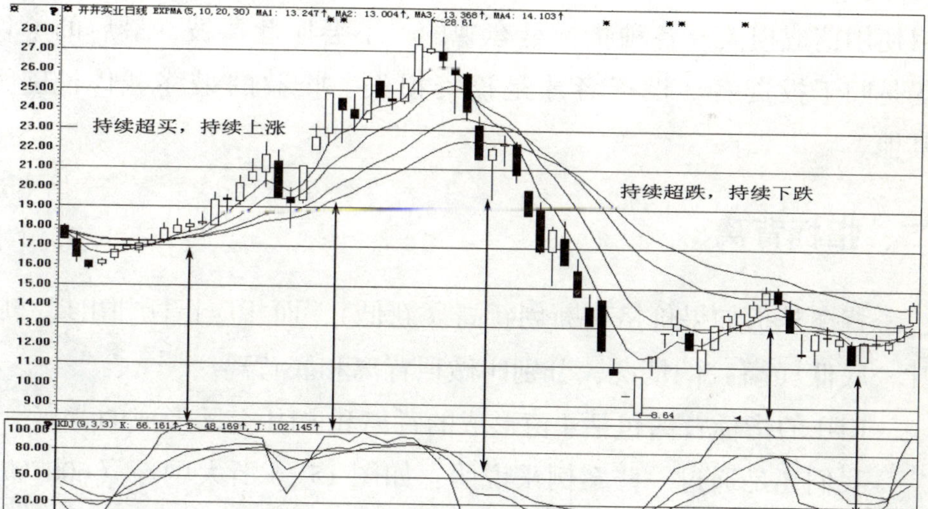

图 15-5

图 15-5 是开开实业（600272）2015 年 5 月至 2015 年 7 月的 K 线走势图。KDJ 指标在前期股价上涨时出现超买指示，但股价并未出现下跌，过早选择卖出的投资者就可能会损失一大部分利润。

到后期的下跌走势中，KDJ 指标超跌严重，但个股也并未出现止跌的现象，过早买进的投资者会产生不小的损失。

我们再看后期的震荡市走势，超买超卖指标在这一段行情中就对行情走势有着很好的指示，投资者据此操作也可获取不错的收益。

在这个案例中，我们想跟投资者讨论的是指标的适用性问题。这也是投资者在操作中必须注意的，也是我们学习各项指标需要注意的。那么指标会出错吗？

各项指标历经数十年上百年的应用，一定有其正确性，但在股票中也难免有其局限性，如何去使用，就是投资者要好好思考的。有一些投资者可以据此得出正确的投资参考，而有一些投资者却盲目使用造成损失。各种指标是客观的，不会厚此薄彼，最后的一切仍是归于投资者。投资者才是投资损失、收益的最终载体，别无其他。

二、指标背离

背离是指如果价格不断创新高（新低），而相应指标却出现一底比一底低（高）的情况，分别叫做顶背离和底背离。

KDJ 的指标背离包括 J 值形成的背离和 KDJ 交叉形成的背离。

我们还是通过一些案例来说明，如图 15-6 浙大网新（600797）的走势。

图 15-6 是浙大网新（600797）2014 年 4 月至 2014 年 6 月的 K 线走势图，图中股价走出一个先抑后扬的走势。前期股价处于一个

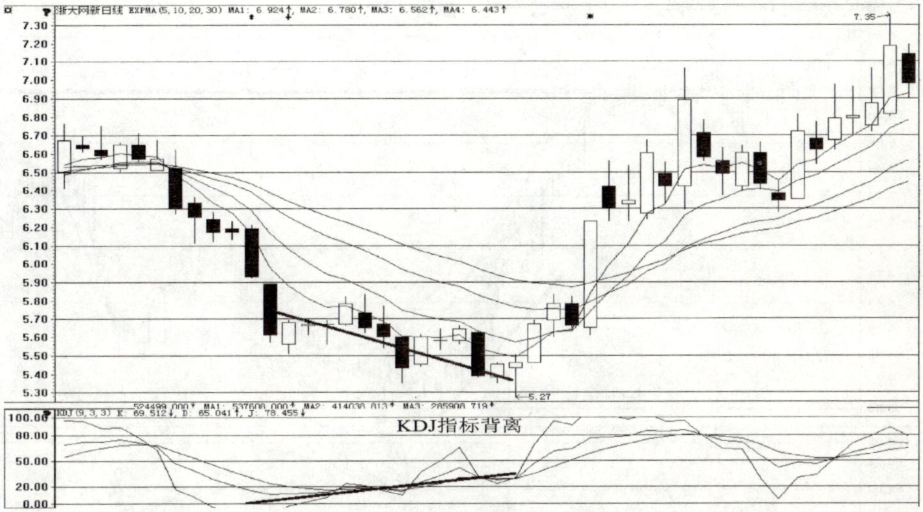

图 15-6

单边下跌的走势，在一段时间的探底后，股价出现探底回升，又走出一个单边上涨的走势。这一切都出现在 KDJ 指标背离后，市场早有预兆。

KDJ 指标背离，表明股价运行方向即将转向。此时投资者若能配合 K 线和均线使用，买进股票，就能获取不错的投资收益。

图 15-7 是华鑫股份（600621）2011 年 9 月至 2012 年 5 月的 K 线走势图。在前期的单边下跌走势中，股价出现 KDJ 指标背离。股价下行压力减弱，回升有望。随后主力在低位大阳线吸筹，大阴线洗盘。吸收到一些低位筹码后，主力拉升股价，股票走出回升走势。

在图中，我们标出一条压力线，即上方的密集成交区压力线。套牢筹码在此位置高度堆积，形成卖压。对投资者来说，这也是卖出的目标位。当然，前面的大阴线也是卖出的目标点位。

我们再看一个底背离的案例，如图 15-8。

图 15-8 是雅化集团（002497）2013 年 12 月至 2014 年 3 月的 K

EXPMA(5,10,20,30) MA1: 5.060↑, MA2: 5.111↓, MA3: 5.071↓, MA4: 4.984↑
6.60
6.40
6.20
6.00
5.80
5.60
5.40
5.20
5.00
4.80
4.60
4.40
4.20
4.00
3.80
3.60
6.58
3.50
密集成交区压力位
KDJ指标背离
KDJ(9,3,3) K: 23.115↑, D: 21.611↑, J: 26.121↑
100.00
80.00
50.00
20.00
0.00

图 15-7

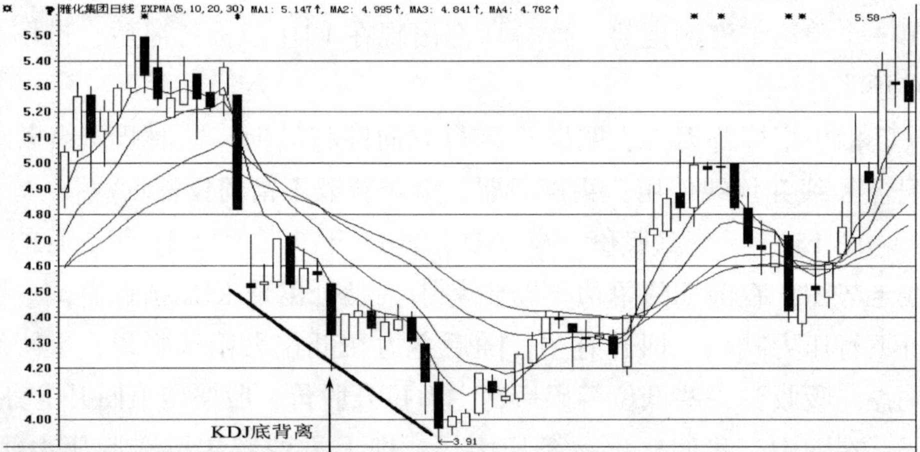
雅化集团日线 EXPMA(5,10,20,30) MA1: 5.147↑, MA2: 4.995↑, MA3: 4.841↑, MA4: 4.762↑
5.50
5.40
5.30
5.20
5.10
5.00
4.90
4.80
4.70
4.60
4.50
4.40
4.30
4.20
4.10
4.00
5.58
3.91
KDJ底背离
KDJ(9,3,3) K: 72.818↑, D: 64.712↑, J: 89.029↓
100.00
80.00
50.00
20.00
0.00

图 15-8

线走势图。股价在单边下跌后出现一个 KDJ 指标的底背离，预示行情即将见底，后市转好。股价在此之后也出现了反转走势，及时买进的投资者可以获利不少。

此处的卖出点位，投资者仍可参考大阴线和密集成交区压力线，利用短线做一些差价。

以上的行情走势是 KDJ 出现底背离的走势，股价此后的转势明显，投资者把握住机会，则可获得不错的收益。

下面我们来看 KDJ 指标顶背离的情况。

如图 15-9，亚威股份（002559）的走势图。

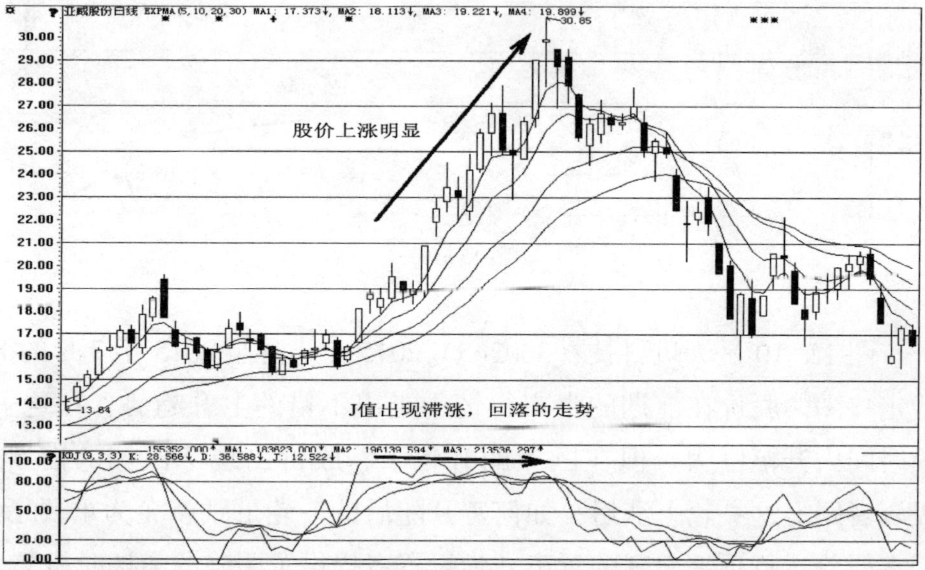

图 15-9

图 15-9 是亚威股份（002559）2015 年 4 月至 2015 年 7 月的 K 线走势图，股价前期处于一个单边的上升趋势中。在股价持续上涨的过程中，KDJ 指标的 J 值却出现滞涨回落的走势。KDJ 指标出现顶背离，表明股价行情有转势的可能，股价随后的下跌早已在预料

之中。

投资者若能把握住背离卖点，就能在出现背离时引起注意，再结合K线走势、均线形态，及时作出卖出决定，可以成功实现逃顶。

图 15-10

图 15-10 是天玑科技（300245）2015 年 1 月至 2015 年 7 月的 K 线走势图。股价在前期的牛市行情中走出不错的上升趋势，在这一段时间内升幅巨大。但在巨大的升幅下，股价出现了回调的需要，投资者跟上这一轮上涨后，如何避开随后的一轮下跌就尤为重要了。而在股价运行顶部出现的背离，为投资者提供了明确的离场时机。

在股价出现加速上涨时，KDJ 指标出现回落走势，呈现明显的背离走势，股价后市行情投资者需要谨慎对待。在股价出现连续的大阴线，跌破均线系统时，投资者就必须离场了，后市行情果然惨烈不堪。

我们再看东方国信（300166）的背离走势，如图 15-11。

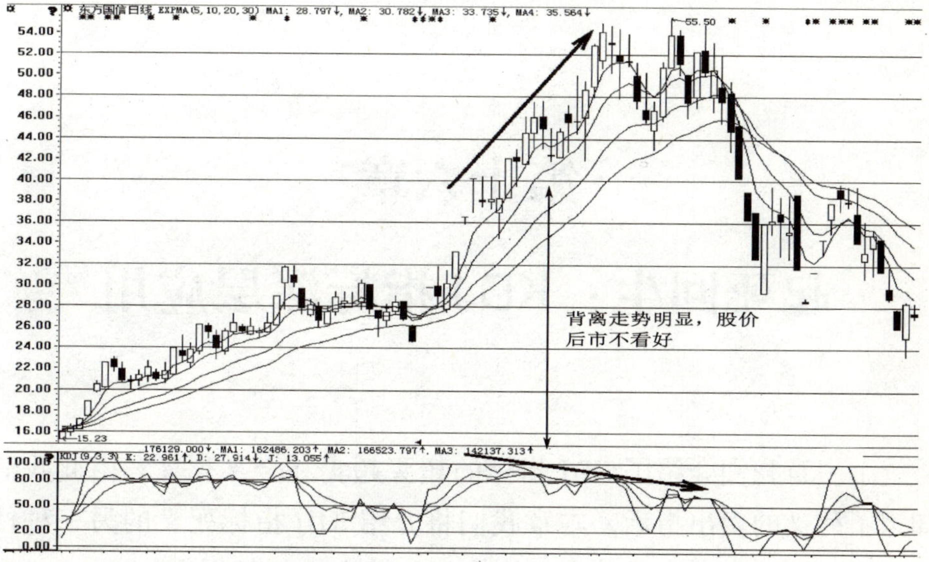

图 15-11

图 15-11 是东方国信（300166）2015 年 2 月至 2015 年 8 月的 K 线走势图，股价在牛市行情的上升后期出现背离走势。股价一路上行，但 KDJ 值却出现回落走势，后市行情出现隐忧。随后在 K 线图上的表现也证实了这一点，这也是投资者最好的离场时机。没有及时离场的投资者，将面临不小的损失，必须谨慎对待。

对市场行情的判断是投资者操作的基础。在此基础之上，投资者要做出具体的操作，这就需要各项具体的技术分析工具和指标了。这是投资者在股市中获利必不可少的研判手段，通过本章的论述，希望能让投资者在短线投资的道路上更进一步。

第十六章

起死回生：KDJ 指标深层应用

上一章我们介绍了 KDJ 指标的超买超卖和金叉死叉，由此我们知道了死叉的卖出指示。本章我们将介绍 KDJ 指标死叉的另一种使用方法，即死叉后预示的生机，我们称之为“起死回生”KDJ。

下面我们列出“起死回生”KDJ 的使用条件。

第一，大盘处于持续下跌的调整中，短期无明显止跌迹象，多数个股随波逐流，步步走低。

第二，该个股先于大盘止跌企稳，在大盘调整时逆市走强，但升势较温和，均线系统形成多头排列。

第三，随着股价的缓慢回升，日线 KDJ 指标从低位金叉后很快爬上高位，在冲过 70 之后稍有小幅回调，出现死叉回头向下，重新调头下行。

第四，KDJ 指标虽然死叉向下，但股价并未大幅下调，通常是仅仅小幅回落之后便继续升势，此时便是最佳买点。

投资者的买点在 KDJ 出现死叉之后，顾名思义“起死回生”。在死叉之后股价短时间回调，此后行情继续看涨，股价走势起死回生。

下面我们用案例说明 KDJ 指标“起死回生”，如图 16-1。

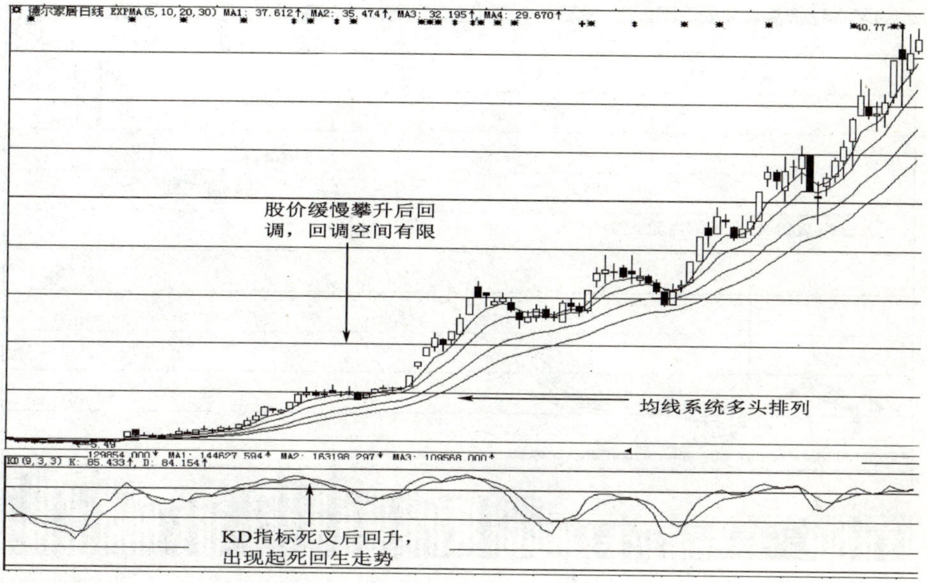

图 16-1

图 16-1 是德尔家居（002631）2015 年 1 月至 2015 年 6 月的 K 线走势图。股价在这一段行情中走出了不错的上升走势，股价升幅巨大。我们对照前文的约束条件来看起死回生形态。

第一，KD 指标出现死叉，股价并未大幅向下。

第二，均线系统呈多头排列，股价走势企稳回升。

第三，股价先于大盘企稳。这一条我们通过另一幅图来呈现，如图 16-2。

图 16-2 是上证指数的同期走势，我们看到指数在 1 月份时仍处于调整走势中。个股相对于上证指数走势明显强势。

个股走势强于大盘，先于大盘启动，意味着后市行情涨幅都将强于整体走势，这应是投资者买卖股票的首选。均线呈现多头，说明股价的上涨阶段已经到来，此时介入是难得的良机。

KDJ 出现死叉，则是个股洗盘的特征，投资者在洗盘结束后介

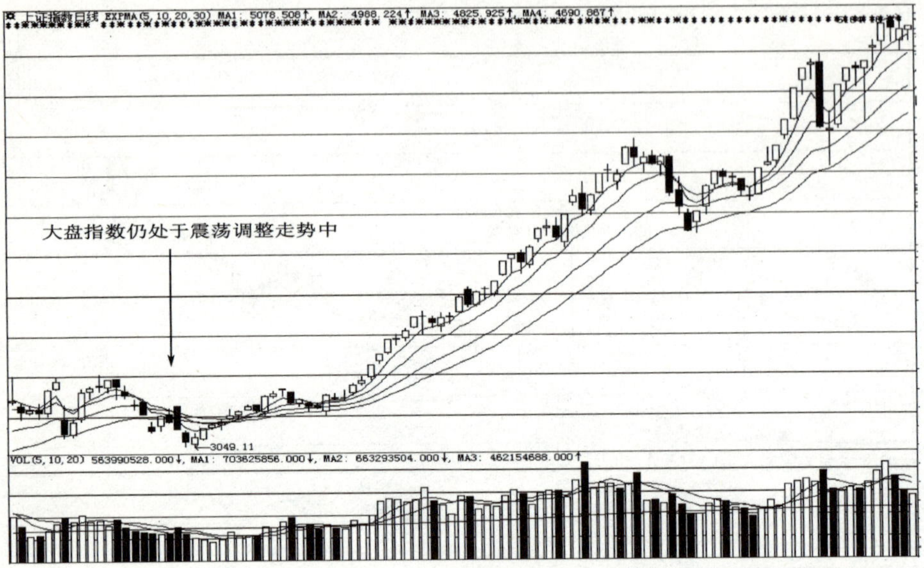

图 16-2

入，正好赶上股价拉升时机。“起死回生”形态是投资者最好的买点，希望投资者能把握住机会。

我们再看一个案例，如图 16-3。

图 16-3 是海南海药（000566）2014 年 5 月至 2014 年 8 月的 K 线走势图。股价于 2014 年 5 月走出下跌趋势，之后出现回升走势。在缓慢的攀升后股价出现回调，但回调幅度不大。均线系统也转好，呈现多头向上的走势。KDJ 指标在出现一个死叉后走出“起死回生”走势，表明形态成立。短线投资者可以再次积极买进，获取投资收益。

我们看当时的大盘走势，如图 16-4。

图 16-4 是上证指数 2014 年 2 月至 2014 年 11 月的 K 线走势图。指数在前期一直处于调整之中，直到 2014 年 7 月 22 日，才由一根中阳线开启上涨行情。而此时海南海药早已完成回调，进入上涨的

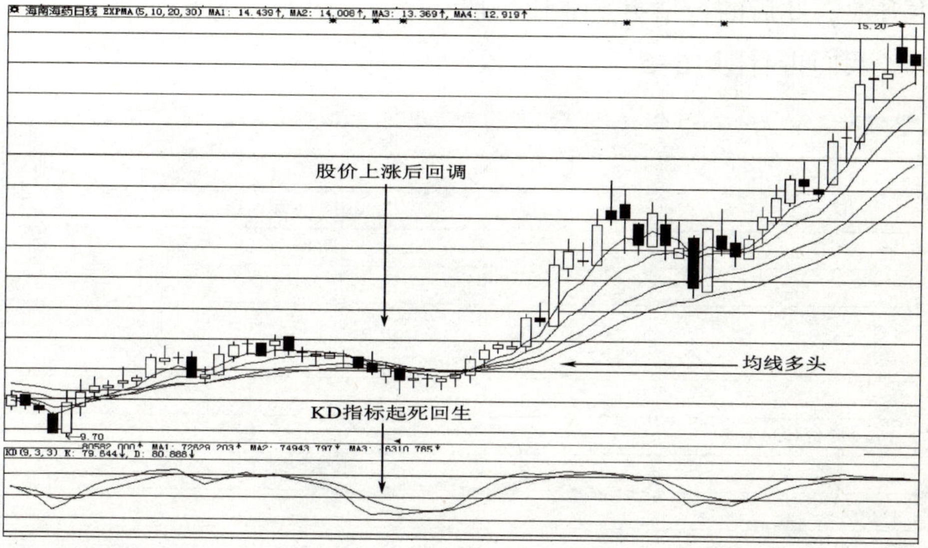
海南海药日线 EXPMA(5,10,20,30) MA1: 14.439↑, MA2: 14.008↑, MA3: 13.369↑, MA4: 12.919↑
15.20
股价上涨后回调
均线多头
KD指标起死回生
9.70
KD(9,3,3) K: 79.844↓, D: 80.888↓

图 16-3

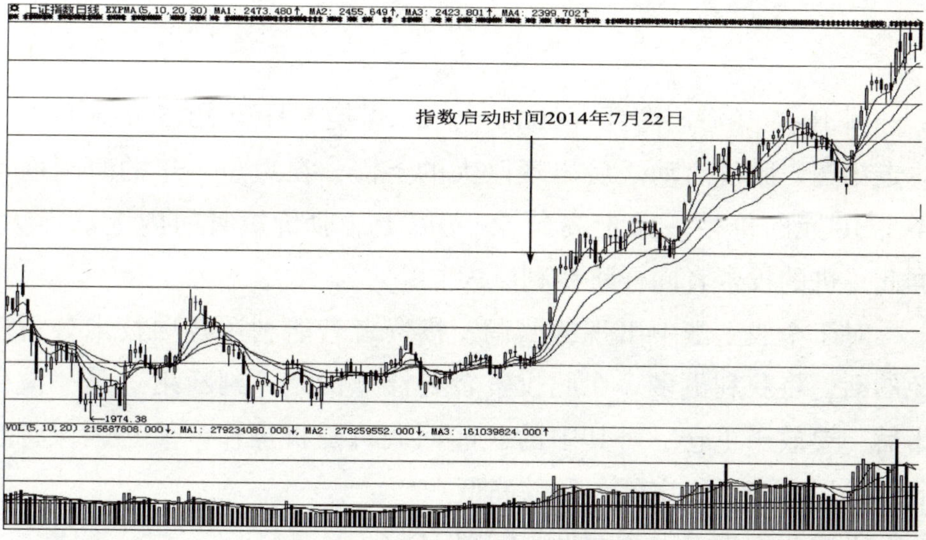
上证指数日线 EXPMA(5,10,20,30) MA1: 2473.480↑, MA2: 2455.649↑, MA3: 2423.801↑, MA4: 2399.702↑
指数启动时间2014年7月22日
1974.38
VOL(5,10,20) 215687808.000↓, MA1: 279234080.000↓, MA2: 278259552.000↓, MA3: 161039824.000↑

图 16-4

主升浪，此后的行情更是非比一般。

我们再看图 16-5。

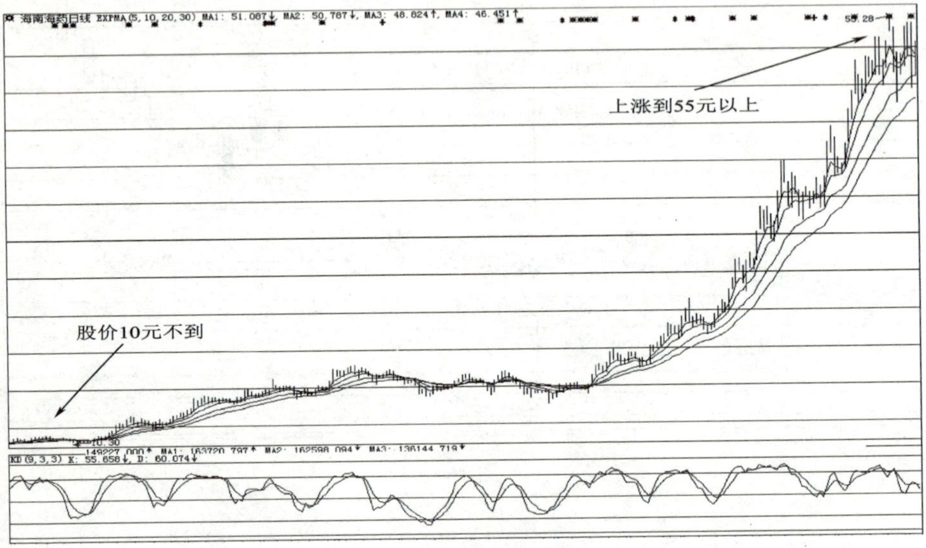

图 16-5

图 16-5 是海南海药（000566）2014 年 5 月至 2015 年 5 月的 K 线走势图。股价启动之后出现巨大的上涨，在短短一年的时间内从不足 10 元的价格一路走高到 55 元以上。股价短时间内上涨巨大，据此买进的投资者同样将获利巨大。

对于个股上涨中出现的回调，投资者若能利用各项技术分析避免的话，将获利更多。在此投资者要注意的是，判断出这是一波牛市后，要敢于重仓。对其中的一些回调可随机操作，但必须保有筹码，筹码的多少决定你盈利的高低。

下面我们再看一个案例，如图 16-6。

图 16-6 是葛洲坝（600068）2014 年 8 月至 2014 年 12 月的 K 线走势图。股价在完成筑底后出现两个阶段的攀升，在第一阶段的攀

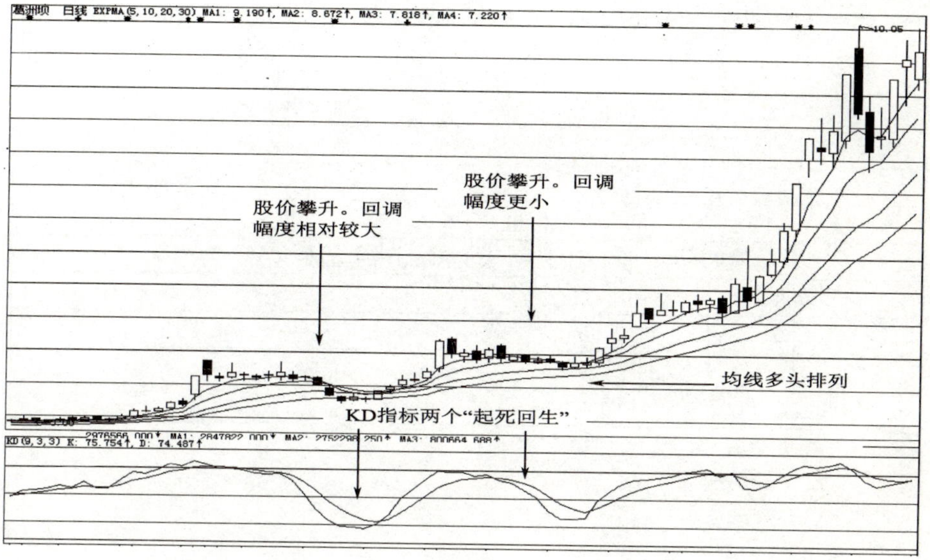

图 16-6

升后出现回调，回调的幅度相对较大。

等到第二阶段攀升后，股价的回调幅度相对较小，这是筹码高度集中的表现。通过前期筑底，即第一阶段的回调，主力资金完成筹码收集，所以在第二阶段会出现更大的回调，这也是我们对回调幅度进行约束的原因。回调足够小，筹码收集足够多时，股价的上涨力度和幅度才会越大。投资者在出现两个起死回生后，可以加仓买进，获取之后的上涨收益。

我们看个股的后期走势，如图 16-7。

图 16-7 是葛洲坝（600068）2014 年 8 月至 2015 年 5 月的 K 线走势图。从图中我们看到，股价在完成两个“起死回生”走势后进入快速上涨阶段，短短的时间内就出现了巨大的投资收益。

股价在形成一个高点后，并未出现大幅下跌，均线系统保持多头走势，KDJ 指标再现“起死回生”走势，投资者仍可积极介入，

图 16-7

获取超额利润。

投资者据此操作，再结合其他技术分析手段，多次短线操作，获取的收益将会非常可观。

图 16-8 是实益达（002137）2014 年 4 月至 2014 年 8 月的 K 线走势图。股价于 2014 年 5 月出现上涨，先于大盘启动。2014 年 7 月出现回调，此次回调幅度不大，股价仍处于均线系统之上，均线系统也仍处于多头分布，KDJ 指标也出现“起死回生”的走势，这些都预示着股价后市行情看好。这正是投资者介入的最佳时机，可积极买进获取收益。股价随后又走出一个翻倍行情。

图 16-9 是实益达（002137）2014 年 5 月至 2015 年 3 月的 K 线走势图。图中对应的买进位置是“起死回生”的买进位置，投资者可在此位置买进，到后期股价跌破均线系统时卖出。

在此案例中，投资者根据前文的买卖角度，也可得出股价上涨

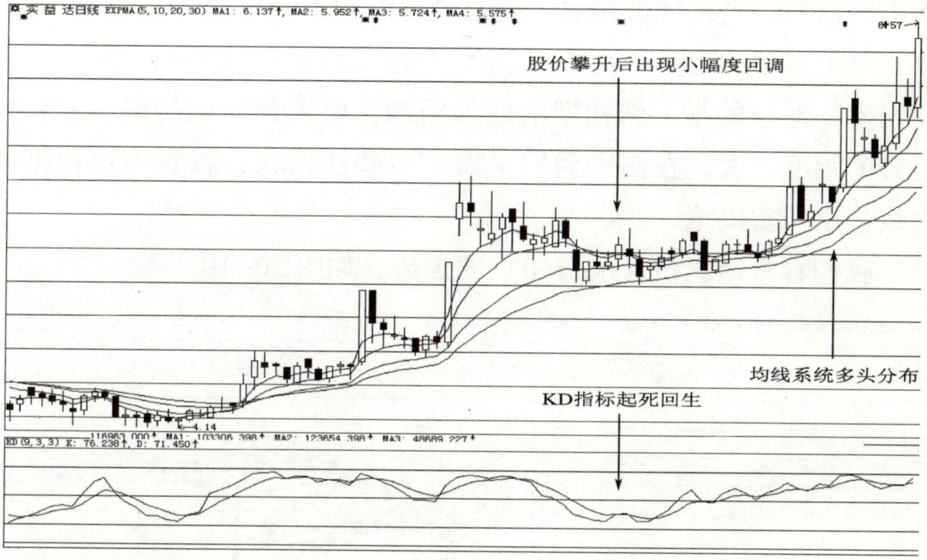
实益达日线 EXPMA(5, 10, 20, 30) MA1: 6.137↑, MA2: 5.952↑, MA3: 5.724↑, MA4: 5.575↑
股价攀升后出现小幅度回调
均线系统多头分布
KD指标起死回生
4.14
KD(9, 3, 3) K: 76.238↑, D: 71.450↑

图 16-8

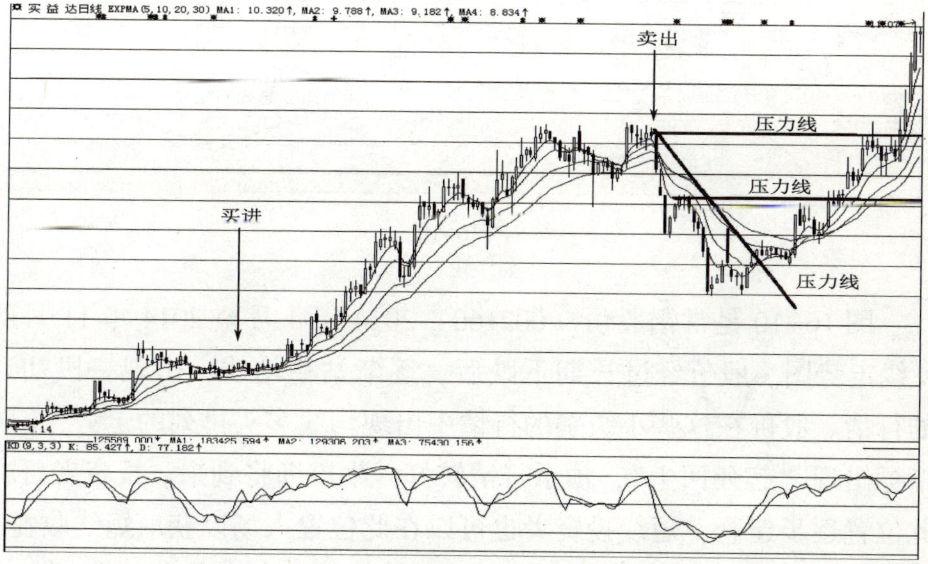
实益达日线 EXPMA(5, 10, 20, 30) MA1: 10.320↑, MA2: 9.788↑, MA3: 9.182↑, MA4: 8.834↑
卖出
压力线
压力线
买讲
压力线
4.14
KD(9, 3, 3) K: 85.427↑, D: 77.182↑

图 16-9

无力的信号，当出现破位时，就是最后的卖出时机。

对于后续的走势，则不可利用“起死回生”来进行判断。“起死回生”对应的是上涨初期的股价回调，要求长时间的调整和初期上升的幅度不大。在图中我们又做了一些压力线，投资者可根据压力线作出买卖决策。

我们看常铝股份（002160）的走势，如图16-10。

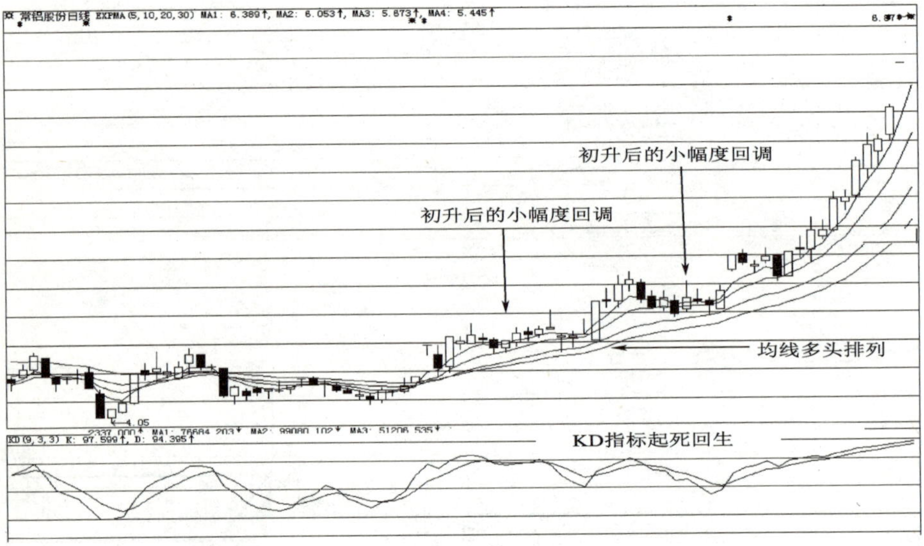

图 16-10

图16-10是常铝股份（002160）2014年4月至2014年11月的K线走势图。股价经过长期下跌后，逐渐站稳均线，出现一段初升的行情。股价在这些小级别的行情中出现均线多头排列的走势，KDJ指标出现“起死回生”，预示行情转好，牛市即将到来。投资者可在此位置逐步建仓，短线投资者也可以在此位置入场以获取短线收益。

我们再看个股的后市走势，如图16-11。

图16-11是常铝股份（002160）2014年5月至2015年6月的K

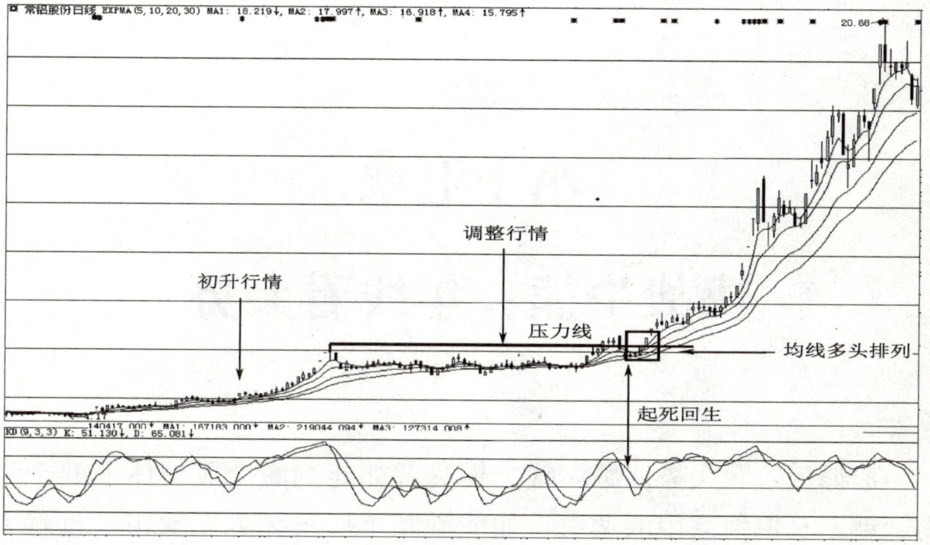

图 16-11

线走势图。在图中我们看到上一幅图中的走势只是构成了整个走势的初升阶段。前一幅图中的“起死回生”在此处仍适用。调整时间的长期化在一定程度上破坏了均线系统，所以调整中的“起死回生”不构成投资者的买点。当后期均线系统再次多头排列时，投资者可积极买进。当然我们也看到压力线指示的买点同样在此位置，双技术指标共同作用，后市积极看好。

从这里也可以看出，投资者在操作中必须灵活使用指标、技术分析等各种办法，只有这样，投资者的操作才有依据。在使用该指标时，必须注意使用要素：大盘处于弱市，该股率先走强；KDJ 指标一般是从 70 以上的高位死叉向下，但股价跌幅极其有限；均线系统多头排列必不可少。

在最正确的时间买进最正确的股票，用最短的时间争取最大的投资收益，希望投资者的投资之路一路坦荡。

第十七章

决战牛熊：年线看大势

股谚云：看大势，赚大钱。投资者如能判断个股整体上处于牛市，就不必惧怕途中的调整；如能判断个股整体处于熊市，也就不用刀口舔血式的抢反弹。这也是本书开篇留待解决的问题。

判断牛熊的方法，坊间流传有从宏观经济预测到道氏理论、黄金分割点等五花八门的多种算法。其实区分牛熊的标准只有一条：年线（250日线）。若个股在年线（250日均线）之上运行，说明该股处于牛市行情中，若该股在年线之下运行，则说明处于熊市行情。判断出了这一点，投资者就可据此安排操作，不至于进退失据。在此我们介绍“股市获利之道”的最后方略——年线定牛熊。

运用年线投资选股，主要应把握以下几点。

第一，若股价处于年线之下并一路下行，表明该股处于熊市行情，总体趋势向下。此时投资者不宜过度介入，只可轻仓适度介入反弹行情。

第二，若股价在年线之上运行，并且年线已拐头向上，表明该股出现转牛的趋势，正处于牛市行情的第一阶段。投资者此时可不断低吸，准备参与以后的大行情。

第三，股价不时突破年线，但年线总趋势仍趋向向下，表明行情处于熊市第三阶段，个股正在筑底。投资者可在此时参与一些短线波动，但仍需保持谨慎。

年线是将长期的买卖数据平均化，走势会表现得极为平滑。一旦出现由上向下回头或由下转身上行，就表明趋势已经逆转，买卖信号极为可靠，不存在短期均线频频金叉死叉那种让人无所适从的问题。

下面我们通过一些案例来说明。

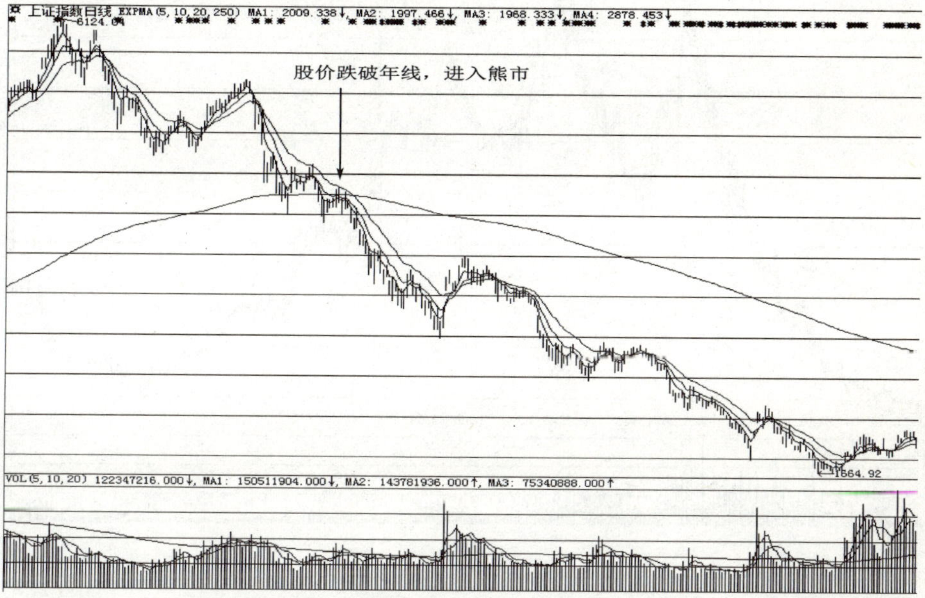

图 17-1

图 17-1 是上证指数 2007 年 9 月至 2008 年 11 月的 K 线走势图。上证指数在 2006 年至 2007 年走出一波大牛市，指数在短时间内出现了翻多倍的走势。指数的高度上涨也隐藏着转势的危险，比如在高位出现双头走势，显示无力更进一步，此时投资者就需要注意股价的反转。随后股价快速下跌，在年线附近出现震荡，但行情并未

好转。此后行情更是急转直下，大盘进入熊市行情。

在上证指数跌破年线后，指数出现单边下跌走势，即使出现一些反弹走势，但反弹力度都很弱，贸然参与的投资者会有被深套的危险。此时投资者可保留一点仓位去感受大盘的力度，为以后抢反弹做准备，但最好的操作就是空仓。

我们再看一个案例，如图 17-2。

图 17-2

图 17-2 是东风汽车（600006）2006 年 8 月至 2009 年 3 月的 K 线走势图。股价在 2006 年至 2007 年出现一波大牛市行情，升幅巨大。但当股价走到高位后，出现高位滞涨的走势，股价在高位走出一个长时间的震荡走势，主力资金也在这一过程中积极兑现收益。一日股价快速跌破年线，走势彻底转熊。在大牛市之后，这一轮熊市时间之长也是有目共睹的，投资者必须引以为戒。

股价跌破年线后，就走势而言并未出现什么大的反弹，投资者如果贸然重仓介入的话，面临的风险就比较高。这时投资者最好的投资策略就是空仓，保住前期收益。

我们再看洛阳玻璃（600876）的牛转熊走势，如图 17-3。

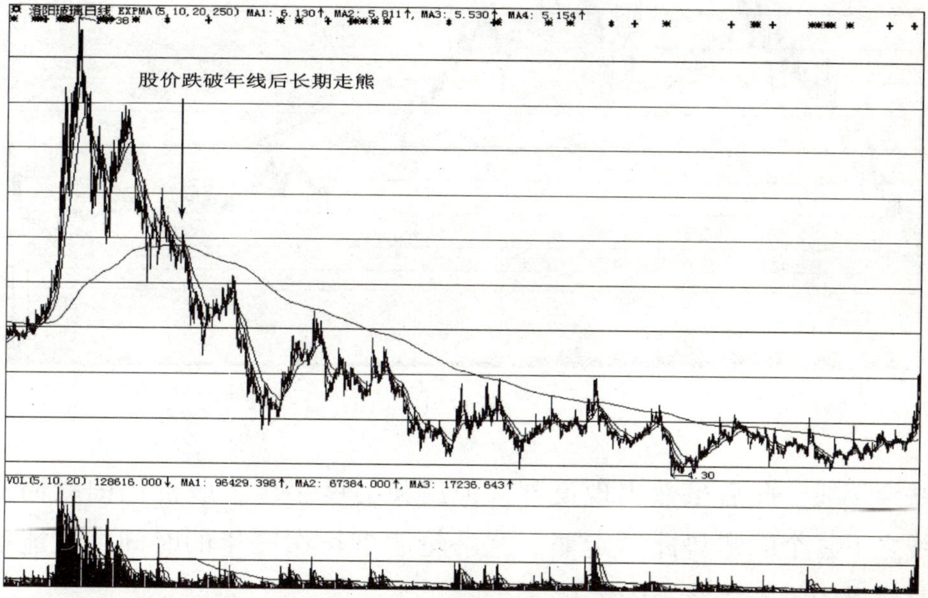

图 17-3

图 17-3 是洛阳玻璃（600876）2011 年 2 月至 2014 年 5 月的 K 线走势图。股价在 2011 年 5 月走出阶段高点，随后进入回调阶段，并于 2011 年 9 月跌破年线，股价走熊。此后相当长一段时间，股价都处于年线之下，走势没有太大的起色。整个熊市持续的时间近两年左右，这段时间投资者都要保持仓位的可控。操作手法灵活，才能使自己立于不败之地。

图 17-4 是新世界（600628）2008 年 10 月至 2013 年 9 月的 K 线走势图。个股走势在走出高点后，出现急速下跌的走势，股价迅速

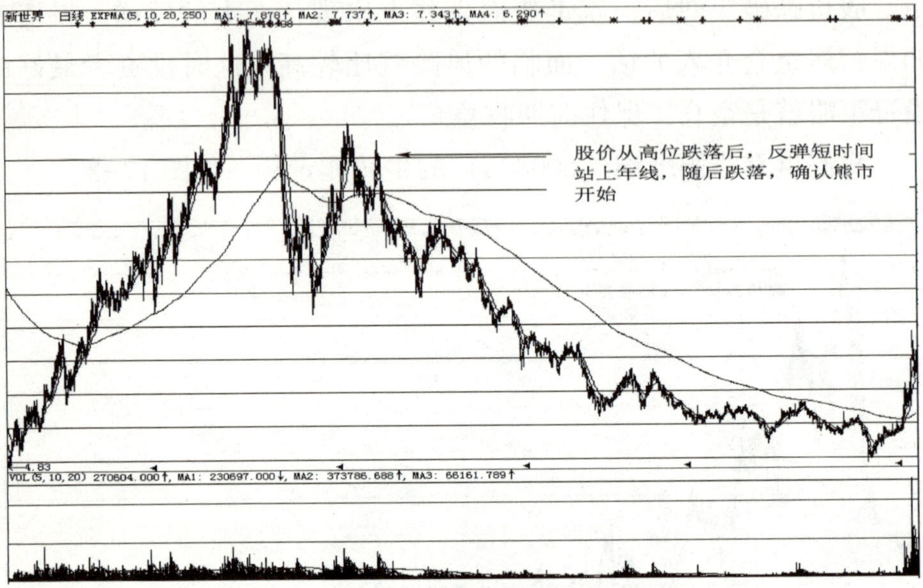

图 17-4

跌穿年线。此后虽然出现反弹，但反弹力度不足，股价仍旧跌回年线之下，个股走势此后走熊。这一轮熊市长达三年的时间，不能及时离场的投资者将损失惨重。

年线是长期牛熊市的重要分界线，股价跌破此线，后市将难有起色，投资者对此必须有清醒的认识，短线操作也必须建立在对市场的正确理解上。在股价跌破年线后，投资者的操作难度将增加，很容易造成投资损失。

长期在年线下运行个股，则会带来不错的投资机会，因为处于年线之下时间越长，表明该股调整越充分，以后一旦趋势反转向上，上涨空间将非常广阔，这时投资者可以重仓大胆介入。

我们仍是通过案例来说明。

图 17-5 是上证指数 2014 年 1 月至 2015 年 6 月的 K 线走势图。

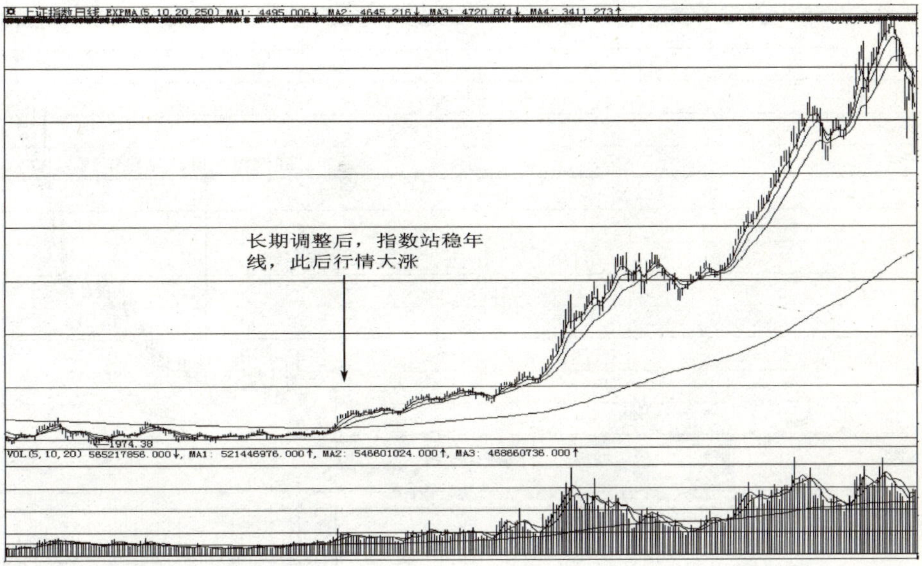

图 17-5

相信投资者对这一轮牛市都印象深刻，指数在短短一年的时间，从2000 点一路走高到 5100 点以上，丌幅巨大，早期介入的投资者获利颇丰。

大盘指数与个股的上涨理由有很多，但不可忽视的是，自 2007 年创出 6124 点的历史高点以来，股价指数长时间调整。点位是绝对值的调整，会随时间的不同而出现变化，但年线则不存在这些问题。这是一个包含时间与价值的相对指标，股价在年线下运行的时间长，意味着时间与价值的双重调整充分。当指数再次站稳年线，是价值的再次确认，指数进入长期上涨空间，后市行情自然看好。

我们看一个个股案例，如图 17-6。

图 17-6 是乐丰种业（000713）2013 年 7 月至 2015 年 6 月的 K 线走势图。股价前期长时间处于年线下方运行，利用深度的回调和长时间的调整修复前期高估的估值。股价长时间在年线下方运行后

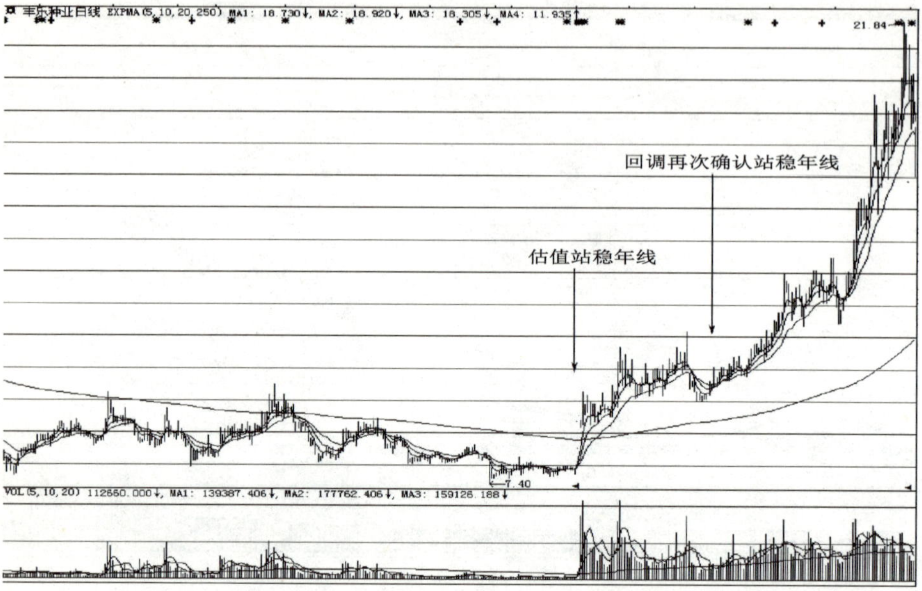

图 17-6

站稳年线，说明股价估值得到确认，以后股价将随时间继续向上。

我们再看上海绿新（002565）的走势，如图 17-7。

图 17-7 是上海绿新（002562）2011 年 3 月至 2013 年 2 月的 K 线走势图。股价在 2011 年上市时起就步入阴跌的走势，一直处于年线下方运行。中间出现的几次反弹都未能站稳年线，此后行情继续看跌。一直到 2013 年 4 月，股价才站稳年线，此后展开一波大的行情。

我们再看图 17-8，唐人神（002567）站稳年线后的走势。

图 17-8 是唐人神（002567）2011 年 5 月至 2015 年 4 月的 K 线走势图。股价自上市以来长期处于震荡走势中，股价围绕着年线上下波动。此时投资者操作个股就要小心谨慎，需要控制仓位。

等到 2015 年 2 月股价站稳年线，并回调确认后，开启了长期上

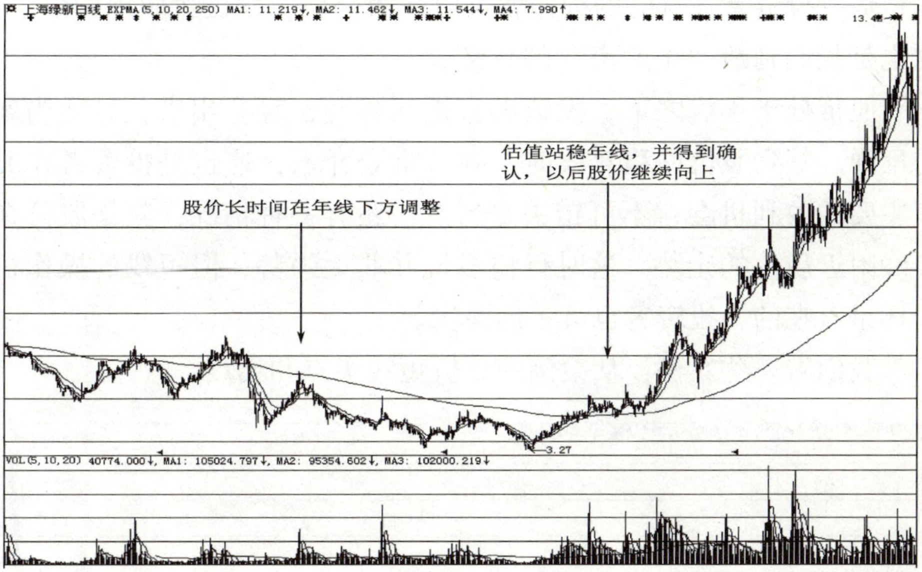
上海绿新日线 EXPMA(5,10,20,250) MA1: 11.219↓, MA2: 11.462↓, MA3: 11.544↓, MA4: 7.990↑
13.4
估值站稳年线，并得到确认，以后股价继续向上
股价长时间在年线下方调整
3.27
VOL(5,10,20) 40774.000↓, MA1: 105024.797↓, MA2: 95354.602↓, MA3: 102000.219↓

图 17-7

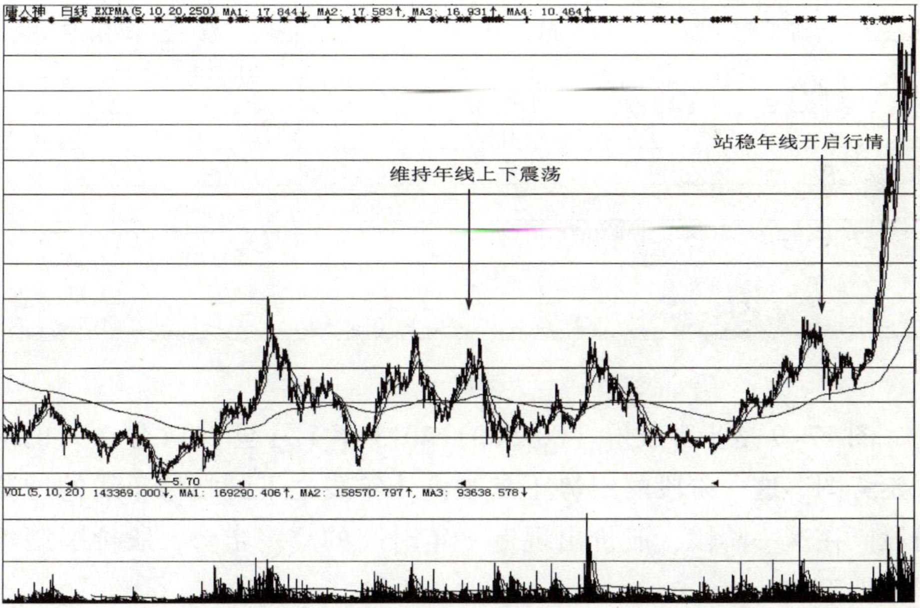
唐人神 日线 EXPMA(5,10,20,250) MA1: 17.844↓, MA2: 17.583↑, MA3: 16.931↑, MA4: 10.464↑
站稳年线开启行情
维持年线上下震荡
5.70
VOL(5,10,20) 143369.000↓, MA1: 169290.406↑, MA2: 158570.797↑, MA3: 93638.578↓

图 17-8

涨走势。投资者在这时的操作就可以放大仓位，积极大胆地做多了。这也是我们判断“牛熊市”的意义。

股价处于年线之下，投资者宜短线参与，轻仓出击，可适当参与反弹。等到股价站稳年线时，则可重仓介入，这也是投资者在股市主要的盈利机会，不可错失。当然，还有一种情况，就是股价在年线附近震荡的走势。这时行情虽说并非太强势，但短线的操作机会还是存在的，投资者也可多加关注。

我们看一些案例，从案例中分析短线买点和卖点。

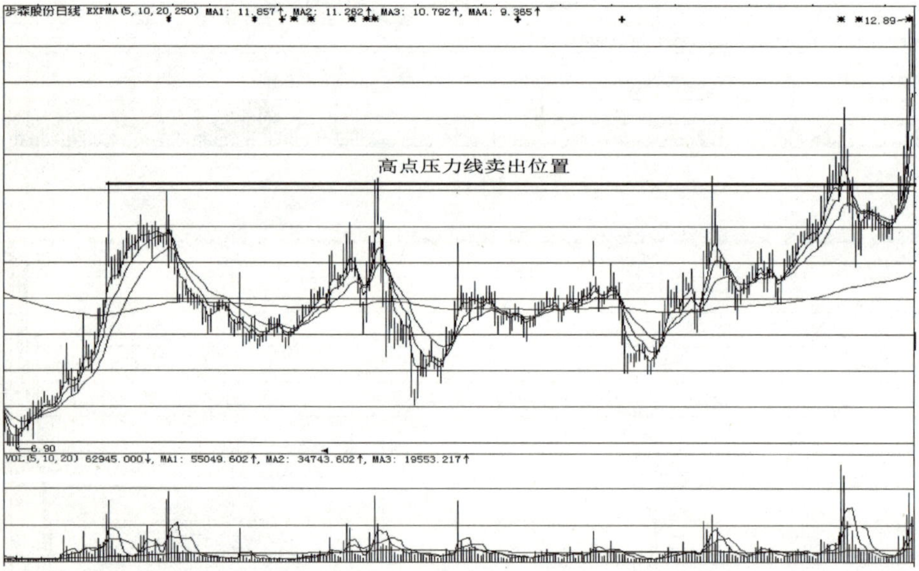

图 17-9

图 17-9 是步森股份（002569）2013 年 1 月至 2014 年 2 月的 K 线走势图。这一阶段的走势正是股价从年线之下到站稳年线的过渡阶段。在这一阶段，股价出现近一年时间的震荡走势，股价围绕年线做上下震荡。

股价在震荡的过程中也为投资者创造出不少的投资机会。在本图中，我们简单画出了一条压力线，可作为投资者的卖出参考。当然这不是完整的参考，我们对上图进行了细化，如图 17-10。

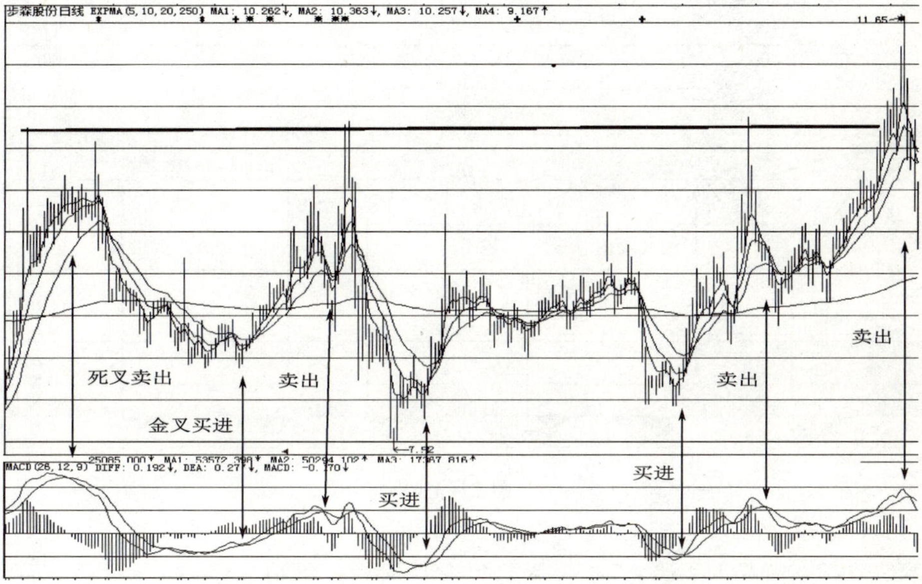

图 17-10

图 17-10 是步森股份（002569）2013 年 1 月至 2014 年 2 月的 K 线走势图。我们利用 MACD 指标对这一阶段的走势进行划分，MACD 指标给出了明确的买点和卖点。如果投资者在这段行情中能据此操作，也会有不错的投资收益。

当然这只是一个指标，如果我们再利用之前的压力线，又可以让投资者在更好的卖点卖出，以获取更大的收益。

图 17-11 是金禾实业（002597）2013 年 5 月至 2014 年 7 月的 K 线走势图。我们利用 MACD 指标仍可作出明确的买卖判断。投资者根据买进卖出指示进行操作，在这一震荡行情中也能获得不错的投资收益。

当然，可作出买卖决策的不止一条，我们再看图 17-12。

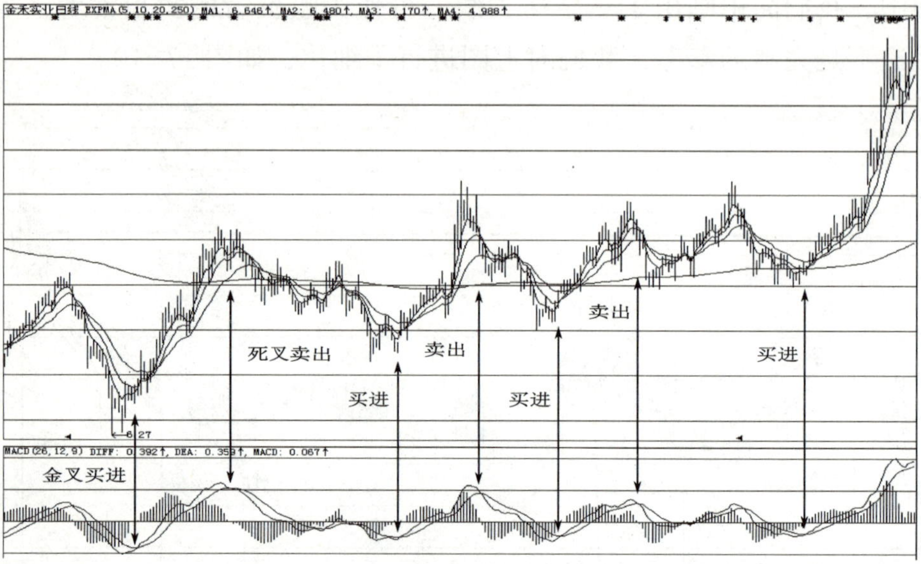
金禾实业日线 EXPMA(5,10,20,250) MA1: 6.646↑, MA2: 6.480↑, MA3: 6.170↑, MA4: 4.988↑
MACD(26,12,9) DIFF: 0.392↑, DEA: 0.359↑, MACD: 0.067↑
6.27
金叉买进
死叉卖出
买进
卖出
买进
卖出
买进

图 17-11

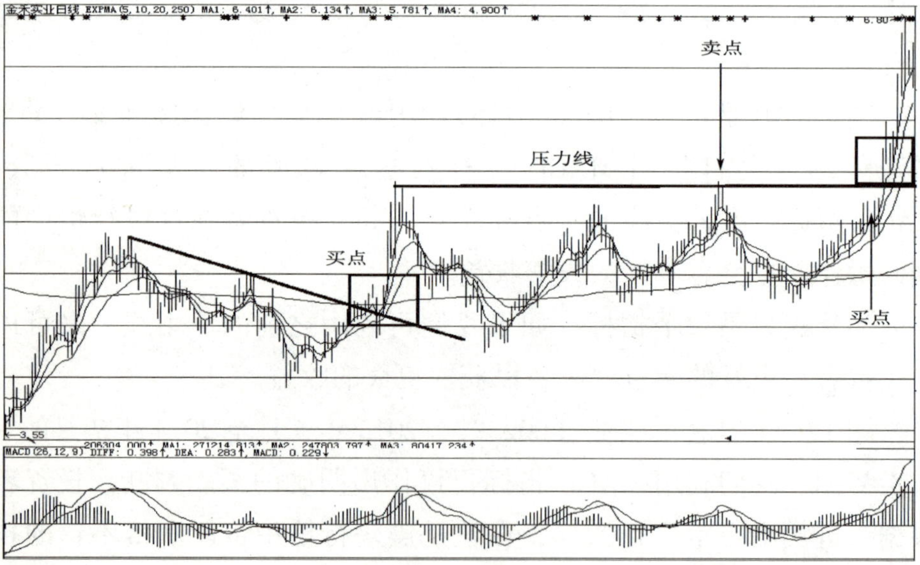
金禾实业日线 EXPMA(5,10,20,250) MA1: 6.401↑, MA2: 6.134↑, MA3: 5.781↑, MA4: 4.900↑
6.80
卖点
压力线
买点
买点
3.55
MACD(26,12,9) DIFF: 0.398↑, DEA: 0.283↑, MACD: 0.229↓

图 17-12

图 17-12 是金禾实业（002597）2013 年 5 月至 2014 年 7 月的 K 线走势图。我们在图中绘制了一些压力线和趋势线，借助这些趋势线，我们能找到良好的买点。投资者据此做短线操作，也能获取不错的收益。图中对后市行情的判断预期，投资者可参考前文讲述的行情级别判断。

当各项技术分析方法出现矛盾时，投资者就需要仔细分辨各项分析技术的使用范围了。正确使用各项技术指标，也是投资者获利的必要前提。

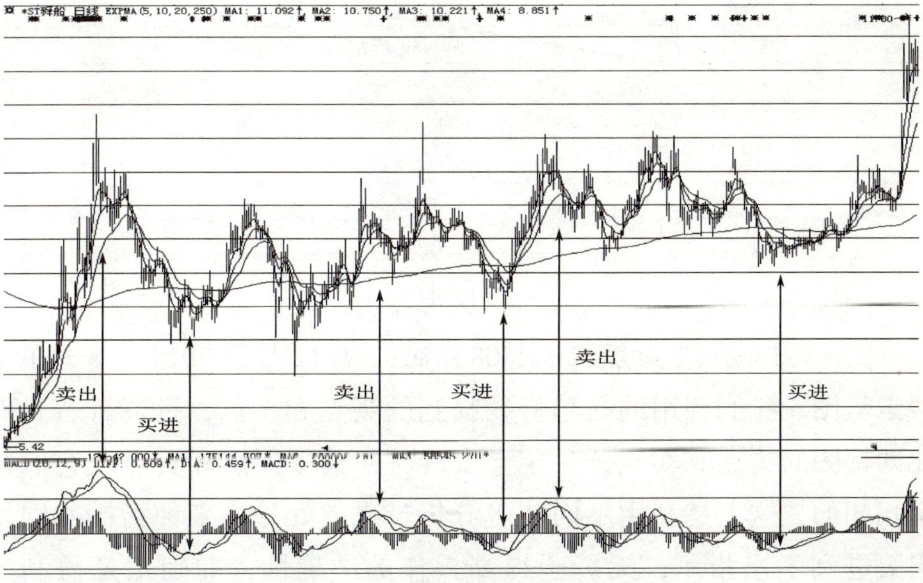

图 17-13

图 17-13 是 ST 舜船（002608）2012 年 12 月至 2014 年 8 月的 K 线走势图。股价从年线下方逐步攀升到年线上方，整个过程用时近两年的时间。任何一个投资者都无法忽略这两年的时间，所以如何在这样的震荡行情中操作，就成为一个合格投资者面临的考验。MACD 指标同样在这个案例中可以为投资者指示明确的买卖点，金

叉买进，死叉卖出，可以作为投资者的操作参考。

条条大道通罗马，我们再看其他技术分析下的买点。

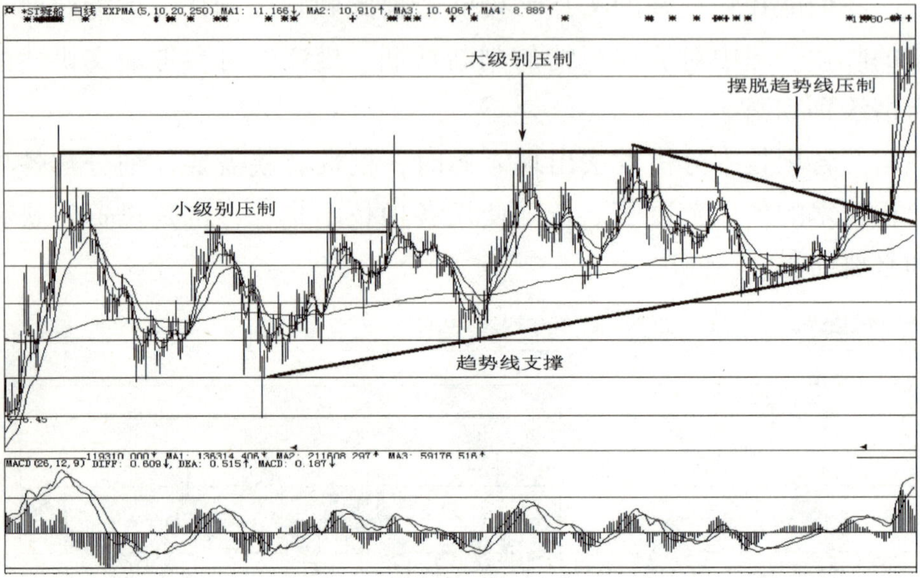

图 17-14

图 17-14 是 ST 舜船（002608）2012 年 12 月至 2014 年 8 月的 K 线走势图。我们利用的是趋势线找到的买点和卖点，投资者若是对比两幅图的买点和卖点，一定会发现，在很多买点和卖点上它们都是相同的，这也是利用不同技术分析带来的好处。多种指标共同发出买进和卖出指示，无疑会提高操作的准确性，准确正是盈利的关键。

市场判断是投资者操作的基础，技术分析则是投资者判断市场、操作买卖的基础。短线买卖并不是因为持有的时间短就不需要对个股走势有一个清楚的判断，而是对投资者来说，不管是短线、中线、长线操作，都必须建立在对市场行情的准确判断上。

在一个糟糕的市场行情中，长线会出现亏损，中线会出现亏损，短线同样也会出现亏损。持续盈利，就要求我们对市场作出正确的判断和正确的操作。短线操作是为投资者解决资金的使用效率问题而不是盈亏问题，这一点请投资者注意。

私募大鳄曹明成：
坐庄岁月里的那些往事

理财一周报　记者/林奇

2009年11月7日，《东方早报》“理财一周”对曹明成先生进行了人物专访，刊登于“资本大亨”栏目。

曹明成，1971年出生，汉族。常住广东和海南。1997年在湘财证券任职，后为私募资金操盘。看盘博客在新浪网、东方财富网、网易等各大门户网站每天受到数十万股民的追捧。依据10多年实战经验总结的“曹氏八线”操盘理论被圈内称为“零风险操作理论”。著有《吃定庄家》《擒庄实战技法》《庄家内幕揭秘》《K线实战技术精要》《庄股经典出货模式》等书。

私募大鳄曹明成，是私募圈内资深的操盘手，曾在多家咨询公司及投资机构任职，直接参与过多次大资金的操盘。

1999年“5·19”行情中，曹明成因成功阻击网络科技股而一战成名。

在互联网行情中，曹明成亲身领教了亿安科技、海虹控股等庄家李彪、蔡明的狠辣操盘手法。

在股海中摸爬滚打十几年的老曹，博客就叫“十年股灰”，在东方财富网的财经博客中排名第十四位。

从湘财证券的一名普通经纪人做起，再到操盘手、主操盘手、私募基金经理，曹明成经过10多年的实战，总结出“曹氏八线”操盘理论，并著有《吃定庄家》《擒庄实战技法》《庄家内幕揭秘》《K线实战技术精要》《庄股经典出货模式》等书 。

“11月还有两本书出版，今年可能还有两本，有出版社约稿了，但还没写完。”曹明成介绍。

10月26日，曹明成接受理财一周报的专访，揭露了许多不为人知的坐庄、跟庄内幕。

阻击网络股一战成名

理财一周报：像许多私募一样，您也是从经纪人做起的？

曹明成：差不多，早年和李华（第二代操盘手）是一批，最早是在湘财证券。离开湘财证券后，跟老板做操盘手，后来干脆出来单干了。

理财一周报：是不是因为做操盘手待遇都不太高？

曹明成：操盘手要看是什么样级别的，资深的主操盘手负责决策，与老板有分成，收入还可以。

理财一周报：当时做操盘手都经历过哪些比较大的战役？

曹明成：最早是阻击网络科技股的那一年，阻击网络科技股不是自己坐庄，而是跟庄。当时发现有人批私募资金成堆地扎入到网络科技概念类的股票，不少同类题材的股票都在底部放量，大资金入驻明显，就开始关注这个题材。

理财一周报：发现后是直接跟进吗？还是后来跟进的？

曹明成：先是试探性跟进。后来科技概念股开始成为当时的热点。与以往的概念炒作不同，这次很意外的是，炒作之后，入驻的庄家资金不见撤退，这在以往的概念炒作中很少见。当时经过考虑之后，就把所有的资金全线投入该类题材股。

理财一周报：这样追题材股会不会很冒险？

曹明成：这是很大胆的做法，当时遭到其他辅助操盘手的非议。因为这样做风险大，概念股炒作成热点后，一般都开始进入高位，这个时候介入，弄不好就成了庄家出货的牺牲品。

理财一周报：那为什么还决定满仓追进，当时是怎么考虑的？

曹明成：当时是依据庄家的操盘手法判断的。大量的庄家资金入驻了该类题材股，第一轮炒作之后，还在高位加仓，显而易见，目标不在短期。

理财一周报：当时网络股您跟的是哪只？

曹明成：做了很多只，蔡明的海虹控股就是其中一只。

理财一周报：这一波物联网炒作海虹控股也是龙头，您觉得这波物联网会不会像当初的互联网一样爆炒起来？

曹明成：这波物联网入驻的庄家资金还远远不够，暂时没有那种可能。但庄家的炒作计划可能会因为行情的变化而变化。就像当年的网络科技股，开始并不是大家都看好，后来“5·19”井喷，人气被完全带动起来，大量的私募资金进入了。因此也就出现了炒作一波后新资金大量入驻的现象，造就了一轮长达两年的牛市行情。

亲身领教李彪跌停板洗盘法

理财一周报：当时最有名的应该是罗成操控下的亿安科技，您跟的是这只吗？

曹明成：网络科技股的行情从1999年5月开始，直到2001年才退潮，持续了一年多时间。这轮题材的炒作，只要与网络科技挂边的都炒作起来了。其中的龙头亿安科技、海虹控股、四川湖山都炒作到了非理性的高度。亿安科技是第一只百元股，是罗成坐庄，操盘主要是郑伟和李彪负责。海虹控股是蔡明。去年李彪去世的时候我知道消息。

理财一周报：李彪总感觉对不起自己的弟弟，知道具体是为什么吗？

曹明成：他弟弟是李彬，当时坐庄亿安科技用的是金易投资公司的名义，郑伟是控制人。法人代表写的是李彬的名字，但李彬是圈外人，后来被扯进去了，被搞得很惨。据说李彪没有办法救无辜的弟弟，导致了李彬的破产，并差点入狱。

理财一周报：李彪是什么样的人？

曹明成：现实中的李彪长得比较斯文，光头，戴眼镜，但行事泼辣，脾气有些暴躁。郭庆、李彪、蔡明，这些都算是第一代操盘手，他们比我早一代，我那时候是小字辈。李彪操盘非常凶悍，他当时发明了跌停板洗盘法，鬼神莫测。

理财一周报：连续跌停，只要看盘无一幸免，当时亿安科技启动前就是连续3个跌停板。

曹明成：这种手法在当时很难判断。

理财一周报：为什么很多早年的庄家都不得善终？

曹明成：早年的操盘手生活都不太好，心理压力大是真的，真正功成名就的极少，一部分是被查了、逃亡了，一部分在后来的4年熊市（指2001-2005年熊市）中赔进去了。

理财一周报：那4年熊市够惨，2008年也很惨。

曹明成：2008年的大熊市也是套了很多的庄家。

理财一周报：当时为什么没有跟进亿安科技？

曹明成：亿安科技不敢跟。开始完全是逼空，强势股就是这样，一开始逼空，散户不跟进，继续逼空，开始震荡，散户眼红了，进去了，再拔高，庄家已经出货了。

亿安科技当年也是被逼上去的，前期的计划肯定没想要炒那么高。拉到40元的时候，没有人敢买了，怎么办？接着拉。亿安科技控盘量最后达到90%以上。其实玩到那个时候已经算失败了，最后出货比较艰难。

理财一周报：有个庄家跟我讲过，说很多筹码是在跌破100元后卖给了抢反弹的人。

曹明成：平均没有那么高。出货的平均价格，我们那时候判断应该在40元左右。60元左右制造假反弹，结果还是很少有人买。市场信心没有了，下跌趋势形成了。最大的抢反弹成交量在27元左右，平均出货价位在40~50元。

理财一周报：庄家出货一般都要先跌很多吧?

曹明成：一般庄家拉到离谱的位置，出货的价位会定在下跌一半的位置，做假反弹。

信奉自己的操盘理念

理财一周报：您信奉价值投资吗?

曹明成：在中国的资本市场，我从来不讲价值投资。所谓的价值，不过是给庄家炒作的理由而已。我的选股思路是跟庄，操作理论讲究趋势为先。

理财一周报：看来您是趋势派。

曹明成：我自己有一套操盘理念，在趋势形成之后，形态明朗之后才操作。但又不等同于右侧交易，我的买入点在次低点或次次低点，卖出位在次高点或次次高点。

理财一周：那您的这些东西是跟谁学的呢?还是自己悟的?

曹明成：自己悟出来的。早年是受一位老股民的启发，一位比较执著的老股民，他完全依据10日线买卖，获利很稳定。

理财一周报：线上持股，线下持币?

曹明成：是的。简单来说，可以用这八个字。

理财一周报：这方法最厉害，化繁为简了，但很多人不经过多年的实战永远不理解。可是单独只看一个10日线会不会有点片面?

曹明成： 我当时研究这个10日线很长时间，也发现很多弊端。首先一点，如果不判断趋势，依据10日线买卖，会在平衡市里不知所措。另外，10日线经常被庄家作为洗盘的工具。实战中操作纪律最重要，比如下降通道就是线下持币，需要放弃所有的诱惑和机会。

理财一周报： 您现在主要看些什么指标？

曹明成： 都是一些我自己的指标，帮我写指标的有一个工作室，我提供我的思路，他们帮我完成。我有个学生叫谭文，他是这方面的高手。现在计算机信息技术太发达了，把传统技术分析与计算机分析相结合，真的是事半功倍。我们原来为了总结一个形态，自己画图，花大量的时间统计，再分析和总结，现在计算机可以在很短的时间内全部做完。